Jakobus –
der Heilige Europas

Klaus Herbers

Jakobus – der Heilige Europas

Geschichte und Kultur der Pilgerfahrten nach Santiago de Compostela

Patmos

Eine Produktion von
EMB-Service für Verleger, Adligenswil/Luzern

© 2007 EMB-Service für Verleger, Adligenswil/Luzern
www.embservice.ch

© für die deutschsprachige Ausgabe:
Patmos Verlag GmbH & Co. KG, Düsseldorf

ISBN 978-3-491-35012-0
www.patmos.de

Satzherstellung:
EMB-Service für Verleger, Adligenswil/Luzern

Photolithos:
MAC s.a.s., Gorle (BG)

Druck und Einband:
G. Canale & C., Borgaro

Printed in Italy

Vorwort

„Europa entstand auf den Pilgerwegen", dieser Satz ist heute häufig zu hören. Er gilt insbesondere den Wegen nach Santiago de Compostela. Der Ort im Nordwesten Spaniens zieht seit Jahrhunderten Menschen aus allen europäischen Ländern an. Wer eine Wallfahrt unternimmt, der lässt bewusst den Alltag hinter sich und bricht zu neuen Horizonten auf. Dabei steht nicht nur das ferne Ziel vor Augen. Mit dem Weg dorthin verbindet sich Selbstbesinnung und gestärkte Identität, der Austausch mit anderen und die Erweiterung des eigenen Gesichtskreises.

Was ließ Pilger seit Mittelalter selbst aus den entferntesten Winkeln Europas zum Grab dieses Heiligen aufbrechen? Was ließ den Jakobuskult so mächtig werden, so an grenzüberschreitender Ausstrahlung gewinnen, dass der Apostel zum Heiligen Europas avancierte? Waren hier allein die neutestamentliche Traditionen maßgebend, denen zufolge Jakobus mit Petrus und Johannes zum vertrautesten Kreis Jesu zählte?

Wie sich Jakobus zu einem der wichtigsten Heiligen des christlichen Okzidents entwickelte, ist nicht nur aus diesen Traditionen zu erklären. Warum wird er seit dem frühen Mittelalter in Spanien verehrt? Spielte die weitgehende muslimische Eroberung der Iberischen Halbinsel 711 eine Rolle? Stand hier ein Apostel in Konkurrenz zu Rom mit den Apostelgräbern der Heiligen Petrus und Paulus? Warum war der Freund der Pilger oftmals auch Helfer in blutigen Schlachten gegen die Muslime?

Das vorliegende Buch regt an, über einige dieser und über weitere Fragen nachzudenken. Es geht von der Grundthese aus, dass eine Betrachtung des Kultes, die sich auf die Aspekte der unbestreitbar großen Pilgerfahrten nach Compostela beschränkt, die Bedeutung des Jakobskultes nicht in vollem Umfang erfassen kann. Deshalb wird hier – abweichend von zahlreichen inzwischen zu den Pilgerfahrten erschienenen Publikationen – ein Zugang gesucht, der die verschiedenen Facetten des Kultes angemessen berücksichtigt und in einen größeren Zusammenhang einordnet. Der hier präsentierte Entwurf will außerdem bisher stärker wissenschaftlich orientierte Überlegungen nicht nur einem breiteren Publikum vorstellen, sondern auch durch das Zusammenspiel von Text, Bild und Quellenauszügen weiter verdeutlichen.

Auf dem Pilgerweg von der schon länger zurückliegenden Idee zur Realisierung des Buches waren zahlreiche Personen meine Gesprächspartner und haben Hilfe geleistet. Franz Gisler hat mit langem Atem den Fortgang des Projektes betrieben, die zahlreichen Gespräche mit Jakobus-Begeisterten und -Gelehrten halfen mir ebenso weiter wie die kritische Lektüre meiner Frau. In Erlangen unterstützte mich vor allem Frau stud. phil. Christine Avram beim Eingeben der Korrekturen und der Bearbeitung des Registers. Ihnen allen sei herzlich gedankt.

Klaus Herbers

Gegenüber: Jakobus als Apostel (mit Buch) und als Pilger mit muschelbesetztem Hut und Gewand. Holzskulptur, 15. Jahrhundert. Württembergisches Landesmuseum, Stuttgart

Ein „Heiliges Jahr“ in Santiago de Compostela

Santiagos Heiliges Jahr – Tradition und Mode?

2004 war der bislang letzte Höhepunkt in der Geschichte des Jakobuskultes. Ein Heiliges Jahr ging am 31. Dezember 2004 mit der Schließung der Heiligen Pforte in Compostela zu Ende. Der 25. Juli, der Jakobstag, fiel auf einen Sonntag. Nur in diesem Jahr dürfen die Pilger im nordwestspanischen Heiligtum die Kathedrale wie in Rom durch eine besondere Pforte betreten. Es erinnert vieles an Rom, aber dennoch: So vielen Pilgern mit Rucksack, Schlafsack und Wanderschuhen begegnet man heute auf dem Peterplatz selbst in römischen Heiligen Jahren nicht mehr. Das Jakobsgrab erscheint als das Ziel, zu dem seit einigen Jahren wiederum Massen wie einst die mittelalterlichen Pilger unterwegs sind. Kann man hier das Mittelalter besser als anderswo neu entdecken? Ist es nur eine Mode, die bald wieder vorbei sein wird? Wie ging es 2004 bei den Feierlichkeiten zu, worauf basieren die Heiligen Jahre in Santiago?

Öffnen und Schließen der Heiligen Pforte – Massenandrang früher und heute

Der Erzbischof von Santiago de Compostela öffnete am Silvestertag 2003 zum Auftakt des Heiligen Jahres die „Heilige Pforte" mit drei Hammerschlägen. Zuvor verlas er einen Brief, den Papst Johannes Paul II. (1978-2005) an den Erzbischof und die versammelten Gläubigen gerichtet hatte. In diesem Schreiben wurde der Heilige Ort mit dem Apostelgrab als „Spirituelle Hauptstadt der europäischen Einheit" („capital espiritual de la unidad europea") bezeichnet.

Mit einem Evangeliar zog er durch das soeben geöffnete Portal ein, das durch Weihegebete und durch zwei Diakone mit Olivenzweigen und Weihwasser gereinigt worden war. Währenddessen sang der Chor den 99. (100.) Psalm mit der Passage „Tretet ein durch seine Tore mit Liedern des Dankes, in seine Vorhöfe mit Lobgesang". Anschließend folgten dem Erzbischof der übrige Klerus, dann die ersten Laien und Pilger, von denen viele einen der Steine aufhoben, mit denen die Pforte zugemauert war.

Danach stand die Türe das ganze Jahr hindurch allen Pilgern offen. Wie es heißt, können sie in Heiligen Jahren besondere Gnaden gewinnen. Dennoch dürften nicht nur Versprechungen himmlischen Lohnes und spirituelle Bedürfnisse heutzutage so zahlreiche Pilger anziehen. Inzwischen haben sich auch die Politik und weitere Förderer wie die Europäischen Institutionen, die Jakobusgesellschaften und Freundeskreise der Pilgerfahrt nach Compostela angenommen. Die Landesregierung von Galicien fördert jedes Heilige Jahr als *Xacobeo* und möchte damit auch die strukturschwache Region Galicien insgesamt bekannt machen und stärken.

Entsprechend sind die Feierlichkeiten nicht nur kirchliche, sondern auch weltlich-politische Akte, allerdings schon seit längerer Zeit. Einen Tag vor der Öffnung der Heiligen Pforte, am Fest der Translation des Apostels Jakobus (30. Dezember 2003), war das spanische Königspaar anwesend, und König Juan Carlos verlas die sogenannte *ofrenda,* ein Widmungs- und Bittgebet an den Apostel, an den er sich im Namen aller Spanier richtete. Nationale und europäische, versöhnliche Bezüge kennzeichneten dieses Gebet. Am 25. Juli 2004, dem eigentlichen Jakobsfest, war das Königspaar erneut zugegen und trug die *ofrenda* vor. In diesen Ansprachen wurden auch aktuelle politische Fragen angesprochen, so zum Beispiel das Erdbeben im Iran. Im März 2004 sollte sich mit den Anschlägen muslimischer Extre-

Rechts: Erzbischof Julián Barrio Barrio öffnet und durchschreitet am 31. Dezember 2003 die nur in Heiligen Jahren geöffnete „Puerta Santa" (Heilige Pforte) im Osten der Basilika von Santiago de Compostela (Innenansicht). Ein Heiliges Jahr wird immer dann gefeiert, wenn der Jakobstag (25. Juli) auf einen Sonntag fällt.

Gegenüber: Ausschnitt aus der heiligen Pforte der Kathedrale von Santiago de Compostela, siehe Abbildung S. 10.

Gegenüber: Die im Heiligen Jahr 2004 neu erstellte Innentür der heiligen Pforte in Santiago de Compostela zeigt auf den Reliefs Szenen aus der Geschichte des heiligen Jakobus: Berufung, Aussendung, Mission, Enthauptung, Überführung der Gebeine von Jerusalem nach Spanien (Translation), Grabentdeckung.

misten in Madrid erweisen, wie aktuell die königlichen Worte vom 30. Dezember 2003 gewesen waren, in denen der Monarch den Apostel darum gebeten hatte, Spanien zu beschützen, aber auch ein gedeihliches „Zusammenleben" *(convivencia)* zwischen Völkern und Religionen zu ermöglichen und besonders Frieden zu gewähren.

Eine solche Eintracht von Politik und Religion wird man in anderen Staaten heutzutage meist vergebens suchen, obwohl auch in Spanien die Hochzeiten eines Bündnisses von Thron und Altar eher der Vergangenheit angehören und nicht wenige Spanier den eben geschilderten Zeremonien skeptisch gegenüberstehen. Zweifellos wird aber gerade mit diesen Akten eine Seite des Jakobskultes angesprochen, die heute meist weniger gegenwärtig ist: Es ist die politische Bedeutung eines Kultes, der seit dem Mittelalter nicht ausschließlich auf die bestehende europäische Pilgerverehrung, sondern auch auf weitere Faktoren bezogen war. Jakobus als Patron der Spanier dürfte ebenso unser Interesse beanspruchen, zumal seit dem 11. März 2004 mit den grausamen Madrider Attentaten sogar von einigen gefordert wird, die eine oder andere Reiterfigur eines kriegerisch gegen Muslime kämpfenden Jakobus *(Matamoros)* aus Gründen „politischer Korrektheit" aus der Kathedrale von Santiago zu entfernen. Europäischer Patron für die Pilger und nationale oder regionale Bedeutung für ein lange Zeit von Christen und Muslimen bevölkertes Land lassen sich aber in der Geschichte eines mächtigen Kultes kaum trennen. Deshalb wird in diesem Buch beides zusammen betrachtet. Aber bevor Politik, Kirchenpolitik und Pilgerbewegung von der Entdeckung des Grabes über die Ambitionen der Bischöfe und die Schlachten der sogenannten Reconquista bis hin zur Massenbewegung der Pilger im späten Mittelalter vorgestellt werden, sei vorab ein Blick auf die Entstehung der Heiligen Jahre erlaubt, der gut erkennen lässt, wie eng die verschiedenen Aspekte miteinander verknüpft waren.

Die Einführung der Heiligen Jahre – eine Imitation Roms?

Seit wann gab es die schon kurz skizzierten Heiligen Jahre? Nach einer Tradition, die heute immer noch kursiert, soll Papst Calixt II. (1119-1124) sie eingeführt haben. Träfe dies zu, so wäre dies im europäischen Vergleich eine kleine Sensation, denn das Heilige Jahr in Rom kennen wir erst seit 1300. Die römische Tradition ist aber wohl als „Jubeljahr" besser verankert: „Alle Jubeljahre", diese Redewendung ist noch heute fast allen – ob konfessionell gebunden oder nicht – bekannt. Es ist vielleicht ein erfolgreicher Langzeiteffekt päpstlicher Kultpropaganda, dass sich die Redewendung festsetzte. Wie aber verhält sich die Entwicklung des Heiligen Jahres in Compostela zu den römischen Traditionen?

In den vom Kathedralkapitel in Santiago herausgegebenen Prospekten zu den letzten Heiligen Jahren wird das Heilige Jahr als ein Zeitraum definiert, an dem die Kirche den Gläubigen besondere Gnaden gewährt. „Sie stellt sich damit in die Tradition der Jubeljahre der Israeliten, von denen die Bibel berichtet: Alle sieben Jahre gab es ein Sabbatjahr, in dem man das Land zurückerwarb, das aus Not veräußert worden war. Die Sklaven erhielten die Freiheit. Alle 50 Jahre war ein Jubeljahr (3. Mose 25)." Und weiter: „Jesus sagt, dass er komme, um ein Gnadenjahr des Herrn auszurufen (Lk 4,16)."

Die alttestamentlichen Grundlagen des „Jobeljahres", das dann volksetymologisch zu einem „Jubeljahr" wurde, liegen vor allem in der Sozialgesetzgebung: Ein Pfand, sei es eine Sache oder eine Person, konnte nur bis zu einem gewissen Zeitpunkt von einem Gläubiger behalten werden. Levitikus 25 (vgl. allgemein auch Num 36, 4) unterscheidet dabei zwischen einem Sabbatjahr, das siebte Jahr, in dem die Arbeit zur Ehre Jahwes ruhen und das Land nicht bestellt werden soll, und einem Jobeljahr, das nach siebenmal sieben, 49 Jahren, also im fünfzigsten, beginnt.

Neben biblischen Grundlagen prägten weitere Entwicklungen der Frömmigkeitsgeschichte die Gnadenjahre im christlichen Mittelalter; dies gipfelte schließlich in der Proklamation des römischen Heiligen Jahres im Jahr 1300. Papst Bonifaz VIII. (1294-1303) eröffnete das 14. Jahrhundert in Rom mit einer berühmt gewordenen Pilgerfeier. Nach dem Verlust des Heiligen Landes für die lateinischen Christen 1291 nahm am Ende des 13. Jahrhunderts, 1299, die Kunde zu, man könne im folgenden Jahr durch den Besuch der Peterskirche in Rom große Ablässe gewinnen. Es ist nicht bekannt, wie es zu diesen Gerüchten kam. Der römische Klerus war daran wohl nicht ganz unbeteiligt, obwohl die genauen Hintergründe unklar bleiben. Jedenfalls zogen zu Beginn des Jahres 1300 große Volksscharen nach Rom, wie von mehreren Chronisten bezeugt wird. Erst nachdem die Volksbewegung schon in Rom war, beugte sich Bonifaz VIII. dem Druck, erließ am 22. Februar 1300 eine Bulle, in der er auf die großen Ablässe früherer Zeiten einging, und gewährte allen, die während des Jahres in Rom die Basiliken Sankt Peter und Sankt Paul 30 Tage hindurch täglich, als Auswärtige nur 15 Tage hindurch, besuchten, einen vollkommenen Ablass, wenn sie zuvor reumütig ihre Sünden gebeichtet hätten.

Der große Erfolg des ersten und auch der folgenden römischen Jubeljahre hängt unter anderem mit dem Versprechen eines Plenarablasses zusammen, wie ihn die Kirche bis dahin nur für Kreuzfahrer gewährt hatte. Nach heutiger Lehre bedeutet ein Ablass den Erlass einer zeitlichen Strafe vor Gott für Sünden, die hinsichtlich der Schuld schon getilgt sind. Die Entwicklung dieser Vorstellungen hängt mit den Bußformen der Alten Kirche zusammen. Der Ablass war zunächst vor allem eine Befreiung von den geforderten Bußleistungen; außerdem wurde die amtliche Fürbitte der Kirche zugesagt. Die theologische Reflexion im 13. Jahrhundert entwickelte dann die Lehre vom Kirchenschatz, der es ermöglichte, die ursprünglich kirchliche Fürbitte der Kirche zu einem rechtlichen Akt umzugestalten. Die höchste Form des Ablasses war der vollkommene oder Plenarablass, den Papst Urban II. erstmals den Kreuzfahrern gewährt haben soll. Einen solchen Ablass versprach 1300 Bonifaz VIII. allen Rompilgern, die bestimmte Kirchen besuchten und Gebete verrichteten. Dabei muss man wohl die Formulierung „vollkommen" so interpretieren, dass damit die höchste Form der Vergebung gemeint war, die ein Papst überhaupt gewähren konnte.

Die Beliebtheit der Heiligen Jahre in Rom war so groß, dass man wohl deshalb die Frequenz auf 50 Jahre senkte, bald dann sogar auf 33 und seit 1475 auf 25 Jahre reduzierte. Bei der Begründung für ein 50-jähriges Intervall wurde der Bezug auf das alle 50 Jahre wiederkehrende Jobeljahr des Alten Testamentes herausgestellt.

Jedoch waren nicht nur die Traditionen des Jobeljahres prägend. Gerade in weniger theologisch gebildeten Kreisen kursierten im Mittelalter noch weitere Ansichten über die Vergebung von Schuld und den Erlass von Strafen. Vergebung der Schuld realisierte sich nach den schon seit dem frühen Mittelalter bestehenden Vorstellungen für viele damalige Zeitgenossen in ganz besonderer Weise an den Gräbern der Heiligen. Deren Reliquien boten eine Brücke zwischen Himmel und Erde, und die Fürsprache der Heiligen ermöglichte – vor allem nach dem Bußwerk einer vorherigen Pilgerfahrt – eine Vergebung von Sünden oder Sündenstrafen. Deshalb führt die Frage danach, wie es eigentlich zum römischen Jubelablass Papst Bonifaz' VIII. kommen konnte, auch zu Hinweisen auf Vorläufer, die in den Zusammenhang der Heiligenverehrung gehören.

Für das 12. und 13. Jahrhundert sind die Beispiele der Verehrung von Thomas Becket und Otto von Bamberg aufschlussreich, lassen sie doch mit einzelnen Kultakten zu bestimmten Zeiten samt einer besonderen Verehrung der Reliquien Ansätze zu einer „Jubiläumsfrömmigkeit" erkennen. Auch für Santiago de Compostela existiert ein früher Quellenbe-

Heilige Pforte in St. Peter im Vatikan, die nur zu den römischen Heiligen Jahren (heute alle 25 Jahre) feierlich geöffnet und nach Ablauf des Jahres wieder geschlossen wird.

leg aus dem Jahr 1126. In der Chronik Alfons' VII. heißt es zum Jahr seines Regierungsantritts 1126, dies sei zur Zeit des Jubeljahres *(iubilei anni)* gewesen. Denkt man daran, dass sich der Neubau der Compostellaner Kathedrale 1126 nach dem Baubeginn 1075/1076 zum 50. Male jährte, ließe sich diese Formulierung in Anlehnung an Levitikus 25 deuten. Nimmt man hinzu, wie bisher noch nicht in Erwägung gezogen, dass der neue Bau vielleicht auch eine neue Weihe oder Umbettung der Jakobusreliquien bedingte, so könnte dieser Beleg eine gewisse Nähe zu den Traditionen um Otto von Bamberg und Thomas Becket beanspruchen. Einen ähnlichen biblischen Bezug scheint ein Gedicht *(la Preciosa)* an der Wende vom 12. zum 13. Jahrhundert anzudeuten.

Wie auch immer solche Vorläufer zu bewerten sind: Nach dem römischen Jahr 1300 versuchten andere Pilgerzentren nachzuziehen, so bildeten sich rhythmisch bestimmte Pilgerfahrten in Aachen (siebenjährig) oder Rocamadour aus. Ein solches periodisches Pilgern war für viele am Pilgergewerbe beteiligte Gruppen vorteilhaft. In regelmäßigen, kalkulierbaren Abständen kamen große Massen an einen Pilgerort, die auch das wirtschaftliche Wohlergehen der Pilgerstädte besonders beflügeln konnten. Gegenüber den römischen Heiligen Jahren hatte der Rhythmus der Aachenfahrt einen entscheidenden Vorteil: Weil man sich am alttestamentlichen Sabbatjahr von sieben Jahren orientierte und das Jobeljahr von siebenmal sieben Jahren überging, führte dies gegenüber Rom zu deutlich verkürzten Intervallen.

Diese Tendenz kennzeichnet auch die Heiligen Jahre in Santiago. Bis heute gilt ein etwas modifizierter siebenjähriger Rhythmus: Wenn das Fest des heiligen Jakobus, am 25. Juli, auf einen Sonntag fällt, wird das gesamte Jahr wie das römische als Heiliges Jahr gefeiert. Weil fast alle vier Jahre ein Schaltjahr ist, verkürzt sich das Intervall von sieben auf sechs oder sogar fünf Jahre. Wenn die durch ein

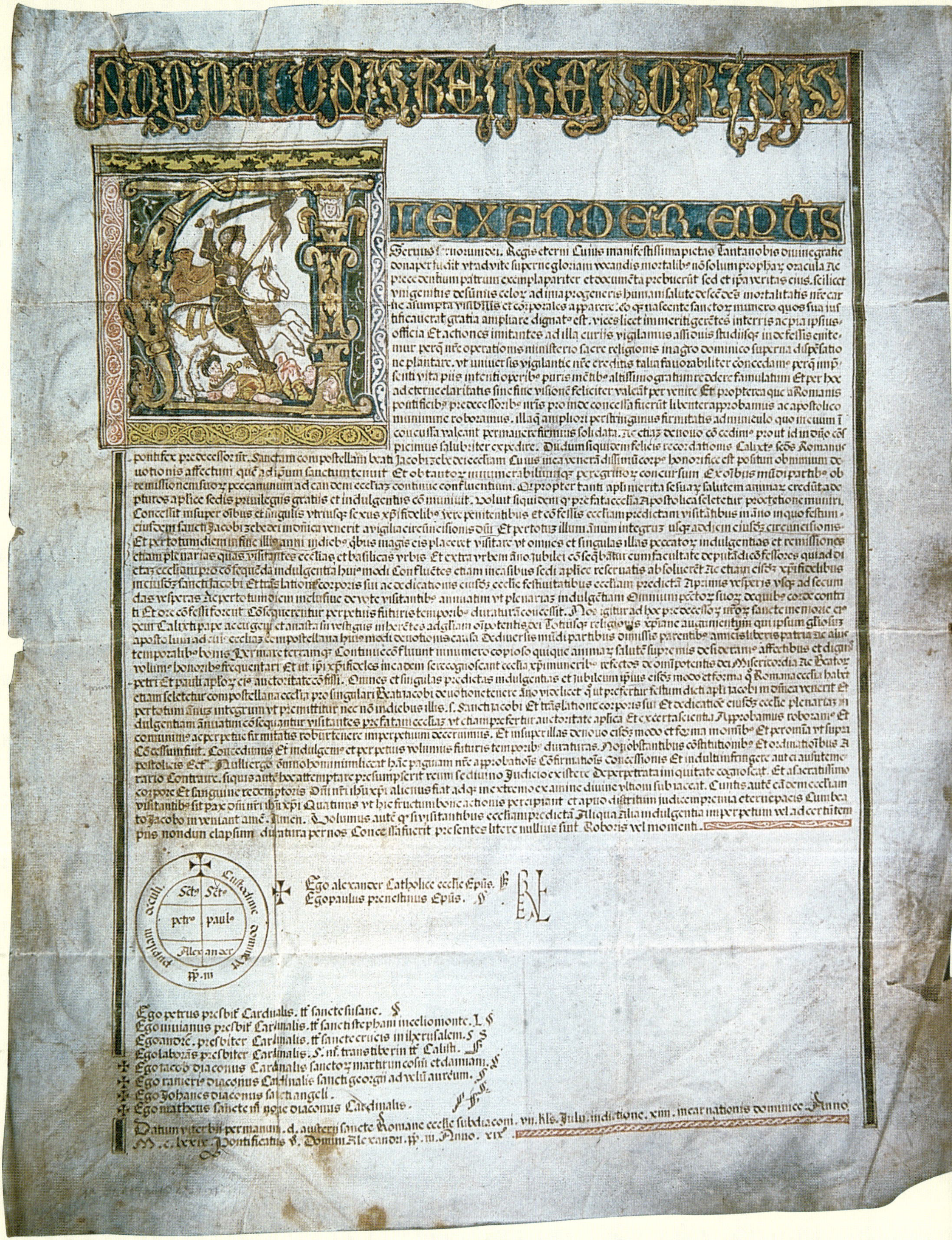
ALEXANDER EPISCOPUS
pus nondum elapsum duratura per nos Concessa fuerit presentes litere nullius sint Roboris vel momenti.
Sctus Petrus Sctus Paulus Alexander PP. III
Custodi me domine ut pupillam oculi
Ego alexander Catholice ecclesie Episcopus.
Ego paulus prenestinus Episcopus.
Ego petrus presbiter Cardinalis. tt sancte susanne.
Ego uiuianus presbiter Cardinalis. tt sancti stephani in celiomonte.
Ego andreas presbiter Cardinalis. tt sancte crucis in iherusalem.
Ego laborans presbiter Cardinalis. S. M. transtiberim tt Calixti.
Ego iacobus diaconus Cardinalis sanctorum martirum cosme et damiani.
Ego ranierius diaconus Cardinalis sancti georgii ad velum aureum.
Ego Johannes diaconus sancti angeli.
Ego matheus sancte M. noue diaconus Cardinalis.
Datum viterbii per manum. A. auterii sancte Romane ecclesie subdiaconi. VII. Kls. Julii. indictione. XIII. incarnationis dominice Anno M. C. LXXIX. Pontificatus vero Domini Alexandri PP. III. Anno. XIX.

Gegenüber: Päpstliche Bestätigung des Heiligen Jahres in Santiago de Compostela, die Alexander III. am 25. Juni 1181 für Compostela ausgestellt haben soll. Die Urkunde erwähnt im Text, dass schon Papst Calixt II. (1119-1124) dieses Privileg gewährt haben soll, was aber vor dem 15. Jahrhundert nicht sicher belegt ist. Die abgebildete Kopie der Urkunde auf Pergament stammt aus dem 15. Jahrhundert. Kathedralarchiv, Santiago, Carpeta 1, Nr. 1

Schaltjahr verursachte Verschiebung von zwei Tagen sogar den Sonntag überspringt, verlängert sich das Intervall hingegen auf elf Jahre. Dies war beispielsweise zwischen den Heiligen Jahren 1982 und 1993 der Fall, während darauf, 1999 und 2004 Abstände von sechs bzw. fünf Jahren wirksam wurden. 2010, dann aber erst wieder 2021 werden die weiteren Heiligen Jahre in Compostela gefeiert. Durchschnittlich ergeben sich vierzehn Heilige Jahre in einem Jahrhundert, deutlich mehr als in Rom!

Noch heute beruft man sich für dieses Jahr, in dem ein vollkommener Ablass nach Art des römischen gewährt wird, auf eine Urkunde, die angeblich Papst Alexander III. 1179 ausgestellt haben soll. Dieses Dokument, in einer Prunkfasssung aus dem Ende des 15. Jahrhunderts in Compostela erhalten, führt die Institution der Heiligen Jahre sogar – wie schon erwähnt – auf Papst Calixt II. zurück. Die Urkunde dokumentiert gut, wie sehr man am Ende des Mittelalters die römische Legitimation suchte. Der Text, der angeblich 1179 verfasst worden sein soll, hebt hervor, Santiago solle das gleiche Jubiläum begehen und sich des gleichen Ablasses erfreuen, wie die Kirche in Rom. Dieser Satz kann aber frühestens nach 1300 entstanden sein, die genannten und identifizierbaren Kardinäle legen eine Fälschung der heute vorliegenden Fassung in der Zeit um 1500 nahe (Bernhard Schimmelpfennig).

Dieser Nachweis schließt nicht aus, dass vorher weitere Ansätze zu einer „Jubelfrömmigkeit“ im Pilgerzentrum Compostela deutlich werden, die schließlich zu dieser Urkunde geführt haben könnten. Sieht man von den frühen, schon genannten Indizien ab, so mögen erste Ansprüche bereits aus dem beginnenden 15. Jahrhundert datieren. In einer Anordnung des Papstes Bonifaz IX. vom 22. 12. 1402 werden alle dem römischen Jubelablass gleichen Versprechungen aufgehoben; dabei wird Santiago ausdrücklich erwähnt. Schließlich sind in den Jahren 1423 und 1428 besonders viele Passagiere der vergleichsweise gut dokumentierten Fahrten englischer Pilgerschiffe belegt. Sollten diese sich dadurch erklären, dass schon zu Beginn des 15. Jahrhunderts die Tradition der Heiligen Jahre in Compostela in irgendeiner Form verankert war?

Am Schluss dieser Entwicklung stand jedenfalls die auf den Namen Papst Alexanders III. gefälschte Bulle. Santiago hatte damit am Ende des Mittelalters mehrere Traditionen vereint: Die Heiligen Jahre folgten bedingt dem siebenjährigen Zyklus des Sabbatjahres, imitierten den römischen Jubelablass (später samt der „Heiligen Pforte“) und suchten zugleich die höchste Legitimation durch den Papst. Welche Motive diese Rombezüge bestimmten, unterliegt der Spekulation. Jedoch lassen sich einige Argumente anführen, über die noch zu handeln ist, denn die Bemerkungen zum Heiligen Jahr zeigen, dass der Grabesort des heiligen Jakobus in einem Geflecht europäischer, nationaler und lokaler Bezüge stand. Zu den zahlreichen Aspekten gehörten die Imitation von und die Konfrontation mit Rom.

Damit ergeben sich weitere Fragen: Spielte Rom vielleicht schon bei den Anfängen des Kultes eine Rolle? Das Grab des hl. Jakobus des Älteren wurde erst im 9. Jahrhundert in Galicien entdeckt. Sollte in einer Zeit, als die Muslime große Teile der Iberischen Halbinsel erobert hatten, mit einem Heiligen Kirchenpolitik betrieben worden sein? Distanzierte man sich in der Folge von Rom, oder suchte man sogar die Unterstützung der Päpste? Wurde der Apostel wichtig, weil er bald auch als Schlachtenhelfer gegen die Muslime angerufen wurde? Welche Rolle spielten dabei die Pilger? Führten nur sie zur Europäisierung des Ortes? Wie trugen sie zum Renommee des Ortes auch schon vor der Einführung Heiliger Jahre bei? Bot die Ablassfrömmigkeit dann zugleich den Keim zum Niedergang der Pilgerfahrten, oder leitet uns hier die traditionelle Bewertung der Reformationszeit auf eine falsche Fährte?

Von Palästina nach Spanien

Die „Verlegung“ eines Apostelgrabes

Mit den Heiligen Jahren, der Heiligen Pforte und dem Ablass wurde schon vorgegriffen. Wie war Compostela überhaupt zu einem so wichtigen Pilgerort geworden? Petrus und Paulus verband man spätestens seit der Spätantike mit Rom. Aber gehörte Jakobus nicht eindeutig nach Palästina, denn in der Apostelgeschichte (12,1-2) stand geschrieben: „Um jene Zeit ließ der König Herodes einige aus der Gemeinde verhaften und misshandeln. Jakobus, den Bruder des Johannes, ließ er mit dem Schwerte hinrichten.“ In Palästina war der Apostel Jakobus der Ältere mithin enthauptet worden. Sollte man nicht auch dort sein Grab vermuten?

Gegenüber: Translation, Detail aus dem Jakobusaltar von San Zeno, Pistoia, Italien. 14. Jahrhundert.

Die Entdeckung des Grabes

Eine andere Tradition setzte sich durch. Zu Beginn des 9. Jahrhunderts soll Pelagius, ein Eremit im Nordwesten der Iberischen Halbinsel, eine Erscheinung gehabt haben. Himmlische Zeichen führten auf ein Grab, das man mit dem des heiligen Jakobus des Älteren (Sant' Iago) gleichsetzte. Spätere Miniaturen, so aus dem Compostellaner Urkundenverzeichnis des Tumbo A, setzen dies im 12. Jahrhundert eindrücklich ins Bild. Über die sensationelle Auffindung eines Apostelgrabes wussten Gelehrte in Westeuropa schon wenige Jahrzehnte später Bescheid. Vor allem burgundische Märtyrer- und Heiligenverzeichnisse (Martyrologien) aus der zweiten Hälfte des 9. Jahrhunderts verzeichneten die Neuigkeit unter dem Festtag des 25. Juli. Weitere Quellen aus Spanien, aber auch aus dem übrigen Europa berichteten seit dem 10. Jahrhundert davon, dass dieses Apostelgrab schon bald zahlreiche Pilger angezogen habe.

Die Nachricht war auch deshalb sensationell, weil im lateinischen Westen außer den römischen Ruhestätten von Petrus und Paulus kein Apostelgrab näher bekannt war; Traditionen um ein Matthiasgrab in Trier sowie zu weiteren Aposteln gewannen erst später an Bedeutung. Ausführlich unterrichtet aber erst eine Urkunde vom 17. August 1077 über die Umstände der Grabauffindung. Hierin werden die Rechte und Einnahmen des Compostellaner Bischofs gegenüber den Mönchen aus dem Kloster Antealtares festgelegt, es geht um Streitschlichtung. Aber die einleitende Erzählung *(narratio)* der Vorgeschichte berichtet genauer: Demnach sei zur Zeit Alfons' II., des Keuschen, von Asturien (791-842) ein Einsiedler von Engeln und himmlischen Zeichen (Sternen?) auf ein Apostelgrab hingewiesen worden, sodann habe man den Rat des damaligen Bischofs Theodemir aus dem benachbarten Iria Flavia eingeholt und ihm von dieser Vision berichtet. Nach einem dreitägigen Fasten fand man im Beisein von vielen Gläubigen das Grab, das mit Marmorsteinen *(marmoreis lapidibus)* ausgestattet war, meldete dies dem König, der sodann den Bau einer Kirche veranlasste. Der Ort hieß später Santiago de Compostela; Sant' Jago nach dem hl. Jakobus, Compostela wohl deshalb, weil hier ein größerer Friedhof, ein Gräberfeld *(compostum)* bestand. Diese Erklärung ist jedenfalls der Volksetymologie *campus stellae* (Sternenfeld) vorzuziehen.

Der Bericht enthält grundsätzlich nichts Außergewöhnliches, denn übernatürliche Zeichen, Visionen sowie das dreitägige Fasten gehörten zu den üblichen Formen bei der Auffindung heiliger Leichname. Deshalb ist trotz gewissen Zweifeln an der Echtheit dieser Urkunde der Bericht zwar ausschmückend, dürfte aber im Kern zumindest den zeitgenössischen Vorstellungen und Erwartungen entsprochen haben. Warum werden aber erst gut 200 Jahre nach der Entdeckung genauere Details verzeichnet? Mehrere Gründe könnten eine Rolle gespielt haben. Zunächst wird die Dokumentation erst ab dem 11. Jahrhundert dichter und damit die Überlieferungschance solcher Nachrichten und Urkunden größer. Außerdem war Compostela inzwischen zu einem überregionalen Pilgerzentrum geworden, und die Darstellung entspricht vielleicht deshalb vergleichbaren Auffindungsberichten aus Mitteleuropa. Eine dritte Überlegung hängt damit zusammen: Weil der Ort schon im 11. Jahrhundert zunehmend mehr Pilger anzog, wurde immer häufiger nicht nur die Frage nach den Anfängen allgemein gestellt, sondern es entwickelte sich ein Interesse dafür, unter welchen genaueren Umständen der Grabeskult überhaupt begonnen hatte.

Eine wunderbare Bootsfahrt – von Palästina nach Nordwestspanien

Die Erzählung provoziert jedoch zugleich die Frage, wie denn der Leichnam des Apostels nach Galicien gekommen sei. Hier verweist die Urkunde von 1077 darauf, dass die Grabesstelle lange Zeit unbekannt und versteckt geblieben sei. Aus dem Brief eines Papstes Leo wisse man aber Genaueres über eine Fahrt per Schiff. Nach der Enthauptung hätten Anhänger des Apostels dessen Gebeine nach Joppe (Jaffa) gebracht; von dort sei Jakobus dann, durch die Hand Gottes geleitet zu den Grenzen Galiciens gelangt. Die Geschichten um diese Übertragung von Ost nach West, der „Verlegung" oder besser die Suche nach einer dem Wirken angemessenen Grabstätte, sind ebenfalls erstmals im 9. Jahrhundert in knapper Form greifbar, wurden später in zahlreichen weiteren Fassungen ausgeschmückt. Das Interesse an dieser Übertragung schien noch größer zu sein als dasjenige an Einzelheiten über die Auffindung. Unterschieden wird meist ein Translationsbericht von einem Brief, den angeblich ein Papst oder Bischof Leo (vielleicht Papst Leo III., 795-816) verfasst haben soll. Dieses Schreiben ist in mehreren Fassungen überliefert. Im Jakobsbuch *(Liber Sancti Jacobi)*, das in der Mitte des 12. Jahrhunderts wahrscheinlich in Compostela aus verschiedenen Materialien zusammengestellt wurde, hat die Erzählung ihren festen Platz gefunden (vgl. nebenstehenden Quellenauszug).

Dem Brief Leos wird in diesem Jakobsbuch eine ausführlichere Geschichte über die Translation vorgeschaltet, die vor allem der Ankunft des Leichnams und dessen Schicksal bis zur Bestattung große Aufmerksamkeit schenkt. Demnach verkündete Jakobus den in westlichen Ländern beheimateten Menschen das Wort Gottes. Nach ersten Erfolgen habe er sieben Anhänger auserwählt: Torquatus, Secundus, Endalecius, Tisephonus, Eufrasius, Caecilius, Ysicius. Nach seiner Rückkehr habe er in Jerusalem

Von höchster Stelle legitimiert? Papst Leo zur Übertragung der Apostelreliquien

Es beginnt der Brief des Papstes Leo über die Translation des seligen Apostels Jacobus, die am 30. Dezember gefeiert wird. Eure Bruderschaft, geliebte Oberhirten der gesamten Christenheit, möge erfahren, wie der unversehrte Leib des allerseligsten Apostels Jacobus nach Spanien in das galicische Land überführt wurde. Nach der Himmelfahrt unseres Erlösers und der Ausgießung des Heiligen Geistes über die Jünger wurde im Verlauf des Jahres 11 nach der Passion Christi, zur Zeit der ungesäuerten Brote, der hochselige Apostel Jacobus, nach eifrigem Besuch der jüdischen Synagogen, in Jerusalem durch den Hohen Priester Abiatar gefangen genommen und durch Herodes gemeinsam mit dem Jünger Josias zum Tode durch Enthaupten verurteilt. Aus Furcht vor den Juden aber wurde der Leib des heiligen Apostels des Nachts von seinen Jüngern entführt. Diese gelangten dann im Geleit eines Engels des Herrn nach Jaffa an den Strand. Als sie sich noch zögernd fragten, was sie nun tun sollten, erschien auf Gottes Geheiß ein abfahrbereites Schiff. Voller Freude gingen sie mit dem Jünger unseres Erlösers an Bord, hissten die Segel, segelten bei günstigen Winden und ruhiger See und landeten, voller Lob über die Milde unseres Erlösers, im Hafen von Iria Flavia. Voller Freude sangen sie folgenden Vers Davids: „Im Meere sind deine Wege und deine Pfade in vielen Wassern" (Ps 76,20). Sie verließen das Schiff und legten den seligen Leichnam in einem Landgut namens „Liberum donum" (vielleicht heute Libredon) nieder, das von der genannten Stadt etwa acht Meilen entfernt war. Dort wird er jetzt noch verehrt. An diesem Ort fanden sie einen riesigen, von Heiden errichteten Götzentempel. Als sie sich genauer umschauten, fanden sie in einem Gewölbe eiserne Werkzeuge, mit denen die Steinmetzen Gebäude zu errich-

ten pflegten. Freudig rissen die Jünger den besagten Tempel ab und ließen keinen Stein auf dem anderen. Sie gruben dann in die Tiefe, legten ein festes Fundament und bauten darüber ein kleines gewölbtes Gebäude in schön behauenem Steinwerk, wo sie in kunstvoller Grabkammer den Leib des Apostels beisetzten. Darüber errichteten sie eine Kirche von geringem Umfang, die, mit einem Gott geweihten Altar geschmückt, dem frommen Volk Zutritt gewährt. Nach der Bestattung des allerheiligsten Leibes sangen sie Lobgesänge auf den höchsten König und psalmodierten folgende Verse Davids: „Der Gerechte freut sich im Herrn und hofft auf ihn, und gepriesen werden alle, die reinen Herzens sind“ (Ps 63,11). Ferner: „In ewigem Andenken bleibt der Gerechte, und üble Rede wird er nicht fürchten“ (Ps 111,7). Nach einiger Zeit, als das Volk durch die Jünger des Apostels in der Lehre des Glaubens erzogen worden war, wuchs schnell eine reiche und von Gott vermehrte Ernte heran. Nach reiflicher Überlegung blieben zwei Jünger zurück, um diesen kostbarsten Schatz, den verehrenswerten Leib des heiligen Jacobus, zu bewachen. Einer von ihnen hieß Theodorus, der andere Athanasius. Die anderen Jünger dagegen machten sich unter Gottes Geleit zur Bekehrung Spaniens auf. Die erwähnten zwei Jünger, die als ergebene Diener ihres Meisters liebevoll und unermüdlich Tag und Nacht sein Grab hüteten, verfügten, sie mögen von den Christen nach ihrem Tode neben ihrem Meister bestattet werden, einer zu seiner Rechten, einer zu seiner Linken. Als ihre letzte Stunde gekommen war, zahlten sie der Natur ihren Tribut, hauchten in seligem Tode ihren Geist aus und sandten ihre Seele zum Himmel. Jacobus, der vorzügliche Lehrer, ließ sie nicht im Stich, sondern erwirkte bei Gott, daß sie ihm im Himmel und auf Erden zugesellt würden. Er jubiliert, mit purpurner Stola angetan und einer Krone geschmückt, gemeinsam mit seinen Jüngern im Himmelssaal. Die Elenden, die ihn anrufen, schützt er mit nie versagender Fürsprache, unter dem Beistand unseres Herrn und Erlösers Jesus Christus, dessen Herrschaft und Reich mit dem Vater und dem Heiligen Geiste für immer währt von Ewigkeit zu Ewigkeit. Amen. (Herbers, Klein, Libellus S. 123-125)

Neben den üblichen Erzählungen über die wunderbare Bootsfahrt der Apostelreliquien von Palästina nach Nordwestspanien kursierten weitere Traditionen über die Translation: So gibt es eine Erzählung, dass der Apostelleichnam sogar auf einem Fels nach Galicien gekommen sei (vgl. S. 23). Flämisches Stundenbuch von 1512. Sir John Soane's Museum, London

Gegenüber: Das Gemälde des 15. Jahrhunderts zeigt im Hintergrund die Ankunft der Jakobusgebeine in Galicien. Bei den Bemühungen, die Reliquien angemessen beisetzen zu können, sollen zahm gewordene Stiere den Wagen gezogen haben.
Museo del Prado, Madrid

und Umgebung weiterhin als Glaubensbote gewirkt und sei schließlich nach verschiedenen Erfolgen und Anfeindungen hingerichtet worden. Seine Jünger entwendeten daraufhin angeblich heimlich den entseelten Leib ihres Meisters, brachten ihn zum Strand, wo sie ein bereitliegendes Schiff vorfanden. Am siebenten Tag gelangten sie vor den Hafen von Iria Flavia in Galicien und ruderten bis zum Festland. Bei einem *Luparia* genannten Ort legten sie den Heiligen nieder und suchten den Eigentümer. Sie fanden schließlich eine Frau von vornehmer Herkunft und äußerten die Bitte, sie möge ihnen einen kleinen Tempel überlassen. Vor ihrer Antwort überlegte die Adelige aber, wie sie den Jüngern des Apostels schaden könne. Schließlich sandte sie die Anhänger des Jakobus' zu einem König in Dugio. Der König hörte die Bitte der Jünger zwar an, versuchte aber, teuflisch gesinnt wie er war, ihnen einen Hinterhalt zu bereiten. Als die Getreuen in einer Vision davon erfuhren, flohen sie, der König schickte Verfolger, die jedoch durch göttliche Hilfe an einer Brücke umkamen. Die Jünger erneuerten daraufhin ihre Bitte an die vornehme Frau. Diese, von Angst erfüllt, suchte nun ihrerseits, den Jüngern zu schaden, und schickte sie zu einem Berg, wo ihnen unversehens ein gewaltiger Drache erschien. Mit dem Kreuzeszeichen geboten die Jünger dem Untier Einhalt. Der Berg wurde daraufhin mit geweihtem Wasser besprengt und trug fortan den Namen des „heiligen" oder des „geweihten Berges" *(Picosagro)*. Beim Fortgehen erblickten die Jünger auch die Rinder, die ihnen die vornehme Frau zum Transport des Apostelleichnams empfohlen hatte. Obwohl diese ungezähmt waren und laut brüllten, wurden sie plötzlich sanft, senkten die Hörner und folgten den Anweisungen der heiligen Männer. Als die vornehme Frau auch von diesem Wunder erfuhr, gab sie nach und übergab ihnen ein kleines Gebäude; sie selbst wurde sodann getauft und schwor den alten Göttern ab. Die Jünger errichteten nun ein Grabmal, bestatteten den Leib des Apostels und ließen eine Kirche bauen.

Verschiedene Traditionen und Geschichten um Jakobus den Älteren – Zusammenhänge und Widersprüche

Beide im 12. Jahrhundert aufgezeichneten Geschichten, die hier vorgestellt wurden, zeigen die unterschiedlichen Interessen, die solche Traditionen um einen Heiligen bestimmen konnten. Im Brief Leos spielt die päpstliche Autorität für die zunächst unglaubliche Translation der Gebeine eine wichtige Rolle; nach der Ankunft des Leichnams in Galicien erzählt die Quelle nur noch knapp von den beiden Jüngern und der angemessenen Ruhestätte. Demgegenüber bezieht der Translationsbericht offensichtlich in hohem Maße galicisch-lokale Traditionen ein, dies betrifft die Lokaltopographie, die Widrigkeiten einer noch heidnischen Bevölkerung und Führungsschicht sowie die Kraft des Christengottes, heidnische Verschlagenheit zu besiegen; die Erfolge reichen bis hin zur Taufe der adeligen Frau. Manche dieser Szenen – so die hinterhältige Adelige, die zuweilen auch selbstredend als *lupa* (Wölfin) bezeichnet wird – oder die Zähmung der Rinder/Stiere, haben Künstler des 15. Jahrhunderts anschaulich ins Bild gesetzt.

Die beiden vorgestellten Texte gehören allerdings nicht zu den ältesten Versionen, sie sind auch nicht die einzigen Berichte. Warum waren aber Traditionen zur Übertragung *(translatio)* des heiligen Jakobus nach Spanien überhaupt besonders wichtig? Zwei oder drei Befunde mussten hier zusammengebracht werden: Es ging zunächst darum, die Auffindung des Grabes in Compostela im 9. Jahrhundert mit Nachrichten der Apostelgeschichte abzustimmen. Nur so konnte ein in Jerusalem enthaupteter Jakobus in Compostela verehrt werden. Zum Zweiten konnte die Translatio aber mit einer weiteren Tradition verbunden werden: mit einer angeblichen Missionstätigkeit des Apostels auf der Iberischen Halbinsel. Denn aus sich heraus erklären die Geschichten von Grabentdeckung und *Translatio* noch

nicht, warum Jakobus in Galicien bestattet werden musste. Beide Berichte untermauerten aber indirekt, dass ein Glaubensbote in seinem Missionsgebiet beigesetzt werden sollte. In den oben vorgestellten beiden Zeugnissen des 12. Jahrhunderts erwähnt nur die *Translatio* eine Missionstätigkeit des Apostels; der Leobrief übergeht sie. Die Predigttätigkeit des Apostels Jakobus auf der Iberischen Halbinsel war noch im 12. Jahrhundert nicht unwidersprochen. Deshalb verwundert es nicht, dass die Compostellaner Kultagenten dieses Element unterstrichen und in den Bericht über die Translatio einbanden. Als drittes Element ist die Rolle der apostolischen Begleiter des Apostels hervorzuheben: In der Zeit des 11. Jahrhunderts wurde vor allem in Rom Wert darauf gelegt, dass im Wesentlichen Schüler der Heiligen Petrus und Paulus im Westen missioniert hätten. Dem widersprachen indirekt die Nachrichten von Jakobus als einem Glaubensboten in Spanien. Den römischen Ansprüchen konnte man aber durch Nachrichten begegnen, dass Jakobus durchaus ähnlich wie Petrus und Paulus über eine Schar entsprechender Schüler verfügt habe.

Der Stein in Padrón (in der Nähe von Iria Flavia), an dem die Jünger das Schiff mit den Jakobusreliquien festgemacht haben sollen: Die Inschrift auf dem Stein ist in ihrer Auflösung umstritten, oben beschreibt eine lateinische Tafel, dass nach frommem Glauben das Schiff des Jakobus hier angebunden worden sei.

Insgesamt gesehen ergibt sich für die Translation aus den schriftlichen Quellen folgendes Bild: Erstmals sind in der Mitte des 9. Jahrhunderts kurze Notizen in einigen Martyrologien greifbar, die auf nicht überlieferten ausführlicheren Versionen derselben Zeit basiert haben könnten. Diese Fassungen dienten vielleicht den vier Redaktionen des Leobriefes als Grundlage. Erst im 12. Jahrhundert wurden dann diese Nachrichten mit einer Missionsnotiz und der Lebensbeschreibung von sieben Apostelschülern angereichert.

Ist es schon schwer genug, die unterschiedlichen schriftlichen Traditionen zur Auffindung des Grabes, zur Translatio und Bestattung zu ordnen, so dürften populäre Vorstellungen weitere Facetten zur Jakobslegende schon in früheren Zeiten beigetragen haben. Wie zahlreich und mit welchen Varianten diese Vorstellungen kursierten, lässt eine Predigt aus dem Jakobsbuch indirekt erkennen, denn hier werden die „falschen" Traditionen gebrandmarkt und lassen dadurch in einmaliger Weise über die sonst schriftlich überlieferten Traditionen hinausblicken (vgl. gegenüberliegenden Quellenauszug).

Der kurze Einblick in die Vorstellungswelten des 12. Jahrhundert zeigt, wie schwer es ist, Widersprüche der Traditionen einfach zu glätten, ohne wiederum neue Verfälschungen oder Vereinfachungen zu provozieren. Bisher ist aber nur von der Auffindung und Übertragung der Gebeine die Rede gewesen. Mit der Frage danach, warum dies wohl im Norden der Iberischen Halbinsel geschah, wird der politische und kirchenpolitische Zusammenhang des 8. und 9. Jahrhunderts noch deutlicher ins Zentrum des Interesses gerückt.

Predigt gegen Irrtümer und Lügen

Wir dürfen aber jene unechten und nicht anerkannten Schriften nicht verschweigen, sondern wir müssen sie korrigieren, in denen viele unvernünftige, ja schändlich zur Irrlehre neigende Menschen die Überführung des Jacobus zu erzählen pflegen, ja, was noch schlimmer ist, mit lügnerischer Feder niederzuschreiben sich anmaßen. Die einen nämlich glauben, was völlig abwegig ist, er sei der Sohn der Mutter Gottes, weil sie hören, daß Jacobus Bruder des Herrn genannt wurde, und zwar im Evangelium und im Brief an die Galater (Gal 1,19). Andere behaupten, er sei auf Geheiß Gottes, auf einem Felsen sitzend, ohne Floß über die Meeresfluten von Jerusalem nach Galicien gekommen. Ein Teil dieses Felsens sei dabei bei Jaffa zurückgeblieben. Wieder andere behaupten, der Stein sei im Schiff gemeinsam mit dem leblosen Körper angekommen. Ich habe jedoch nachweisen können, daß beides Lügenfabeln sind. In der Tat, als ich vor einiger Zeit den Fels sah, erkannte ich, daß es sich um eine in Galicien entstandene Klippe handelt. Aus zwei Gründen jedoch ist der Felsen des hl. Jacobus zu verehren. Einmal, weil der apostolische Leichnam seinerzeit, wie man berichtet, von den Jüngern am Hafen von Iria darauf niedergelegt wurde, zum andern, weil dort die Eucharistie andachtsvoll gefeiert wurde. Andere wiederum erzählen, der Apostel habe Galicien unter Verwünschungen untersagt, weiterhin Wein anzubauen, und zwar deshalb, weil eine ältere Frau namens Compostela, angeblich vom Weine trunken und vom Schlaf übermannt, dem Apostel, der in ihrem Schoße schlief, den Herrn nicht gezeigt habe, als dieser die Basilika besuchte. Der Apostel soll ihr nämlich eingeschärft haben, sie solle ihm die Ankunft des Herrn melden. Andere dagegen sagen, der Herr sei dem Apostel erschienen und habe einen Zweig, den jener in Händen hielt, von der Rinde befreit und verheißen, daß so, wie der Zweig von seiner Rinde befreit werde, so auch die Pilger an seinem Grabe von ihren Sünden gereinigt würden. Dieser Irrtum ist jedoch folgendermaßen zu widerlegen: Wenn der Sünder wie der Zweig gesäubert wird, dann wird er nicht gut geläutert, denn der Zweig kann nicht innerlich, sondern nur äußerlich gereinigt werden, während der Sünder innerlich und äußerlich, also an Körper und Seele, gereinigt wird.

Andere behaupten, Engel hätten in der Basilika öffentlich geredet und vor allen gesungen. Andere reden daher, Engel hätten den Leib des Apostels ohne menschliche Hilfe durch die Luft nach Galicien getragen. Andere schwätzen, er sei in einem gläsernen Boot durch Schiffsleute von Jerusalem nach Galicien gebracht worden. Solche Träumereien und die Märchen all dieser Leute verweisen wir unter die nicht anerkannten Schriften, wir erklären sie für nichtig und tun sie als Geschwätz ab, ja, wir verfluchen sie, damit niemand mehr dergleichen zu schreiben wagt. Echt und maßgebend ist nur das, was in diesem Codex mit Namen „Jacobus" enthalten ist. Er allein berichtet, was zur Lesung oder zum Vorsingen an den Festtagen des hl. Jacobus erforderlich ist, denn er ist, wie in ihm ersichtlich, aus authentischen Quellen ausgewählt worden. Die Wunder jedoch, die der Heilige noch wirken wird und die von zwei oder drei Zeugen bestätigt werden, dürfen zur Erbauung der Gläubigen niedergeschrieben werden. Wir aber, die wir die genannten Irrtümer zurückweisen und des Apostels wahre Zeugnisse für allgemeingültig erklären und seine hervorragenden Taten erforschen, freuen uns seiner auf Erden, über dessen Gegenwart in der himmlischen Heimat sich die Engel glücklich preisen. (...)
(Übers.: Herbers, Klein, Libellus, S. 44-46)

Der in Nottingham gefertigte Alabasteraltar ist von John Goodyear am 25. Mai 1456 der Kathedrale von Santiago geschenkt worden, wie im Tumbo F (fol. 2 v) dokumentiert ist. Es ist eines der wenigen Zeugnisse der Alabasterproduktion in Nottingham zwischen 1340 und 1540. Eine Unterschrift bezeichnet die einzelnen Episoden aus dem Leben des heiligen Jakobus. Das linke Bild zeigt die Berufung des Jakobus und Johannes durch den Herrn am See Genezareth. Es folgen die Aussendung der Apostel, sodann im Mittelteil die Predigt und Missionsbemühungen des Jakobus'.

Rechts schließen sich noch die Enthauptung (44 n. Chr.) sowie die Translation an. Wohl mit Bedacht wurden zwei Bootsszenen rechts und links gewählt, denn der Schenker des Altarbildes kam im Heiligen Jahr 1456 auf dem Schiffsweg nach Compostela.

Zusammenstoß der Kulturen?

Jakobus als Identifikationsfigur für Christen

Die verschiedenen vorgestellten Traditionen entwickelten und veränderten sich besonders stark vor dem Hintergrund der Kultentwicklung und der zunehmenden Pilgerzahlen seit dem 11. Jahrhundert. Warum war aber gerade auf der Iberischen Halbinsel zuvor mit der Entdeckung des Jakobusgrabes ein neuer Apostelkult im Westen entstanden? Warum wurde dieses zu Anfang des 9. Jahrhunderts gefunden? Spielten die Zeitströmungen eine entscheidende Rolle, denn seit 711 war die Halbinsel im Westen Europas zu einem großen Teil der muslimischen Herrschaft unterworfen worden? Man könnte dies vermuten, denn schließlich wurde Jakobus später in den Schlachten gegen die Muslime als Helfer angerufen. Stießen schon im 8./9. Jahrhundert christliche und muslimische Vorstellungen so stark aufeinander, dass der in der heutigen Situation geprägte Ausdruck von einem „Clash of Cultures“, einem Zusammenstoß der Kulturen, zwischen muslimischen und christlichen Welten auch die Entstehung des Jakobskultes auf der Iberischen Halbinsel mit erklären könnte?

Die muslimische Eroberung 711 – ein fundamentaler Einschnitt

Die Iberische Halbinsel stand zur Zeit der Grabentdeckung in der Tat weitgehend unter muslimischer Herrschaft. Die Unterwerfung Spaniens gehört in den Zusammenhang der muslimischen Eroberungen, die zu den größten und erfolgreichsten Expansionsprozessen der Weltgeschichte zählen, denkt man daran, dass nach dem Tode Mohammeds († 632) in nur etwa 80 Jahren große Teile Vorderasiens und Persiens, Nordafrikas und schließlich sogar die Iberische Halbinsel von seinen Nachfolgern und Anhängern unterjocht wurden. Warum die Muslime nach der sukzessiven Eroberung großer Gebiete 711 den Sprung über die Meerenge von Gibraltar wagten, ist bis heute nicht letztlich geklärt, jedoch sollte man nicht vergessen, dass schon seit spätantik-frühchristlichen Zeiten zwischen Nordafrika und Spanien stets enge Kontakte bestanden hatten. Neben der Durchschlagkraft muslimischer Expansion sind Aspekte des vor 711 geschwächten und kriselnden Westgotenreiches auf der Iberischen Halbinsel zu berücksichtigen. Jedenfalls unterwarfen die Muslime die Iberische Halbinsel relativ erfolgreich nach einer ersten Schlacht am Guadalete (19. Juli 711). Wie auch in Vorderasien, Persien oder Afrika ging es den Muslimen anschließend weniger um eine flächendeckende Ausdehnung ihrer Herrschaft, sondern zunächst um eine Anerkennung der Oberhoheit. Auch deshalb wurde das Westgotenreich in unterschiedlicher Intensität in den muslimischen Herrschaftsraum integriert. Insbesondere in den Gebieten der Pyrenäen und im Norden der Iberischen Halbinsel bestanden unabhängige Herrschaftsverbände fort, oder sie bildeten sich neu, wie schon bald im asturischen Norden. Die Bedeutung dieser christlich gebliebenen oder neu formierten Herrschaften ist für die Frühzeit nicht genau zu fassen, weil deren Anfänge aus der späteren Rückschau idealisiert wurden. Deshalb bleibt auch unklar, inwieweit die Christen, die weiterhin unter muslimischer Herrschaft lebten, für das Christentum Spaniens zunächst wichtiger waren als die christlichen Gruppen im Norden, denen später der erste Widerstand gegen die Muslime zugeschrieben wurde. Im südlichen Spanien wurden Anhänger von Buchreligionen wie Christen und Juden nicht zur Konversion gezwungen; dafür waren oft ökonomische Gründe maßgebend, weil die muslimischen Herrscher von diesen Gläubigen eine höhere Kopfsteuer verlangten. Bekannt ist der Fall des Theodemir im Gebiet des heutigen Murcia. Ihm wurden nach seinem Übertritt Ländereien und Rechte, die er in westgotischer Zeit innehatte, zu günstigen Bedingungen neu verliehen. Trotz solcher Konversionen dürften gerade im 8./9. Jahrhundert zahlreiche Christen weiterhin unter muslimischer Herrschaft gelebt haben.

Der Führungsanspruch der Christen unter muslimischer Herrschaft

Mit den muslimischen Eroberungen war auch die alte Metropole des Westgotenreiches, das geistige und kirchliche Zentrum Toledo, unter muslimische Herrschaft gekommen. An diesem Ort waren seit dem 7. Jahrhundert vor allem auf Konzilien wichtige Entscheidungen nicht nur für die spanische Christenheit getroffen worden. Obwohl es nach 711 neben den erwähnten Konversionen einige Fluchtbewegungen prominenter Christen in die Reiche des Nordens gab, bestand christliches Leben unter muslimischer Herrschaft fort. Wurde aber dennoch mit der Jakobus-Legende eine Identifikationsfigur gegen das muslimische Spanien entwickelt, wie dies oft behauptet wird? Dann stellt sich zumindest die Frage, warum das Apostelgrab erst zu Beginn des 9. Jahrhunderts und nicht nach 711 „entdeckt" worden sein soll. Hierzu sei ein kurzer Blick auf die Bedingungen der spanischen Christen unter muslimischer Herrschaft geworfen.

Zentrum des muslimischen Spaniens wurde seit der zweiten Hälfte des 8. Jahrhunderts Córdoba. Die große Moschee von Córdoba wurde unter Abd ar-Rahman I. (756-788) begonnen, später erweitert. Über einem römischen Tempel und einer westgotischen Kirche errichtet, wurde diese Moschee nach der Reconquista durch die Christen 1236 zur Kathedrale umgestaltet. Die im 10. Jahrhundert in Compostela erbeuteten Glocken wurden in diesem Jahr nach Compostela zurückgeführt. Heute wird der Bau als Moschee-Kathedrale bezeichnet.

Diese Christen werden oft als Mozaraber bezeichnet, was sich wahrscheinlich von *musta' rib* herleitet und damit auf eine allgemeine Arabisierung dieser Personengruppe verweist. Allerdings ist der Begriff nicht ganz unproblematisch, weil der Kontakt mit arabischen Traditionen sehr unterschiedlich ausfallen konnte. Viele der mozarabischen Christen behielten zunächst ihr Selbstbewusstsein, denn sie konnten sich schließlich auf westgotische Traditionen berufen. Sollten nicht diese Christen, vor allem in Toledo, für die christliche Kirche Spaniens eine Führungsposition behalten? In Rom ging man offensichtlich davon aus und hielt Kontakt zu diesen Gruppen, denn aus den Jahren 785-791 sind mehrere Schreiben des Papstes Hadrians I. (772-795) überliefert, die darauf abzielten, die Kirchenstruktur im muslimischen Spanien zu verbessern und gewisse judenfreundliche Tendenzen abzustellen. Kurz darauf diskutierten spanische und andere Theologen über eine neue Interpretation der christlichen Dreifaltigkeitslehre. Verfechter des sogenannten Adoptianismus glaubten, Gottvater habe Jesus Christus lediglich adoptiert. Aufgekommen war diese Vorstellung im südlichen Spanien durch einen Theologen Migetius. Bei diesen neuen theologischen Positionen spielt vielleicht eine Rolle, dass damit dem dominierenden Islam eine Kompromissformel angeboten wurde. Schließlich rückte man mit solchen Vorstellungen einem streng monotheistischen Islam näher. Insbesondere verfocht Erzbischof Elipandus von Toledo († ca. 802) diese Auffassung vehement, hatte aber bald schon Gegner im nördlichen Spanien, in Asturien. Er unterlag schließlich, auch weil Asturien karolingische Unterstützung erhielt. Auf dem Konzil zu Frankfurt wurde 794 zugunsten der klassisch trinitarischen Position entschieden, und Papst Leo III. (795-816) bestätigte dies wenig später.

Warum aber wurde erst nach diesen Diskussionen und Entscheidungen das Grab des Apostels Jakobus auf wunderbare Weise aufgefunden? Der Zeitpunkt ist auffällig: Die Christen des Nordens waren offensichtlich in diesem theologischen Streit mit karolingischer und päpstlicher Hilfe gestärkt worden. Die Auffindung des Apostelleichnams, die *Inventio*, ähnelte vielleicht auch deshalb nicht von ungefähr den Formen, wie sie aus dem karolingischen Frankenreich dieser Zeit bekannt sind. Erst nach dem Adoptianismusstreit war offensichtlich auch kirchenpolitisch der Weg geebnet, um dem alten Toledo ein Gegengewicht des christlichen Spanien im Norden entgegenzusetzen. Dies lässt aber die Auffindung des Jakobsgrabes in einem neuen Licht erscheinen. Hier wurde offensichtlich weniger eine Identifikationsfigur gegen die Muslime im Süden der Iberischen Halbinsel aufgebaut, sondern schon eher gegen den Führungsanspruch der Christen Stellung bezogen, die dort unter muslimischer Herrschaft lebten.

Innenansicht der großen Moschee von Córdoba.

Votivkrone des Westgotenkönigs Rekkesvinth aus dem Schatz von Guarrazar. Es handelt sich um eine wertvolle Weihekrone, die im Altarraum aufgehängt wurde. Museo Nacional de Arqueología, Madrid

Kleine christliche Reiche in Nordspanien auf der Suche nach einer neuen Identität

Der Auslöser lag aber nicht nur im Süden und in den theologischen Streitigkeiten, sondern zugleich in dem Selbstbewusstsein, das die kleinen Reiche im Norden offensichtlich auch danach drängte, eine eigenständige Kirchenorganisation aufzubauen. Ob dies nun schon in den Jahren vor den großen Auseinandersetzungen 794-798 geschah, ist hier weniger entscheidend. Vielleicht war die „kirchliche Selbständigkeit Asturiens ... nicht erst eine von Alfonso II. eingebrachte Frucht des adoptianischen Streites, sondern (war) Ergebnis einer früheren Entwicklung“ (K. Schäferdieck). Die dogmatische Glaubensauseinandersetzung wäre möglicherweise überhaupt nicht ausgebrochen oder auf einfache Art und Weise beigelegt worden, hätte sich nicht schon zuvor zwischen dem Toledaner Erzbischof und der asturischen Kirche eine Konkurrenz entwickelt.

Asturien hatte außerdem etwa gleichzeitig ein wesentliches Element zur eigenen Identität aufgebaut. Der Gegenspieler des Elipandus, Abt Beatus von Liébana († 798), griff in einem Apokalypsenkommentar Notizen der ursprünglich griechischen Apostelkataloge auf, die den Aposteln verschiedene Missionsgebiete zuordneten: so wie Petrus und Paulus Rom oder Thomas Indien, so dem Apostel Jakobus dem Älteren die *Hispania*. Wenn es also zutraf, dass den Aposteln jeweils konkrete Missionsgebiete zukamen und Jakobus auf der Iberischen Halbinsel gepredigt haben sollte, lag es dann nicht nahe, sein Grab dort zu vermuten, wo er gepredigt hatte? Suchte man vielleicht zu Beginn des 9. Jahrhunderts ein Grab, um dies dann – zugespitzt formuliert – mit demjenigen des heiligen Jakobus gleichsetzen zu können?

Abbildung aus dem Apokalypsenkommentar des Beatus von Liébana († 798): Die Aussendung der Apostel. Dem Namen Jakobus (vierter von links) ist das Missionsgebiet Spania *zugeordnet. 11. Jahrhundert, Girona.*

Karl der Große, das Papsttum und die Christen im Norden der Iberischen Halbinsel

In Asturien hatte man mithin die Vorstellung einer Missionierung der Halbinsel durch Jakobus aufgegriffen und verbreitet; das kleine nördliche Reich war auch für die Notiz von der Entdeckung des Grabes bestimmend. Das asturische Reich war aus der Auseinandersetzung um den Adoptianismus wohl auch deshalb gestärkt hervorgegangen, weil es die Hilfe des karolingischen Frankenreichs gesucht hatte. Neben den Verhandlungen um den Adoptianismus sind mehrere Gesandtschaften an den karolingischen Hof vor allem zu den Jahren 795 und 797/98 erwähnt. Die karolingische Hilfe konnte aber auch gefährlich werden. Hatte Karl nicht sogar mit seinem Zug nach Zaragoza 778 bewiesen, dass er Ambitionen auf die Beherrschung von Teilen der Iberischen Halbinsel hegte? Die Niederlage in Roncesvalles und anderes hatten ihn daran gehindert, hier weiter zu handeln. Hätte ein zu enger Kontakt mit den Karolingern dem kleinen Reich Asturien sogar schaden können?

Vielleicht gehört in diesen Zusammenhang ein weiteres Zeugnis, das an den asturischen König Mauregatus († 788) gerichtet ist. Ob die dem König gewidmete Hymne *O Dei verbum* von Abt Beatus von Liébana verfasst wurde, ist umstritten. In der zehnten Strophe wird der Apostel Jakobus angesprochen als Haupt Spaniens, als Schützer und Patron. Darin wie manche Interpreten schon eine Anspielung auf kriegerische Hilfe zu sehen, dürfte überzogen sein. Wahrscheinlicher ist ein Bezug zum Land allgemein (F. López Alsina). Der Apostel könnte aber auch deshalb zitiert worden sein, weil er gegen die neu aufgekommenen „Irrlehren“ als Beistand für sein altes Missionsgebiet angerufen wurde (O. Engels). Schließlich wurden mit der Sorge des Apostels für Spanien zu starke mögliche karolingische Einflüsse abgewehrt (J. van Herwaarden). Dabei müssen sich verschiedene Stoßrichtungen nicht ausschließen, eine apostolische Tradition auf der Iberischen Halbinsel hätte sich sogar ebenso gegen Rom gerichtet haben können. Jedenfalls dokumentieren Hymnus und Apokalypsenkommentar eindrücklich, was die Jakobustraditionen, besonders über eine Missionierung Spaniens durch den Apostel, kurz vor der Entdeckung des Grabes bündelten: Die Abgrenzung von Toledos Vorrangansprüchen führte zugleich dazu, eine allzu große Hilfe aus dem Karolingerreich oder aus Rom durch eine neue eigenständige Tradition für die *Hispania* abzuwehren.

Ein Gegner fehlte auch hier: die Muslime. Sie scheinen keine größere Rolle gespielt zu haben. Nicht der Kampf zwischen Christen und Muslimen oder eine christlich-muslimische Konfrontation führte zur Entdeckung des Apostelgrabes. Die Muslime hatten hierzu indirekt dadurch beigetragen, dass sie große Teile der Iberischen Halbinsel erobert hatten und deshalb neben der politischen auch die kirchenpolitische Landkarte neu zu strukturieren war.

Die Dachreliefs vom Karlsschrein im Aachener Dom (1215) erzählen die Geschichte vom Spanienzug Karls des Großen. Hier ist die Belagerung der Stadt Pamplona dargestellt: Die Mauern der Stadt fallen nach dem biblischen Vorbild der Mauern von Jericho. Dom bzw. Domschatzkammer, Aachen

ICVT·ADISTA·VOCAVIT·IACOBVS·ET
M
PELVN
ET·TVRRE·CADIT·VRBS·MVRI·CECIDERE

Ehre, wem Ehre gebührt

Wie Santiago Erzbistum wurde

Das Grab des Apostels diente zunächst dem Ansehen Asturiens und der asturischen Könige. Wie konnte sich aber eine europäische Bedeutung und universale Ausstrahlung entwickeln? Boten die Umgestaltungen des 11. und 12. Jahrhunderts neue Spielräume? Die nur archäologisch gesicherte Kirche von 899 unterschied sich jedenfalls deutlich von der romanischen Kathedrale, die – im 11. Jahrhundert begonnen – mit der Einweihung des *Portico de la Gloria* 1188 vorerst ihren Bauabschluss fand.

Patron der asturischen Könige

Die Erzählungen zur Missionierung, Translation und Grabauffindung entstanden in einer Umbruchsituation und wurden auch deshalb unter veränderten Bedingungen immer wieder neu geschrieben *(réécriture)*. Zuweilen schufen sogar Gegenwartsinteressen die Vorstellungen von einer einheitlichen Vergangenheit. Die Facetten des neuen Jakobuskultes dokumentierten damit zugleich die Auseinandersetzungen um die Neuordnung der politischen und kirchenpolitischen Verhältnisse im 8./9. Jahrhundert auf der Iberischen Halbinsel. Neuigkeiten zu Heiligenkulten hatten in dieser Zeit größere Chancen verbreitet zu werden als andere Nachrichten. Und so wussten bald die Gelehrten, dann auch die Gläubigen Europas, dass in Compostela ein Apostelgrab entdeckt worden war. Dies verzeichneten immer mehr Schriften auch nördlich der Pyrenäen; Alfons III. von Asturien (866-910) fügte sogar in einem Schreiben an den Klerus der Martinskirche von Tours eine entsprechende Notiz ein.

Trotzdem blieb Santiago zunächst ein eher regionales Zentrum. Mit dem Grab wuchs zwar der Ort, aber über die engere Umgebung hinaus scheint Compostela – wenn die Quellen uns nicht fehlleiten – zunächst nicht allzu sehr ausgestrahlt zu haben.

Von Alfons II. (792-842) bis Vermudo III. (1028-1037) erschien der Apostel Jakobus aber als ein wichtiger Fürsprecher der Könige und unterstützte damit auch das noch junge asturisch-galicische bzw. leonesische Reich dabei, eine eigene Identität zu festigen. Die Hilfe und Vermittlung des Apostels wird in zahlreichen Urkunden erfleht, besonders unter Alfons III. (866-910). Angesprochen wurde in diesen Texten aber vor allem die Fürsprache bei Gott zur Vergebung der eigenen Sünden. Mehrfach wird Jakobus als der wichtigste und stärkste Helfer nach Gott oder sogar als Patron der *Hispania* bezeichnet, wie in einer Urkunde von 834 „Patron und Herr ganz Spaniens" *(... patronum et dominum totius Hispaniae ...)*. Dieses Patronat lassen die Urkunden ab dem 10. Jahrhundert nur noch selten erkennen.

Eingeschlossen war seit dem 9. Jahrhundert zuweilen die Bitte um Schlachtenhilfe, denn ein mächtiger Patron wie Jakobus konnte bei allen wichtigen und entscheidenden Unternehmungen Unterstützung bieten. Königsurkunden formulierten öfter, Jakobus möge bei Gott Fürsprache einlegen, damit die Könige über die Feinde siegreich blieben. Diese Bitten verknüpften sich zugleich mit späterem Dank. König Ordoño II. (911-924) begründete seine Schenkungen an die Apostelkirche am 20. April 911 mit dem Dank für gewährte Schlachtenhilfe. Allerdings gehörte diese „Hilfe" des Apostels noch in den Zusammenhang des Patronates für Herrscher und Reich; sie hatte noch wenig mit der Funktion eines allgemeinen Schlachtenhelfers zu tun.

Die weitere Entwicklung der politischen Funktionen wurde aber durch die gedankliche Grundstruktur begünstigt. Wenn schon im 9. Jahrhundert der Schutz für das Königtum bereits die Schlachtenhilfe einschloss, Schenkungen des Königtums an den Heiligen auch als Dank für die gewährte Hilfe galten, dann konnte diese Denkfigur im 11. und besonders im 12. Jahrhundert zu den Abgaben an die Apostelkirche und zum Typus eines Schlachtenhelfers weiter entwickelt werden. Auffälligerweise stammen die frühen Zeugnisse kriegerischer Hilfe des Heiligen fast ausschließlich aus dem 9. und 10. Jahrhundert. Dies entsprach den politischen Verhältnissen: Nach militärischen Auseinandersetzungen waren die Beziehungen von Christen und Muslimen in der ersten Hälfte des 11. Jahrhunderts zunächst durch das System der Tribute stabilisiert, bis etwa in den 60er Jahren des 11. Jahrhunderts eine neue Phase christlicher Expansion nach Süden einsetzte.

Sukzessive entwickelte sich aber seit dem 9. Jahrhundert der Grabesort Compostela zum Pilgerort. Bereits Alfons II. und Alfons III. von Asturien gedachten in ihren Urkunden des frühen, noch lokalen Pilgerverkehrs und verliehen der Kirche von Com-

Orden
Semeterio del hospital

postela Besitz, der auch die Aufnahme von Armen und weiteren Besuchern erleichtern sollte. Als besonderer Förderer des Jakobus-Patronates ist Alfons III. hervorzuheben. In seiner Regierungszeit, besonders in den Jahren 880-890, bedrohten muslimische Heere verstärkt den Norden, und innere Unruhen erschütterten die Herrschaft. Die deshalb notwendige Sammlung der Kräfte des asturischen Reiches führte nicht nur zur Orientierung auf den Jakobuskult, sondern auch zur Besinnung auf alte (west-) gotische Traditionen. Diese Tendenz spiegelt sich zum Beispiel in den frühen asturischen Chroniken des 9. Jahrhunderts. Die Förderung Santiagos lässt aber am besten die im Jahr 899 erfolgte Weihe einer neuen, größeren Kirche am Ort erkennen, die vielleicht eine frühere, noch unter Alfons II. errichtete Kirche ersetzte. Dieser archäologisch gesicherte Bau zeigt, wie sehr die Stadt schon gewachsen war und dass man auf die weitere Entwicklung des Pilgerortes bedacht war.

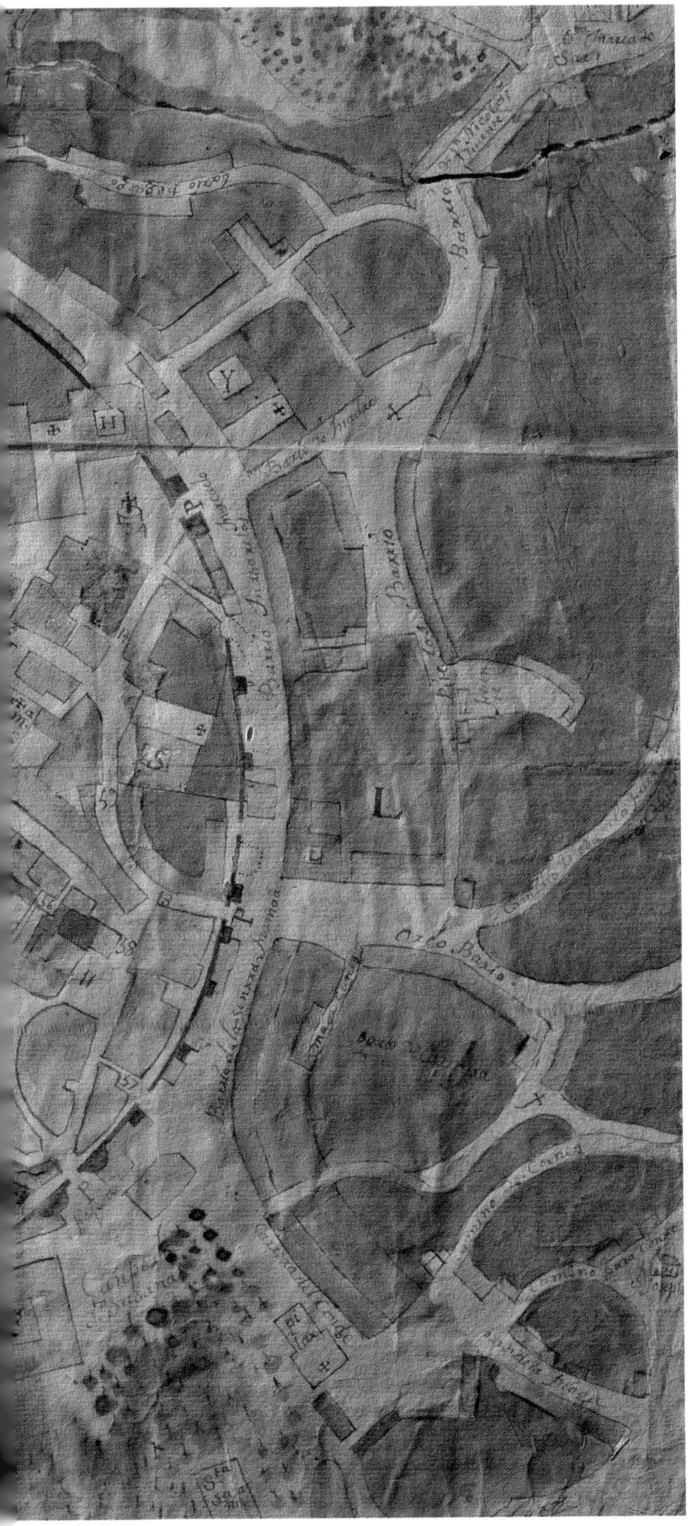

Der Stadtplan von Santiago aus der Mitte des 18. Jahrhunderts lässt gut die noch bestehenden mittelalterlichen Strukturen erkennen. Neben der auf einem Hügel liegenden Kathedrale sind es die großen religiösen Institutionen und Plätze, welche die Stadt auszeichnen. Allerdings ist die runde Form der alten Stadt eine Idealisierung der tatsächlich eher ovalen Form. Am oberen Bildrand beim Buchstaben M dürften die Pilger in die Stadt gekommen sein.

Toledo wird von den Christen erobert – Was wird aus dem Apostelsitz Santiago?

Im 11. Jahrhundert gingen die Anrufungen von Jakobus und anderen Schlachtenhelfern vielleicht auch deshalb zurück, weil die unmittelbaren Bedrohungen durch Muslime und durch Normannen, welche die Küsten unsicher machten, zunächst gebannt waren. Das seit 756 bestehende Emirat im Süden Spaniens war 929 zu einem Kalifat geworden und war im 10. Jahrhundert christlichen Heeren meist überlegen. Vor allem die Züge des berühmt-berüchtigten Feldherrn al-Mansur setzen die christlichen Reiche in Schrecken. Er drang 998 auch nach Santiago de Compostela vor, soll aber das Apostelgrab geschont haben (vgl. nebenstehenden Quellenauszug). Dafür raubte er die Glocken der Apostelkirche und nahm sie mit nach Córdoba. Sie sollten unter Ferdinand III. nach der Eroberung dieser Stadt 1236 wieder feierlich nach Santiago an ihren alten Platz zurückgeführt werden.

Durch innere Streitigkeiten und Aufstände zerfiel das zentralistisch organisierte Kalifat ab 1031 in verschiedene Reiche, die von Taifenherrschern, Kleinkönigen, regiert wurden *(ta'ifa* = Parteiung). Damit ergab sich für die Reiche des Nordens, zu denen außer Asturien-León auch Navarra und verschiedene aragonesische und katalanische Herrschaften gehörten, die Möglichkeit, militärisch und ökonomisch überlegen zu werden. Durch Tributzahlungen erkauften sich viele Taifenherrscher friedliche Nachbarschaft. Seit den 1060er Jahren endeten die Kämpfe der Christen, die meist mit dem ideologisch belasteten Kampfbegriff „Reconquista" bezeichnet werden, oft erfolgreich. 1064 eroberten Truppen Ferdinands I. nach langer Belagerung Coimbra, eine Schlacht, auf die wir weiter unten noch eingehen. Etwa gleichzeitig wurde im aragonesisch-katalanischen Raum Barbastro eingenommen, hier unterstützte wohl sogar der damalige Papst Alexander II. die Bemühungen der christlichen Truppen.

Die Verwüstungen al-Mansurs, Ende des 10. Jahrhunderts (aus christlicher Sicht)

Es ist noch zu berichten, was im Lande Galizien nach Karls Tode geschah. Nachdem das galizische Land nach Karls Tode lange Zeit in Frieden gelebt hatte, erhob sich, vom Teufel angestachelt, ein gewisser Sarazene, der Almansor von Córdoba, und sagte, er werde das galizische Land, das Karl seinen Vorfahren einst geraubt habe, sich wieder aneignen und dem sarazenischen Glauben unterwerfen. Er sammelte also gewaltige Heere, verwüstete weit und breit das Land, gelangte bis zur Stadt des seligen Jacobus und riß alles, was er dort fand, mit Gewalt an sich. Auch zerstörte er freventlich die ganze Basilika des Apostels und raubte die Handschriften, die silbernen Altartische und die Glocken. Als nun die Sarazenen gar mit ihren Pferden darin kampierten, begann dieses abscheuliche Volk auch noch am apostolischen Altar seine Notdurft zu verrichten. Deshalb bekamen einige von ihnen, von göttlicher Rache getroffen, starken Durchfall und verloren alles, was sie im Leibe hatten, durch den After. Andere verloren ihr Augenlicht und irrten wie Blinde durch Kirche und Stadt. Was weiter? Auch der Almansor wurde von dieser Krankheit befallen und erblindete völlig. Auf den Rat eines seiner Gefangenen, eines Priesters der Basilika, flehte er darauf den Gott der Christen um Hilfe an und sprach: „O Gott der Christen, Gott Jacobi, Gott Mariens, Gott Petri, Gott Martini, Gott aller Christen, wenn du mir meine frühere Gesundheit wiedergibst, leugne ich Mohammed, meinen Gott, und werde des großen Jacobus' Land nie mehr ausplündern. O Jacobus, großer Mann, wenn du meinem Leib und meinen Augen die Gesundheit wiedergibst, gebe ich alles zurück, was ich aus deinem Hause geraubt habe." Dann, nach vierzehn Tagen, als er alles doppelt (der Kirche) zurückerstattet hatte, erlangte er seine frühere Gesundheit wieder und zog aus dem Lande des hl. Jacobus' ab. Er versprach, nie mehr in dieses Gebiet in räuberischer Absicht zu kommen und verkündete laut, der Gott der Christen sei groß und Jacobus sei ein großer Mann. Dann zog er raubend und plündernd durch spanische Gebiete und kam zu der Stadt Ornix. Dort stand eine prächtige und wunderschöne Basilika des seligen Romanus. Sie war mit seidenen Tüchern, hervorragenden Handschriften, silbernen Kreuzen und goldenen Evangelienbüchern reich geschmückt. Als nun der üble Almansor in diese Kirche kam, raubte er alles, was er fand und verwüstete auch die Stadt. Er nahm auch mit seinen Heeren Quartier in dieser Stadt, und ein Heerführer, der in die Basilika eingedrungen war, sah dort herrliche steinerne Säulen, die dem Dach der Kirche als Stütze dienten und oben versilbert und vergoldet waren. Von Habgier ergriffen setzte er einen Eisenkeil zwischen eine Säule und ihren Fuß. Als er nun mit einem Eisenschlegel mit wuchtigen Schlägen drauf einschlug und dadurch die ganze Basilika zum Einsturz zu bringen drohte, wurde der Mann auf göttlichen Ratschluß hin in Stein verwandelt. Der Stein ist noch heute in Menschengestalt in der Kirche zu sehen und hat noch die Farbe, die die Tunika des Sarazenen hatte. Auch die Pilger, die zum Gebet dorthin kommen, berichten, daß der Stein einen üblen Geruch ausströmt. Als der Almansor das sah, sagte er zu seinen Vertrauten: „Groß ist wahrlich der Gott der Christen und zu preisen, der solche Jünger hat, die, auch wenn sie aus dem Leben geschieden sind, noch widerspenstige Lebende so zur Rechenschaft ziehen, daß sie dem einen das Augenlicht rauben, den anderen in einen stummen Stein verwandeln. Jacobus hat mir mein Augenlicht geraubt, Romanus aus einem Menschen einen Stein gemacht. Aber Jacobus ist doch viel gütiger als dieser Romanus. Jacobus hat sich nämlich meiner erbarmt und mir mein Augenlicht wiedergegeben, aber Romanus will mir meinen Mann nicht zurückgeben. Fliehen wir also aus dieser Gegend!" Dann zog der Heide ganz verwirrt mit seinem Heere ab. Danach gab es lange Zeit niemanden, der es gewagt hätte, das Land des seligen Jacobus mit Krieg zu überziehen. Alle sollen wissen, daß in Ewigkeit diejenigen verdammt sind, die weiterhin sein Land behelligen. Diejenigen aber, die es vor der Macht der Heiden schützen, werden himmlischen Lohn erhalten. Nun ist das Buch zu Ende, und größtes Lob werde Roland.

(Klein, Chronik, S. 135 und 137)

Eine Darstellung, die wohl al-Mansur – zumindest einen muslimischen Reiter – kennzeichnen soll, bietet die Miniatur des Apokalypsenkommentars von Beatus von Liébana. 11. Jahrhundert, folio 157 v. Kathedrale von Girona

civitas
regia
toletana
ianua urbis
ianua muri
sinodus toletana
basilica sci petri
epi
150.

Gegenüber: Darstellungen früherer Konzilien wurden in der Anlage von kirchlichen Rechtssammlungen immer wieder eingefügt. Der Codex von Albelda bietet eine Darstellung der Stadt Toledo (oberer Bildteil). Im mittleren Bildbereich wird unter anderem der Türhüter in der Mitte dargestellt, darunter verschiedene Teilnehmer wie Bischöfe (links) und andere Kleriker (rechts). Handschrift von 976, Codex von Albelda, folio 142 r.
Biblioteca del Monasterio, Escorial

Für den leonesisch-kastilischen Raum und in der Konsequenz auch für Santiago war die Eroberung Toledos besonders bedeutend. König Alfons VI., der ab 1072 über die Reiche von Kastilien, León und Galicien gebot, setzte gegenüber den muslimischen Taifenreichen zunächst die Politik seiner Vorgänger fort. Auch er zog aus Tributen wirtschaftlichen und politischen Gewinn, wechselte aber bald zu militärischen Angriffen. König Alfons VI. hatte ursprünglich gute Beziehungen zu Toledo gepflegt. Dort herrschte bis 1075 al-Ma'mun, ein Mäzen für Kunst, Poesie und Wissenschaft. Aber unter dessen Nachfolger al-Qadir (1075-1085) geriet das toledanische Taifenreich in eine Krise, so dass dieser sogar 1080 vor seinen Untertanen floh und Alfons VI. um Hilfe bat. Viele Toledaner wünschten sich in dieser Situation den Taifenkönig von Badajóz als Herrscher. Mit leonesischer Hilfe kehrte al-Qadir jedoch 1081 nach Toledo zurück, konnte aber dort nicht mehr richtig Fuß fassen. Einige seiner Gegner befürworteten sogar eine Herrschaftsübernahme durch Alfons VI. Wenn der kastilische Herrscher die Stadt belagere, würden sie diese nach einem gewissen Widerstand ausliefern, was am 6. Mai 1085 dann auch geschah. Alfons ernannte Graf Sisnando Davídiz zum Stadtherrn. Alle Einwohner Toledos – Muslime, Juden und Christen – sollten zunächst gleichberechtigt unter der Herrschaft Alfons' VI. weiterleben.

Die Eroberung der militärisch ideal geschützten Stadt Toledo bedeutete für die christlichen Herrscher Spaniens zugleich einen ideologisch wichtigen Sieg, denn nun stand die alte Hauptstadt des Westgotenreiches wieder unter ihrer Herrschaft. Toledo wurde das Zentrum von „Neukastilien" und stellte Orte wie León oder gar Santiago de Compostela zeitweise in den Schatten. Alfons VI. bezeichnete sich sogar als toledanischer Kaiser, als *imperator toledanus* oder Kaiser der beiden Religionen, weil viele Muslime in seinem Herrschaftsbereich verblieben waren. Auf dieser Basis gediehen später die kulturell so bedeutsamen Ergebnisse der Zusammenarbeit zwischen Juden, Christen und Muslimen, die zum Beispiel in der Übersetzung philosophischer und naturwissenschaftlicher Schriften aus dem Arabischen ins Lateinische seit der Mitte des 12. Jahrhunderts Gestalt gewann. Trotzdem kam es nur bedingt zu einem friedlichen Zusammenleben der Religionen, denn in Toledo stieß das zunächst durchaus angestrebte gleichberechtigte Miteinander schon bald an seine Grenzen, vor allem, als die aus Frankreich stammende Königin sowie der nach Kastilien gekommene französische Klerus, die Alfons unterstützt hatten, sich gegen eine Gleichbehandlung aller Bewohner aussprachen. Bernhard von Sauvetat, ehemals Abt von Sahagún, und seit 1086 neuer Erzbischof von Toledo, besetzte die Moschee, weil er eine Kathedrale brauchte. Dieses Beispiel zeigt, wie schnell bei verschiedenen Interessen das Gleichgewicht in Gefahr geraten konnte. Der Cluniazenser und Erzbischof Bernhard blieb nicht allein, denn Alfons ersetzte den „gemäßigten Politiker" Sisnando Davídiz durch den Grafen Pedro Ansúrez, der zu den Befürwortern eines harten Kurses gegenüber den Muslimen gehörte.

Die Eroberung Toledos verdeutlicht zugleich, wie die christlichen Reiche der Iberischen Halbinsel in einen Prozess der sogenannten „Europäisisierung" geraten waren, bei dem vor allem Franzosen, aber auch andere Mitteleuropäer als Siedler, Kleriker, Klosterangehörige oder auch als Pilger eine wichtige Rolle spielten. Ebenso gewann das Papsttum seit der Zeit der Kirchenreform an Einfluss. Die Entsendung päpstlicher Legaten sowie Bemühungen um die Einführung der römischen Liturgie und Kirchenordnung sind etwa seit 1060/1070 verstärkt feststellbar, wovon nicht allein Toledo betroffen war.

Bischof Diego Gelmírez: Ehre und Ehrgeiz

Mit der Eroberung von Toledo und anderen Orten ergab sich zugleich als dringende Aufgabe die Wiedererrichtung der Kirchenordnung. Papst Urban II. (1088-1099) ernannte Erzbischof Bernhard von Toledo schon 1088 zum Primas von Spanien und gewährte ihm das Recht, als päpstlicher Legat zu handeln. Dies war in Santiago schwer zu akzeptieren, verehrte man doch hier sogar die Reliquien eines Apostels. Dies wurde jedoch nicht nur von Toledo, sondern zu dieser Zeit indirekt auch von Rom in Frage gestellt, weil die römische Kirche zunehmend davon ausging, dass vor allem die Apostel Petrus und Paulus oder deren Schüler im lateinischen Westen missioniert hatten. So schrieb 1074 Papst Gregor VII. (1073-1085) in einem Brief an König Alfons VI., dass Paulus oder dessen Schüler im Westen als Glaubensboten gewirkt hätten. Dies betraf selbstredend auch die Jakobustraditionen und die Position von Santiago, denn Jakobus fand in dieser Konzeption keinen Platz. Erst der ehrgeizige Diego Gelmírez setzte dieser römischen Sicht eigene neue Akzente entgegen.

Nachdem er 1098/99 Bischof von Compostela geworden war, realisierte er schrittweise ein umfangreiches apostolisches Programm, um seinen Sitz angemessen in die neuen Kirchenstrukturen einzufügen. Wie konnte vor allem die Oberhoheit des Toledaners abgeschüttelt oder wenigstens neutralisiert werden? War es nicht sinnvoll, hierzu das Papsttum zu bemühen? Der Besitz der Apostelreliquien diente Diego als helfende Waffe, denn damit konnte er auf seit dem 9. Jahrhundert ansatzweise entwickelten Ansprüchen aufbauen. Drei beziehungsweise vier Schritte wurden auf dem Wege zum Erzbistum wichtig. Schon vor dem Episkopat Diegos soll Papst Urban II. 1095 die endgültige Verlegung des Bischofssitzes von Iria nach Compostela bestätigt und das Bistum aus dem Verband einer Kirchenprovinz gelöst haben (Exemtion). 1104 (1105) zeichnete Papst Paschalis II. den Compostellaner Oberhirten mit dem Pallium aus, einem Ehrenzeichen, das normalerweise nur Erzbischöfen gewährt wurde. Calixt II. (1119-1124) verlieh dann 1120 die Erzbischofswürde vorläufig bis zur Wiedereroberung der alten Metropole Mérida, was jedoch 1124 als eine Regelung auf Dauer bestätigt wurde.

Das Papsttum wurde so – vielleicht zunächst ungewollt – zu einem der wichtigsten Helfer Diegos, und die Bistumsgeschichte *(Historia Compostellana)* erzählt – freilich aus parteiischer Perspektive – über Vorgehensweisen und Ergebnisse. Für alle Vorrechte und Rangerhöhungen, die Compostela unter Diego Gelmírez in gut zwanzig Jahren erreichte, ist ständig auf den Besitz der Apostelreliquien verwiesen worden, um der *sedes apostolica* – wie viele Kirchen konnten schon im Westen einen solchen Titel beanspruchen? – die ihr gebührende Stellung zu verschaffen. Eindringlich wird dies in der Bistumsgeschichte geschildert. In dem entsprechenden Kapitel (II, 3), das dem Compostellaner Magister Girald zuzuschreiben ist, heißt es in der Kapitelüberschrift „Wie dieser frühere Bischof zur Erlangung der Erzbischofswürde strebte". Girald nennt zunächst die Einführung einer neuen kirchlichen Disziplin entsprechend Gebräuchen in der *Francia* und bemerkt dann zu apostolischen Traditionen, wobei der Verfasser die Wirkung noch dadurch steigert, dass er die folgenden Gedanken als diejenigen des damaligen Bischofs Diego Gelmírez erscheinen lässt: Überall, so heißt es, hätten Kirchen mit einem Apostelgrab zumindest den Rang eines Erzbistums, Compostela hingegen nicht. Dies sei umso ungerechter, als doch der Apostel Jakobus zusammen mit Petrus und Johannes an verschiedenen Stellen der Bibel aus der Schar der übrigen Apostel hervorgehoben werde. Die bisherige Missachtung erklärt der Verfasser damit, dass römische Reserven gegenüber einem weiteren Apostelsitz im Westen bestünden, die dem Bischof von Compostela oder zumindest dem Verfasser dieser Passagen offensichtlich bewusst waren.

Innenansicht des Festsaales im Bischofspalast des Diego Gelmírez († 1140) in Santiago de Compostela, 12. Jahrhundert. Das Gewölbe wird durch eine einzige stützende Säule getragen.

Gegenüber: Die im Umfeld des Bischofs und Erzbischofs Diego Gelmírez († 1140) angefertigte Historia Compostellana, *welche die Bistumsgeschichte bis 1140 hauptsächlich aus der Perspektive des Bischofssitzes erzählt, beginnt mit der Grabentdeckung, die hier auch ins Bild gesetzt ist.*

Von himmlischen Zeichen geleitet, entdeckt der Bischof Theodemir zu Beginn des 9. Jahrhunderts das Jakobsgrab. Ein weihrauchschwenkender Engel assistiert. Manuskript 2658, fol. 14 r.
Universität, Salamanca

Ganz unbegründet waren diese römischen Bedenken wohl nicht, obwohl sie in der *Historia Compostellana* immer wieder zurückgewiesen wurden und man die besondere Würde Compostelas auch Rom gegenüber mit dem Grab und den Gebeinen des Apostels Jakobus hervorhob. In zahlreichen Urkunden und anderen Quellen wird der Besitz der Apostelreliquien wiederholt unterstrichen. Die päpstlichen Schreiben für Compostela griffen diese Denkfigur auf. Steter Tropfen höhlt den Stein. In den Urkunden Urbans II. und Paschalis' II. (1099-1118) unterstreichen die entsprechenden Formulierungen noch, dass man glaube *(creditur)*, der Apostelleichnam ruhe in Compostela, interessanterweise fehlt dieses Wort seit den Urkunden Calixt II. Vielleicht spielte auch dieser Papst als Person eine Rolle, auf die später noch einzugehen ist.

Der Reliquienbesitz führte zu weiteren Neuerungen an der Compostellaner Bischofskirche. Die von Diego neu organisierte Gemeinschaft der Kanoniker (Domherren) überragte laut der *Historia Compostellana* wegen des Apostelleichnams alle anderen spanischen Domkapitel; kurz darauf heißt es sogar, durch die Milde des Apostels seien zwei Kanoniker zu Bischöfen erhoben worden. Die Größe der Gemeinschaft war in der Tat gewaltig. Entsprechend der Anzahl der Jünger Jesu standen nun 72 Plätze zur Verfügung. Dies zeigt aber auch die inzwischen große Bedeutung und ökonomische Kraft Compostelas, erreichten doch vergleichbare Kathedralkirchen selten die Zahl von 50 Kanonikern. Den besonderen Rang der Apostelkirche bekräftigten weitere päpstliche Privilegien. So erlaubte Papst Paschalis II. die Erhebung von sieben Kardinälen, denen das Vorrecht gewährt wurde, die Messe am Jakobusaltar zu zelebrieren, weiterhin gestattete er den Kanonikern, an Festtagen eine Mitra zu tragen. Obwohl die Texte nicht über alle Zweifel erhaben sind, spiegeln die in die *Historia Compostellana* eingefügten Privilegientexte zumindest, welche Vorstellungen und Wünsche am Bischofssitz herrschten. Zwei Tendenzen lassen sich an den verschiedenen vorgestellten Maßnahmen ablesen: das Ringen um den Vorrang Compostelas vor anderen spanischen Kirchen, weiterhin die Annäherung an oder die Imitation von römischen Gebräuchen, weil so die eigene Apostolizität am ehesten deutlich wurde: „nach Brauch und Sitte der römischen Kirche", so werden die neuen Kardinäle in einer der Urkunden vorgestellt.

Römische Gebräuche und Traditionen bestimmten auch die für Spanien neue römische Liturgie oder das kanonische Recht in Compostela. Liturgische und rechtliche Bücher werden in den Quellen der Zeit mehrfach genannt. Außerdem widmete Gregor von Crisogono in Rom die Rechtssammlung des „Polycarp" dem Bischof von Santiago. Dieses Interesse Diegos an neuen Formen und Normen basierte nicht nur auf seiner aufgeschlossenen Haltung gegenüber der römischen Kirchenreform, sondern das römisch geprägte kanonische Recht unterstützte ihn besser als ältere spanische Rechtstraditionen bei seinen hierarchischen Ambitionen. Es legte viele Entscheidungen in die Hände des Papstes und entzog sie so Auseinandersetzungen mit spanischen Konkurrenten, bei denen Diego wahrscheinlich weniger erfolgreich gewesen wäre. In Compostela machte man also zu Beginn des 12. Jahrhunderts verstärkt den Besitz der Apostelreliquien geltend und benutzte außerdem die neuen römischen Formen und Gebräuche, um sich an der Seite des Papsttums gegen spanische Mitstreiter durchzusetzen. Die Kombination beider Verhaltensweisen führte dazu, dass viele Vorrechte das römische Vorbild imitierten und damit der Apostelsitz in eine Parallele zur römischen *sedes* geriet. Dies konnte – besonders im Falle „überzogener Apostolizität" – zu Konflikten mit Rom, aber auch mit spanischen Konkurrenten führen.

Pelagius dei gratia compostellane sedis ar
chiepiscopus. iussit hunc librum fieri. 7 in
thesauro beati iacobi reponi. Et si a
liquis per eum legere voluerit. legat. 7 cogno
scat quantos honores 7 quantas hereditates. 7 et
ornamenta. 7 dignitates. ipse archiepiscopus siue ecclesia
acquisiuit. 7 quantas persecutiones 7 pericula
a minimis potestatibus. pro sue ecclesie defensione
pertulerit. Et postquam legerit. 7 omnia cognoue
rit. in suo loco eum reponat. 7 semper ibi permane
at. 7 nemo eum inde rapiat. aut aliqua frau
de uel inuidia aliqua auferat. quod si fece
rit. aut ex ignorancia rapuerit. seu aliquo
dolo eum destruxerit auctoritate omnipotentis
dei. 7 beate marie uirginis. 7 beatorum apostolorum
petri 7 pauli et beatissimi iacobi 7 omnium sanctorum
dei. 7 nostra auctoritate. sit maledictus 7 exco
municatus. 7 cum iuda. domini proditore 7 cum dat
han 7 abiron. quos uiuos terra absorbuit in infer
no perpetualiter sit dampnatus. amen. amen.
Et qui eum seruauerit. 7 bene custodierit.
a deo patre omnipotente. 7 a beato iacobo apostolo. eius
discipulo. sit benedictus 7 sanctificatus in secula
seculorum amen.

In nomine sancte 7 indiuidue trinitatis. Incipit pri
mus liber Registri venerabilis compostellane ecclesie
pontificis uidaci secundi. Incipit prologus.
Plures antiquitus de instructione 7 erudic
ione posterorum solliciti. regum atque
ducum gesta nec non uirorum illustri
um probitates 7 industrias pagine commendare
consueuerunt. ne diuturna uetustate aut longis
temporum interuallis abolita. in foueam obliuion
is labe fierent. Ideo autem ea nequaquam obliuio
ni tradenda esse. sed potius perscripture notitiam
uiuaci 7 diuturne memorie commendanda ar
bitrati sunt. ut posteri eadem sepius legentes sa
pientum 7 bene uiuentium mores 7 laudes in
ipsis istoriis notarent. 7 per gestarum rerum memo
riam. ad uirtutem incensi. probos 7 industres
uiros probitate 7 industria imitari 7 eorum
uestigia sequi sollicite studerent. 7 econtrario stu
torum 7 prauam uitam ducentium uicia. 7 prauas con
suetudines omnimode deuitarent. In scripturis 7
enim auditorum mentes 7 uite doctrina 7 mo
rum disciplina instruuntur. 7 ad bonarum operation
um studia excitantur. Quia scripture ad prauorum
morum extirpationem 7 ad bonorum edificationem
a discretis 7 sapientibus doctoribus composite sunt. egre
gio predicatore in epistola ad romanos attestante
sic. Quecumque scripta sunt. ad nostram doctrinam scripta sunt.
Reuerendus itaque compostellane sedis episcopus. ui
dacius sedis antiquorum patrum consuetudinem.
integritati compositione imitatus. predecessorum suorum
gesta. quorum partem ipse propriis oculis uiderat.
partem uero a personis 7 auctoritatis uiuis fi
quenti auditione fideliter didicerat. ab ex
ordio huius apostolice sedis scribi 7 ad memoriam
reuocari commendauit. ut quicquid in eis laudabi
le 7 imitabile diligens lector inuenerit. la
udaret. 7 studiose imitari satagerent. 7 econtrario
sic quod in eisdem uituperabile 7 reprehensibile in
spiceret. ad uituperium 7 reprehensionem. ad a
liorum correctionem 7 emendationem. non cessa
ret. Nam sicut ille qui punit malos in hoc
quod mali sunt. minister dei est. ita ille quia pia
intentione increpandos increpat. minister dei
est. Vnde apostolus ad discipulum suum scribens.
eum ad increpandorum increpationem exhortatur
his uerbis. argue. increpa. obsecra. Sua

Argumente und „Bestechung" oder: vom Bischof zum Erzbischof

Wie war aber vorzugehen, um aus Santiago wenigstens ein Erzbistum zu machen? In welch bewegenden Worten die *Historia Compostellana* von der Klage des Bischof Diego Gelmírez berichtete, dass Compostela trotz der Apostelreliquien nur ein Bistum sei, haben wir schon erwähnt. Nun bot die Situation der Reconquista mit den von Christen wiedereroberten Gebieten grundsätzlich die Gelegenheit, die kirchenpolitische Landkarte neu zu gestalten. Für Compostela war zunächst der nahe gelegene, aber alte Erzbischofssitz Braga der schärfste Konkurrent. Weiterhin lag die alte Metropole Mérida noch in muslimisch beherrschtem Gebiet; hier gab es einen zweiten Ansatzpunkt, der letztlich zum Erfolg führen sollte. Die Übertragung der Metropolitanrechte von dem entfernt liegenden alten Erzbistum Mérida auf Compostela war trotzdem nicht ohne Schwierigkeiten, denn damit wurden Ansprüche von Toledo verletzt, die der Toledaner auch einforderte. Betroffen war aber auch die Metropole Braga, die traditionell die kirchlichen Rechte im Westen der Iberischen Halbinsel wahrnahm.

Ursprünglich hatte Diego wohl angestrebt, den Erzbischof von Braga seiner Metropolitanwürde zu berauben und hatte zunächst einige Erfolge gehabt: In einer Verbrüderung mit den Bischöfen von Túy, Mondoñedo, Lugo, Orense und Porto hatte er versucht, die galicischen Suffragane fest an die Grabeskirche des Apostels Jakobus zu binden. Als die benachbarte Metropole Braga gerade unbesetzt war, sandte Diego zwei nach Jerusalem ziehende Kanoniker seiner Kirche zu Papst Gelasius II. (1118-1119), um anzufragen, ob Bragas Erzbistumswürde auf Compostela übertragen werden könne. Gelasius bat daraufhin unter anderem um Unterstützung für die römische Kirche. Diego verstand den Hinweis und stellte 120 Goldunzen bereit. Die Gesandtschaft konnte aber – obwohl die Boten als Pilger gekleidet waren – das Gebiet des verfeindeten aragonesischen Herrschers nicht durchqueren. Erst eine noch vorsichtiger operierende zweite Botenschar mit 100 Goldunzen erreichte den Papst in Südfrankreich. Aber sie kamen zu spät. Gleichwohl – die Wahl des neuen Papstes Calixt II. in Cluny 1119 schuf eine für Compostela grundsätzlich günstige Situation, denn nun stand ein Mann an der Spitze der westlichen Kirche, der durch verwandtschaftliche und weitere Beziehungen Galicien und Compostela persönlich verbunden war. Auch ihm wurde das Anliegen durch materielle Hilfen verdeutlicht: Eine goldene Truhe, 211 Poiteviner Schillinge, 60 Mailänder Münzen und 20 Tolosaner Schillinge wurden nach Südfrankreich in die Nähe des Papstes gebracht. Calixt II. ließ jedoch auf einem Konzil in Toulouse keinen Beschluss fassen, verlangte vielmehr, der Compostellaner Bischof müsse persönlich zu einem weiteren Konzil in Reims erscheinen, wo eine Entscheidung über die Erzbischofswürde getroffen werden könne. Daraufhin überreichte man dem Papst nur 20 Unzen und ließ die übrigen Schätze durch Abt Pontius von Cluny aufbewahren.

Damit war die spannende Geschichte noch nicht beendet. Diego schickte schließlich einen früheren Kanoniker seiner Kirche, Hugo von Porto, nach Frankreich, der dem Papst in Cluny eine andere Lösung vorschlug. Calixt II. solle die Erzbischofswürde des noch nicht von den Muslimen eroberten Mérida auf Compostela übertragen. Die Stimmung erschien zunächst ungünstig, aber nach den Bitten zahlreicher Personen, darunter vieler Kardinäle, soll der Papst schließlich Compostela die Metropolitanrechte Méridas bis zur Rückeroberung sowie die päpstliche Legation für die Metropolitangebiete von Braga und Mérida angeboten haben. Neue Boten aus Compostela brachten weiteres Geld. Weihegaben wurden eingeschmolzen, 260 Silbermark und andere Geschenke Pilgern mitgegeben. Der Papst stellte am 26. Februar 1120 das begehrte Privileg aus, nachdem Hugo noch 20 Unzen zugezahlt hatte.

Folgende Doppelseite: Der Pórtico de la Gloria wurde 1188 vollendet und zeigt in der Mitte einen sitzenden Jakobus. Der Pilgerandrang wurde auf dieser Darstellung durch den Maler Pérez Villaamil (1808-1854) ins Bild gesetzt. Moncloa-Palast, Madrid

Die ausgestellte Urkunde betraf auch Interessen der spanischen Mitbischöfe: Braga wurde aktiv. Diego musste sich anstrengen, wollte er nicht wieder zurückfallen. Deshalb bereitete er weitere Geschenke vor, um die verliehene Würde unbegrenzt behalten zu dürfen. Als er 1124 mit Bittbriefen 400 Goldstücke *(aureos)* schickte, händigte Calixt II. eine zunächst unbesiegelte Urkunde aus, die in Compostela überprüft und gegebenenfalls verändert werden dürfe. Die Überlieferung gestattet es, die Rohfassung dieses Privilegs mit der Endfassung zu vergleichen. Tatsächlich wurde der Text in Compostela noch in einigen Punkten ergänzt oder präzisiert. Jedenfalls erhielt Compostela nach weiteren Geldzahlungen am 23. Juni 1124 ein Papstprivileg, das die Metropolitanwürde auf immer verlieh, mit Unterstellung der Suffragane Coimbra, Salamanca und Ávila. Die Legatenwürde für ganz Spanien, ein weiteres Ziel, blieb Diego versagt, obwohl er 1126 Papst Honorius II. 300 Morabitiner bringen ließ.

Diego hatte schließlich nicht nur durch Argumente, sondern auch durch Geschenke und Zahlungen Erfolg. Diese waren auch deshalb möglich, weil die Compostellaner Kirche durch Pilger- und andere Weihegaben inzwischen zu einer der reichsten der Iberischen Halbinsel geworden war. Die hier nur unter dem materiellen Aspekt skizzierten Austauschbeziehungen waren selbstredend jedoch von weiteren Handlungen begleitet: Bitten, Argumente, Interventionen gehörten hierzu; auch die verwandtschaftlichen Beziehungen von Calixt II. zu Compostellaner Kreise spielten gewiss eine Rolle.

Eine Stadt und ein Grabesort für die Könige: Legitimation und Orientierung

Blieben diese Rangfragen aber auf den kirchlichen Bereich beschränkt? An der Erhöhung des Bischofssitzes konnten auch weltliche Kreise interessiert sein. 1087 bestellte König Alfons VI., der mit einer burgundischen Grafentochter verheiratet war, den burgundischen Adeligen Raimund zum Grafen von Galicien († 1107), der kurz darauf eine Tochter Alfons', Urraca, ehelichte. Dieser Raimund hatte die Karriere Diegos maßgeblich unterstützt, unter anderem durch verwandtschaftliche Beziehungen, denn sein Bruder Guido wurde nicht nur Erzbischof von Vienne, sondern stieg 1119 zur Papstwürde als Calixt II. auf. Die wichtigsten oben erwähnten Privilegien gingen auf diesen Papst zurück. Raimunds Sohn, den späteren Alfons VII., nahm Bischof Diego Gelmírez auch als dessen Taufpate unter seine Fittiche. Ohne hier die komplizierten politischen Konstellationen und wechselnden Machtverhältnisse des beginnenden 12. Jahrhunderts – Urraca folgte ihrem Vater Alfons VI. als Königin von Kastilien-León und war einige Jahre mit dem aragonesischen König Alfons I. *(el Batallador)* verheiratet – im Einzelnen verfolgen zu können, so steht fest, dass Urracas Sohn Alfons VII. mit der Apostelkirche zunächst besonders fest verbunden blieb. 1111 wurde er vor dem Jakobsaltar zum König erhoben, und erhielt Pfingsten 1124 die Schwertleite in Compostela. Der Erzbischof segnete die Waffen, der König stiftete im Gegenzug reiche Geldgeschenke. Taufpatenschaft, Königserhebung und Schwertleite können als die wichtigsten symbolischen Akte gelten, die den jungen König eng an die Apostelkirche banden. Nach dem Tod Urracas (1126) trat Alfons VII. die Herrschaft im gesamten Reich Kastilien-León an. Zwar versuchte er seit dieser Zeit, sich zunehmend aus den Bindungen zu Santiago zu lösen, aber 1127 kam es nochmals zu einem engen Kontakt. In einer Urkunde heißt es, Alfons sei zum Gebet *(causa orationis)* nach Compostela gekommen, aber er brauchte auch finanzielle Unterstützung. Dafür forderte Diego seinerseits eine Gegenleistung: Alfons VII. sollte wie sein Vater Compostela zur Grablege erwählen, außerdem könne er vollwertiges Mitglied der Kanonikergemeinschaft von Compostela werden. Alfons akzeptierte und äußerte in der einschlägigen Urkun-

Grabplatte des Bischofs Theodemir von Iria Flavia-Santiago de Compostela. Er soll das Jakobusgrab zu Beginn des 9. Jahrhunderts entdeckt haben.
Kapelle der Kathedrale von Santiago de Compostela

de, er wolle als Kanoniker des hl. Jakobus die Feinde in die Flucht schlagen und die Rechte der Apostelkirche verteidigen.

Wurde auch in den jeweiligen königlichen Dokumenten die Spitzenstellung der Kirche gegenüber allen weiteren Spaniens *(pre omnibus Hispanis ecclesiis)* unterstrichen, so sollte vor allem die Grablege Compostela langfristig zu einem mit dem Königtum eng verbundenen Ort machen. Diese Rechnung ging zunächst nicht ganz auf, denn Alfons VII. wurde nach seinem Tod 1157 in Toledo bestattet, aber desungeachtet waren seit 1127 die Weichen für die zweite Hälfte des 12. Jahrhunderts gestellt, denn in diesem Jahr wurde Diego auch zum Leiter der königlichen Kanzlei bestellt.

Vor allem die Trennung der Reiche von León und Kastilien (1157-1230) führte dazu, das Gewicht Compostelas im leonesischen Reich deutlich zu steigern. Ferdinand II. (1157-1188) knüpfte an bestehende Traditionen an, wenn er dem Erzbischof von Santiago Kapellanat und Kanzlerwürde verlieh und Compostela zu seiner Grabstätte erwählte. Er bezeichnete sich oft als Bannerträger *(vexillifer)* des Apostels und Compostela als das Haupt *(caput)* der gesamten *Hispania*. Offensichtlich bevorzugte Ferdinand Compostela auch gegenüber der Stadt León,

Der thronende Jakobus am Mittelpfeiler des Pórtico de la Gloria in der Kathedrale von Santiago de Compostela, zweite Hälfte des 12. Jahrhunderts. Der Apostel erscheint hier mit Schriftrolle und Stab (in Tauform) als Missionar in seiner apostolischen Funktion.

aber wohl nicht mit durchschlagendem Erfolg, wie man die Ereignisse nach dem Tod Ferdinands II. 1188 deuten könnte. In einer Urkunde vom 4. Mai 1188 unterstrich sein Nachfolger Alfons IX. (1188 bis 1230), wie sehr der heilige Jakobus in Schlachten geholfen, wie sehr sein Vater den Grabesort durch Schenkungen ausgezeichnet habe. Außerdem habe er Santiago zum Grabesort erkoren, denn Jakobus sei sein Patron und derjenige des Reiches gewesen. Aber, so heißt es weiter, einige Personen hätten den Leichnam seines Vaters mit Gewalt weggeführt, um ihn woanders beizusetzen. Waren dies die Parteigänger von León, wo im 11. Jahrhundert beispielsweise

im Panteón des hl. Isidor die Gebeine Ferdinands I. ihre letzte Ruhe gefunden hatten? Jedenfalls brachte Alfons IX. die sterblichen Reste seines Vaters nach Compostela, wo für die Herrscher eine eigene Kapelle errichtet wurde. 1211 stiftete Alfons IX. sogar die Einkünfte für den Unterhalt eines Kapellans, der das Seelenheil der königlichen Familie durch eine tägliche Messe sicherstellen sollte.

Hinzu traten in der Zeit dieser galicisch-leonesischen Könige bauliche Förderungen. Die 1075 begonnene romanische Kathedrale ließ Ferdinand II. durch ein reich ausgestattetes Westportal verschönern. Der König erlebte die Vollendung dieses *Pórtico de la Gloria* 1188 zwar nicht mehr, aber dem verantwortlichen Meister Mateo hatte er am 22. Februar 1168 zu Baubeginn des Portals lebenslang die jährlichen Einkünfte von 100 Maravedís zugesichert. Die Gestaltung des Portals zeigt eindrücklich, wie sehr Compostela hier als apostolischer Sitz verstanden wurde. Von zwei Löwen flankiert sehen wir einen sitzenden Jakobus, der aufgrund seiner Haltung mit der von byzantinischen Einflüssen geprägten päpstlichen *Cathedra* in Beziehung gesetzt werden kann. Jedenfalls sehen manche Kunsthistoriker (S. Moralejo Álvarez) Ähnlichkeiten mit dem Sitz, den Papst Calixt II. für die römische Kirche Santa Maria in Cosmedin in Auftrag gab. Jakobus hält auch keinen Pilgerstab, sondern den Stab in der Form eines „tau“, was eher auf die Mission der Apostel verweist.

Legitimation und Orientierung von Apostelkirche und Königtum gingen mithin im 12. Jahrhundert besonders vielfältige Verbindungen ein. Neben der Schwertleite, der Kanzlerschaft, der Sepultur und künstlerischen Ausgestaltungen ließen sich noch weitere Aspekte anfügen, wie die Entwicklung der Reconquista oder des Jakobus-Ritterordens. Das Gewicht der Kirche von Compostela entwickelte sich aber nicht nur aus den eigenen Traditionen, sondern speiste sich auch aus den zunehmenden europäischen Pilgerschaften.

Alfons II.

Alfons III.

Alfons IV.

Ferdinand II.

Ferdinand I.

Alfons VII.

Im 12. Jahrhundert wurden in Santiago de Compostela die wichtigsten Königsurkunden für die Bischofsstadt zusammengestellt. Zu den einzelnen Abschriften entstanden Miniaturen, die die Könige als Urkundenaussteller und Rechtssetzer darstellen.
Einige besonders wichtige Könige für die Entwicklung Santiagos de Compostela sind hier ausgewählt: Alfons II., in dessen Regierungszeit das Grab entdeckt worden sein soll, Alfons III., unter dem der Jakobuskult einen ersten Aufschwung nahm, besonders aber dann der in Santiago de Compostela erzogene Alfons VII. und die Könige von León, Ferdinand II. und Alfons IX., die auch in Santiago de Compostela begraben wurden. Bezeichnenderweise sind diese beiden Könige nicht mehr in thronender Haltung, sondern als reitende Krieger (während der Reconquista?) dargestellt. Tumbo A. Kathedralarchiv, Santiago de Compostela

Alfons IX.

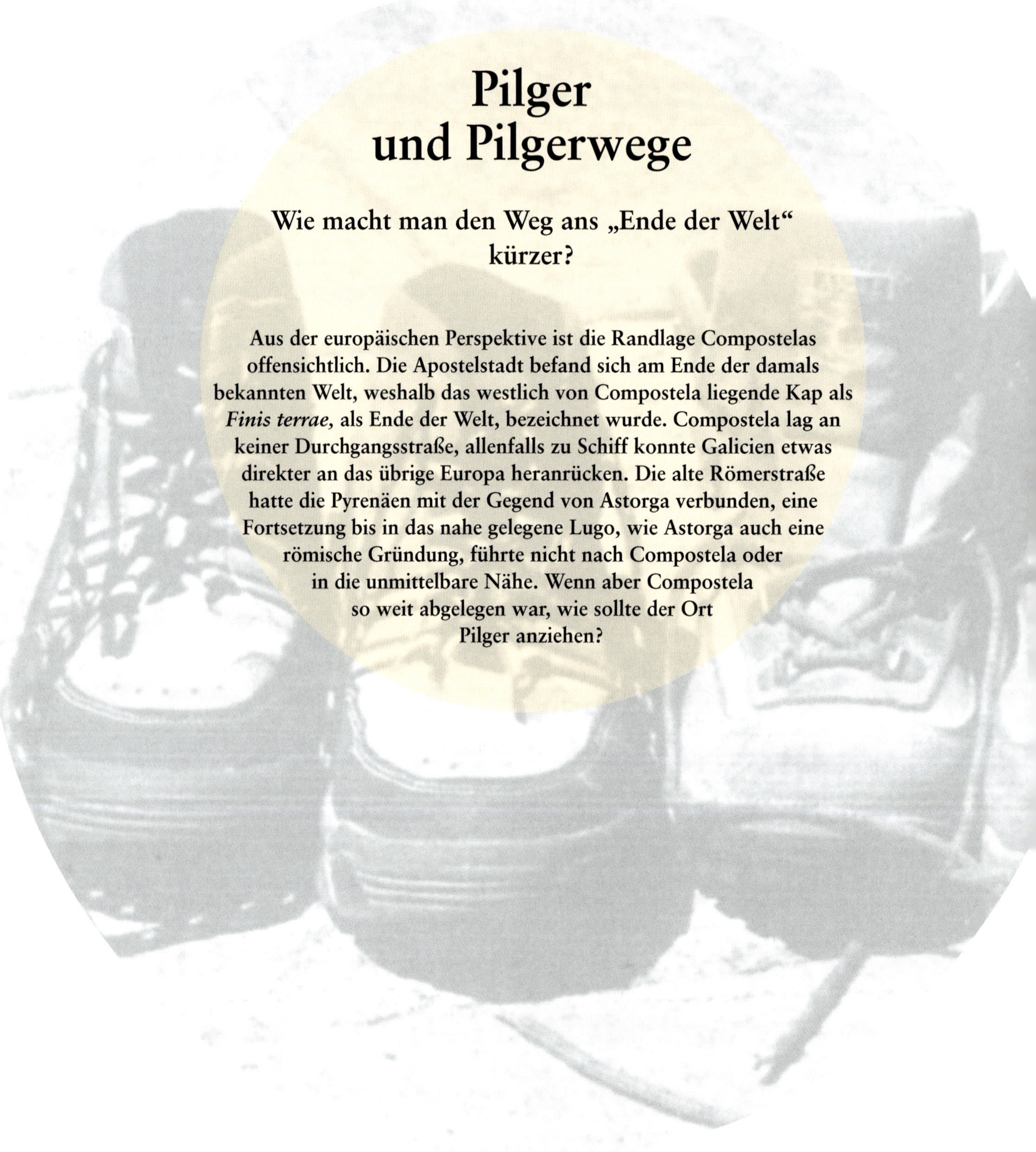

Pilger und Pilgerwege

Wie macht man den Weg ans „Ende der Welt“ kürzer?

Aus der europäischen Perspektive ist die Randlage Compostelas offensichtlich. Die Apostelstadt befand sich am Ende der damals bekannten Welt, weshalb das westlich von Compostela liegende Kap als *Finis terrae,* als Ende der Welt, bezeichnet wurde. Compostela lag an keiner Durchgangsstraße, allenfalls zu Schiff konnte Galicien etwas direkter an das übrige Europa heranrücken. Die alte Römerstraße hatte die Pyrenäen mit der Gegend von Astorga verbunden, eine Fortsetzung bis in das nahe gelegene Lugo, wie Astorga auch eine römische Gründung, führte nicht nach Compostela oder in die unmittelbare Nähe. Wenn aber Compostela so weit abgelegen war, wie sollte der Ort Pilger anziehen?

Santiago de Compostela befand sich jedoch in einer zweiten Hinsicht in einer Randlage. Auf der Iberischen Halbinsel im äußersten Nordwesten gelegen, war es für einen Ort wie Compostela schwierig, bei fortschreitender Reconquista nach Süden in Konkurrenz zu neu eroberten Städten weiterhin Einfluss zu wahren. In einem geeinten kastilisch-leonesischen Reich blieb es eine Aufgabe, sich gegenüber Zentren wie Toledo oder gar Sevilla zu behaupten. Diese Schwierigkeiten bestanden zugespitzt im 12. und 13. Jahrhundert. Nur in der zweiten Hälfte des 12. Jahrhunderts, als das leonesische Reich für den Einfluss Compostelas deutlich günstiger zugeschnitten war, entschärfte sich – wie dargelegt – die Situation für Compostela. Trotzdem blieben die hier nicht weiter thematisierten Kämpfe um den Rang in der kirchlichen Hierarchie vor allem zwischen Santiago, Toledo und Braga bis ins 13. Jahrhundert bestimmend.

Pilgerschaft und Pilgerorte

Was bedeutete überhaupt die Pilgerschaft, die ja immer wieder mit Santiago de Compostela verbunden wird. Pilger sein, hieß Fremder sein, so ist jedenfalls das lateinische Wort *peregrinus* zu übersetzen. Nachdem besonders irische Mönche das Umherziehen um Christus willen *(peregrinatio pro Christo)* im frühen Mittelalter auf dem Kontinent gepflegt hatten, verbreitete sich mit dem zunehmenden Reliquienkult in der Karolingerzeit der Besuch von heiligen Orten *(loca sancta)*. Man glaubte nicht nur, dass an den Gräbern der Märtyrer und Heiligen die besondere Wirksamkeit Gottes offenbar werde, sondern man vertraute ebenso darauf, dass durch Wunder Gebrechen geheilt, Wünsche erfüllt oder dass an diesen Stätten Bußstrafen abgeleistet oder gar Sündenstrafen vergeben würden. In den Reigen dieser heiligen Orte, die manchmal nur lokale Ausstrahlungskraft hatten, zuweilen aber ein weites Einzugsgebiet besaßen, wie das Grab des hl. Martin in Tours, reihte sich Compostela ein. Geltend machen konnte man den Besitz von Apostelreliquien, was den Rang des Ortes grundsätzlich hob, ja diesen sogar in die Nähe der Apostelgräber von Petrus und Paulus in Rom rücken konnte. Heilige waren keinesfalls gleichwertig, denn die Hierarchie auf Erden setzte sich auch im Himmel fort. So zählte Santiago im hohen Mittelalter neben Jerusalem, Rom und anderen Stätten zu den großen Pilgerfahrten *(peregrinationes maiores)*. Eine solche starke Position konnte aber nur etwas bewirken, wenn sie durch mündliche oder schriftliche Verbreitung geltend gemacht wurde. Ließen sich Pilgerfahrten vielleicht fördern? Gab es so etwas wie Propaganda?

Das Jakobsbuch – zur Ehre des Apostels, besonders aber seiner Kirche

Nachdem Pilger zunächst nur aus der Umgebung gekommen waren, nahm der europäische Einzugsbereich vor allem seit dem 11. Jahrhundert zu und führte zusammen mit weiteren Austauschprozessen zu einer ersten Blütezeit des Jakobuskultes im 12. Jahrhundert. Um 1150 wurde ein Buch zusammengestellt, das die verschiedensten Traditionen um den Apostel Jakobus aufbereitete. Dieses Werk wird heute meist als *Liber Sancti Jacobi* (Jakobsbuch) bezeichnet. Das Eingangskolophon nennt es anders, hier heißt es einfach *Jacobus liber iste vocatur,* der Titel lautete hier also schlicht: „Jacobus". Weil der Einleitungsbrief sowie einige weitere Passagen angeblich von Papst Calixt II. verfasst wurden, der die nachfolgenden Schriften legitimiert und ihre Lektüre und Benutzung empfiehlt, heißt die Compostellaner Handschrift auch zuweilen *Codex Calixtinus*. Obwohl diese heute noch in Compostela verwahrte älteste Handschrift wohl dort zusammengestellt wurde, könnten Vorstufen und Teile der Texte durchaus zuvor an anderen Orten, zum Beispiel in Frankreich, konzipiert und aufgeschrieben worden sein.

EX RE SIG NA TVR
IA CO BVS LIBER ISTE VOCAT
IPSVM SCRI BEN TI -
SIT GLORIA SIT Q LE GEN TI

Incipit epla beati calixti pape.

CALIXTVS eps seruus seruorum dei.
sanctissimo couentui cluniacensis basilice.
sedis aplice. sue electionis. heroib; q; famo
sissimis Guillmo patriarche hierosolimita-
no. & didaco copostellanensi archi epo.
cunctisq; ortodoxis salutem & aplicam be-
nedictione in xpo. Quoniam in cunctis
cosmi climatib; excellentiores uob heroes.
dignitate & honore reppiri nequeunt.
hunc beati iacobi codicem. paternitati ure
misi. quatinus siquid corrigendum in eo inuenire poteritis. auc
toritas ura amore apli diligenter emendet. Verumtamen innu
meras p hoc codice passus sum anxietates. Dum uero eem sco
laris. ab infancia aplm diligens. quatuordecim annorum spacio.
pambulans terras & puincias barbaras. que de eo scripta inue
niebam paucis etiam uilib; & irsutis scedulis diligenter scribe
bam. ut in uno uolumine ea comprehendere potuissem. quatinus
sci iacobi amatores apcius simul inuenirent. que necessaria sunt
festis dieb; legenda, O mira fortuna; Inter predones cecidi. & rap
tis omnibus spoliis meis codex tantum michi remansit; Ergastulis tru
sus fui. & pdito toto censu meo. michi tantum m codex remansit; In pe
lagis multarum aquarum crebro cecidi. pximus morti. & euasit co
dex minime infectus. me exeunte; Domus qua eram crematur. &
consuptis reb; meis. euasit codex mecum inustus; Qua propter

INCIPIT LIBER V. SCI. JACOBI. Apli.

Argumentum Beati calixti pp.

Si ueritas apto lectore nris uoluminib; req'rat̃.
in hui' codicis serie. amputato esitacionis scru
pulo secure intelligat̃; Que eni in eo scribũ
tur. multi adhuc uiuentes uera ẽẽ testantur;

Cap. 1.

QVATVOR vie sunt que ad
scm iacobũ tendentes in unũ ad
pontẽ regine. in horis yspanie co
adunantur; Alia per scm egidiũ.
& montẽ pessulanũ. & tholosam. &
portus aspi tendit. alia p scam ma
riam podii. & scam fidem cõquis. &
scm petrũ de moyssaco incedit. alia
p scam mariã magda
lenã viziliaci. & scm
leonardũ lemouicensem. & urbẽ petragoricensem pgit.
alia p scm martinum turonensẽ. & scm ylarium pictauen
sem. & scm iohem angliacensem. & scm eutropiũ scõ
nensem. & urbẽ burdegalensem uadit; Illa que p scam

Seite 56: Der Liber Sancti Jacobi *wird mit einem angeblichen Brief von Papst Calixt II. (1119-1124) eröffnet. In der einleitenden Initiale C wird Calixt II. als schreibender Papst dargestellt. Codex Calixtinus, folio 1 r, um 1150. Kathedralarchiv, Santiago de Compostela*

Seite 57: Das fünfte Buch des Liber Sancti Jacobi *gilt gemeinhin als der älteste Pilgerführer nach Santiago. Der erste Textteil berichtet über die vier Wege nach Santiago (vgl. S. 63). Codex Calixtinus, fol. 192 r, um 1150. Kathedralarchiv, Santiago de Compostela*

Die heute überlieferte Form dieses fünfteiligen Jakobsbuches entspricht kaum sonst üblichen hagiographischen *Libelli* (Büchlein), denn nur noch die im ersten Buch eingefügte *Passio,* die *Translatio* mit der Geschichte zur Überführung der Gebeine von Palästina nach Spanien im dritten Buch und die Mirakelberichte des zweiten Buches gehören streng genommen zum klassischen Grundbestand eines Heiligendossiers. Viel umfangreicher sind jedoch die anderen Teile. Das Jakobsbuch bietet einen sehr ausführlichen Abschnitt zur Umsetzung des Kultes in Predigt und Liturgie (Buch I) sowie neben der *Historia Turpini,* die Karl den Großen unter anderem als Maurenkämpfer und Jakobuspilger stilisiert (Buch IV), einen Teil, den man oft als einen der frühesten Pilgerführer Europas bezeichnet hat (Buch V). Mit den liturgischen Passagen des ersten Buches wurden vor allem die verschiedenen Festtage des Apostels ausgestaltet: Der 25. Juli und das sogenannte Translationsfest vom 30. Dezember erhielten jeweils eine Oktav. Die Bücher IV und V thematisieren auch das für die meisten Europäer ferne Pilgerziel und die Wege dorthin. Sie erzählen davon, wie Karl nach Spanien und auch nach Compostela gezogen sei und wie Pilger Compostela erreichen könnten. Allerdings dürften die Pilger kaum mit diesem Büchlein unter dem Arm zum Gnadenort gezogen sein. Obwohl die Beschreibungen teilweise auf konkreten Erfahrungen basieren, deuten sie noch stärker darauf, wie man sich die Jakobs-Pilgerfahrt vorstellte, vielleicht sogar wünschte.

Blick auf das Kap Finisterre. Die Bezeichnung der Landspitze bedeutet das „Ende der Welt", denn bis zu den so genannten „Entdeckungsfahrten" des 15. Jahrhunderts kannte man kein weiter westlich gelegenes Land.
Neben El Padrón, dem Ort, wo der Leichnam des heiligen Jakobus in einem Boot angelandet sein soll, suchten viele Pilger im späten Mittelalter das Kap Finisterre auf. Deutsche Quellenberichte verballhornten manchmal den Ortsnamen und sprachen vom „Finstern Stern".

Der Pilgerführer des 12. Jahrhunderts und die vier Wege in Frankreich

Mit der kurzen Skizzierung von vier Wegen, die in Frankreich beginnen und sich in Spanien vereinen, setzt der fünfte Teil des Jakobsbuches, der „Pilgerführer", ein (vgl. Quellenauszug S. 63). Einige Forscher glauben, der Autor stamme aus Frankreich, aber dies ist keinesfalls sicher, denn bei genauem Lesen lässt schon die stark auf Compostela zugespitzte Eingangspassage mögliche propagandistische Aspekte des Pilgerzentrums erkennen. Mit den Ausgangspunkten in St-Gilles, Le Puy, Vézelay, Tours und den weiteren Bemerkungen hatte der Autor die bis heute in fast jedem Buch zu den Jakobspilgern reproduzierten Wege gleichsam festgeschrieben und kanonisiert. Anders als heutige Bücher enthielten die mittelalterlichen Schriften mit Wegbeschreibungen aber in der Regel keine Karten. Heute ist leicht zu überprüfen, dass der Weg von Vézelay oder noch mehr der von Le Puy als besonders mühsam gelten mussten, denn obwohl Bergüberquerungen und entvölkerte Landschaften heutige Pilger erfreuen mögen, bedeuteten sie in früheren Zeiten große Anstrengung, Bedrohung und Gefahr. Trotz der Zeilen des Pilgerführers dürften die Pilger die Routen von Vézelay und Le Puy deshalb wesentlich seltener als die von Arles oder Paris/Tours genutzt haben, wie sich auch aus anderen Quellen belegen lässt. Übertrieben könnte man deshalb sogar davon sprechen, dass der Autor dieser Zeilen Pilgerwege gleichsam „erfunden" habe. Warum strukturierte er seine Bemerkungen aber in dieser Weise? Blickt man auf die weiteren Kapitel, in denen Etappen, Wasserstellen und Flussüberquerungen, die verschiedenen Völker an den Wegen sowie die zu besuchenden Orte aufgezählt werden, so fällt gerade bezüglich der Heiligtümer ein Aspekt auf. Wichtige Pilgerzentren in Frankreich ordnete der Autor einfach dem spanischen Jakobusgrab unter, indem er Orte wie Tours, Conques, St-Léonard im Limousin oder Toulouse weniger als eigenständige Zentren, sondern eher als Heiligtümer auf dem Weg, als Stationen zum Zielort charakterisierte. In dieser gedanklichen Konstruktion entwickelte sich der Weg anders als bei anderen Zentren zu einem wichtigen Teil der Jakobusverehrung, und das entfernte Compostela an der geographischen Peripherie rückte beim Leser ins Blickfeld. Auch die Tagesstrecken in Spanien werden so definiert, dass der Weg vielleicht kürzer als in der Realität erscheinen sollte, denn dreizehn Etappen von den Pyrenäen bis nach Santiago bedeuteten Tagesleistungen, die im Durchschnitt 50 Kilometer überschritten, auch wenn sich diese Etappen nicht nur auf Fuß-, sondern auch auf reitende Pilger bezogen haben (vgl. Quellenauszug S. 63).

Auf der fiktiven Karte in den Köpfen möglicher Leser oder Hörer führte die skizzierte Unterordnung konkurrierender Zentren am ehesten dazu, dass das für die meisten europäischen Regionen weit entfernte Jakobusgrab herangeholt, ja gleichsam in das übrige Europa hineingeholt wurde. Es stand in dieser Konzeption im Zentrum, obwohl der Ort auf heutigen Kartenbildern an der Peripherie lag. Diese Sichtweise lassen auch einige Wundergeschichten aus dem zweiten Teil des Jakobsbuches erkennen: So erscheint der heilige Jakobus wundermächtiger als der doch so starke Martin von Tours. Der Abschluss der dritten Mirakelerzählung unterstreicht dies gut:

„Das alles ist neu, und man hat noch nie gehört, daß ein Toter einen Toten erweckt hätte. Der selige Martinus und unser Herr haben als Lebende drei Tote erweckt. Der selige Jacobus aber hat als Toter einen Toten ins Leben zurückgerufen. Dagegen wird dieser oder jener sagen: ‚Wenn, wie zu lesen ist, unser Herr und der selige Martinus niemals nach, sondern nur vor ihrem Hinscheiden drei Tote erweckt haben, so ist erwiesen, daß kein Toter, sondern nur ein Lebender einen Toten erwecken kann.' Nach diesem Argument kommt man zu folgendem Schluß: Wenn ein Toter einen Toten nicht erwecken kann, sondern nur ein Lebender, dann ist der hl. Jacobus, wie der Herr, wahrhaft ein Lebender und hat als solcher einen Toten erweckt. [...]" (Herbers, Klein, Libellus, S. 73).

Weiterhin fasziniert bis heute am Pilgerführer des 12. Jahrhunderts das neunte Kapitel, in dem die Stadt, die Kirchen, aber besonders die Jakobusbasilika ausführlich beschrieben werden. Kunsthistoriker schätzen diesen Teil besonders, zumal sich hier manche Kunstwerke, die heute nicht mehr erhalten sind, detailliert vorgestellt finden. Man hat aber auch geglaubt, dass sich dieses Kapitel an den Beschreibungen der römischen Sehenswürdigkeiten *(Mirabilia Urbis Romae)* orientiert, die sich seit dem 12. Jahrhundert stärker verbreiteten. Der Besuch der Basilika gleicht dem Besuch im himmlischen Jerusalem, denn die Maße der Kirche, die Zahl der Pfeiler und viele weitere Beschreibungen verweisen auf die vollkommene Harmonie, die diese Kathedrale bei den Pilgern hervorrufe. So schließt der Autor seine Bemerkungen über die Maße der Kirche folgendermaßen: „In dieser Kirche findet man wahrhaftig weder Risse noch Brüche; sie ist wunderbar gearbeitet, groß, geräumig, hell, von entsprechenden Ausmaßen, Breite, Länge und Höhe sind harmonisch aufeinander abgestimmt; eine unbeschreiblich herrliche Anlage, die sogar wie ein königlicher Palast doppelstöckig gebaut worden ist. Wer oben durch die Schiffe der Emporen geht, wird, wenn er traurig hinaufgestiegen ist, froh und glücklich werden, nachdem er die vollkommene Schönheit dieses Gotteshauses geschaut hat." (Herbers, Der Jakobsweg, S. 161).

Weitere Kapitel des Führers könnten zeitgenössische Vorstellungen über das Pilgern vorzüglich erschließen, so die Passagen zu unrechtmäßig erhobenen Abgaben, zu den Warnungen vor den Fährleuten, die ihre Boote manchmal kentern ließen, um sich der Pilgergüter zu bemächtigen oder vor den Nachstellungen der Wirte, die Pilger oft übervorteilten und betrogen. Dabei lässt eine aufmerksame Lektüre aber Tendenzen erkennen. In einem Kapitel über die guten und schlechten Flüsse am Jakobsweg fällt auf, dass die todbringenden Wasser in Spanien fast alle in Navarra liegen und der Autor nachdrücklich auch vom Verzehr der Fische aus den Flüssen zwischen Estella und Logroño abrät. Die Navarresen werden in einem weiteren Abschnitt über die verschiedenen Völker am Weg ebenso negativ charakterisiert: Sie seien nicht nur „gottlos" und barbarisch, böse und schurkisch, sondern angeblich trieben sie sogar mit dem Vieh Unzucht und ihre Sprache erinnere an „Hundegebell". Die massiven Vorbehalte treffen immer wieder die Navarresen und Basken, und es liegt nahe, dass hier auch tradierte Vorurteile zu Pergament gebracht wurden.

Es finden sich aber nicht nur Warnungen und Verurteilungen in diesem Führer, manche Kapitel rühmen auch die Leistungen, beispielsweise der Straßen- und Brückenbauer, die zu einer sichereren Pilgerfahrt beigetragen hätten. Und ganz zum Schluss wird mit dem Matthäusevangelium „Wer euch aufnimmt, nimmt mich auf" (Mt 10,40) daran erinnert, dass alle Jakobuspilger aufgenommen werden müssten. Und um dies zu verstärken, fügt der Verfasser abschließend drei Strafwunder an, die erzählen, wie schrecklich es denen erging, die sich dieser Christenpflicht entziehen wollten.

Hier bleibt der Pilgerführer ganz in Traditionen von Predigt und Hagiographie und knüpft an die weiteren Mirakelerzählungen im zweiten Buch des *Liber Sancti Jacobi* an. Neben den verschiedensten Anliegen, bei denen der Apostel helfend und strafend eingreift, boten vor allem die Mühen des Pilgerns und der Weg Anlass zur Wunderhilfe. So erzählen Mirakelgeschichten davon, dass der Apostel einen unterwegs dem Leben entrückten Pilger auf dem Rücken seines Pferdes in einer Nacht bis nach Compostela brachte. Mit diesen Wegmirakeln setzte sich der Autor von anderen Sammlungen ab.

Die Karte hebt die vier nach dem Pilgerführer des 12. Jahrhunderts (vgl. Textauszug gegenüber) in Frankreich beginnenden Wege nach Santiago de Compostela hervor, die in einen durch Nordspanien führenden Weg (camino francés) münden. Die weiteren auf der Karte eingezeichneten Wege sind historisch wesentlich schwächer belegt. Insbesondere gab es in jüngerer Zeit aus politischen Gründen eine Tendenz, fast ganz Europa mit Jakobswegen zu durchziehen.

Auch die vorliegende Karte ist nicht frei von diesem Bestreben; die in Mittel- und Osteuropa angegebenen Verbindungen repräsentieren in der Regel den Verlauf von Altstraßen, auf denen auch Jakobspilger unterwegs gewesen sein könnten.

Vier Wege führen nach Santiago

Vier Wege führen nach Santiago, die sich zu einem einzigen in Puente la Reina in Spanien vereinen; einer geht über St-Gilles, Montpellier, Toulouse und den Somportpaß, ein anderer über Notre-Dame in Le Puy, Ste-Foy in Conques und St-Pierre in Moissac, ein weiterer über Ste-Marie-Madeleine in Vézelay, St-Léonard im Limousin und die Stadt Périgueux, ein letzter über St-Martin in Tours, St-Hilaire in Poitiers, St-Jean in Angély, St-Eutrope in Saintes und die Stadt Bordeaux. Diejenigen Wege, die über Ste-Foy, St-Léonard und St-Martin führen, vereinigen sich bei Ostabat, und nach dem Überschreiten des Cisapasses treffen sie in Puente la Reina auf den Weg, der den Somportpaß überquert; von dort gibt es nur einen Weg bis Santiago.
(Herbers, Der Jakobsweg, S. 102)

Die Etappen des Jakobusweges in Spanien

Vom Somportpaß bis Puente la Reina sind es drei kleine Etappen: die erste geht von Borce, einem Dorf, das am Fuße des Somport auf der gascognischen Seite gelegen ist, bis nach Jaca; die zweite von Jaca bis nach Monreal; die dritte von Monreal bis nach Puente la Reina.

Vom Cisapaß bis nach Santiago verbleiben dreizehn Etappen. Die erste reicht vom Ort St-Michel, auf der gascognischen Seite am Fuß des Cisapasses, bis nach Viscarret und diese Etappe ist kurz; die zweite von Viscarret bis Pamplona ebenso; die dritte führt von der Stadt Pamplona bis nach Estella. Die vierte von Estella bis nach Nájera wird mit dem Pferd zurückgelegt, die fünfte von Nájera bis zur Stadt Burgos ebenso mit dem Pferd; die sechste geht von Burgos bis Fromista; die siebente von Fromista bis Sahagún; die achte von Sahagún bis zur Stadt León; die neunte von León bis Rabanal, die zehnte von Rabanal bis Villafranca, an der Mündung des Valcarce, nachdem man den Monte Irago überquert hat. Die elfte führt von Villafranca nach Triacastela über den Cebreiropaß; die zwölfte reicht von Triacastela nach Palas del Rey; die dreizehnte von Palas del Rey bis nach Santiago ist kurz.
(Herbers, Der Jakobsweg, S. 103f.)

VIIII KL A. vig. s. iacobi.
Lcō ep̄le beati iacobi apl̄i;

IACOBVS dei & dn̄i nr̄i ihu xpi seruus: duodecim tribub' que sunt in dispsione salutem;

ETCETERA: SERMO VENERABIL. S. BEDE PRBI, Cap. I

Quoniam beati iacobi vigilias dilectissimi fr̄s desideratis obsequiis & dignis ieiuniis iam recolim': dignū est ut ad eius decus. xpi laudes nr̄arū linguarū p̄conia non sileant; Iacobus dī & dn̄i nr̄i ihu xpi seruum in p̄mordio ep̄le sue se ēē asserit: & salutē fidelibus p̄mittit: ut demonstret q̄a quisq́s in dei seruicio usq; in finē p̄seuerauerit. p̄cul dubio in p̄petuū saluus erit; Dixit de hoc iacobo: apl̄s paulus; Iacobus cephas & iohs qui uidebant columne ēē: dextras dedert m̄ & barnabe societatis. ut nos in gentib; illi aūt in circūcisione tantū pauperum memores ēēmus; Quia & in circūcisione ordinat' erat apl̄s: curauit eos q̄ in circūcisione erant. sicut p̄sentes colloquendo dicere: sic & absentes p̄ ep̄lam cōsolari. instruere. increpare. corrigere; Duodecim inquit tribub; que sunt in dispsione: Legim' occiso a iudeis beato stepho: q̄a facta .ē. in illa die p̄secutio magna in eccl̄a que erat iherosolimis: & om̄s dispsi st̄ p̄ regiones iudee & samarie preter apl̄os; his ḡ dispsis qui persecutionē passi sunt propter iusticiam: mittit beatus iacobus ep̄lam. Nec solum his: uerū etiā illis q̄ p̄cepta fide xpi nec dū opib; p̄fecti ēē curabant. Sic sequencia ep̄le presentis testanē; Nec non & eis q̄ etiā fidei exortes durabant. qui & ipsam incredentib; quantū ualuere p̄seq̄

Gegenüber: Die Eröffnung des ersten Kapitels im Liber Sancti Jacobi *ist mit einer Miniatur geschmückt. Es ist unsicher, ob dieses Bild einen segnenden heiligen Jakobus darstellen soll. Codex Calixtinus, fol. 4 r, um 1150. Kathedralarchiv, Santiago de Compostela*

Konkurrenz und Geltungsbedürfnis: Wie europäisch wurde der Pilgerort bis ins 12. Jahrhundert?

Wie stand es aber um die tatsächliche Ausstrahlung des Ortes im 12. Jahrhundert aufgrund anderer Quellen? War Compostela ein Pilgerziel von europäischer Bedeutung geworden, wie dies nicht nur aus dem Jakobusbuch, sondern auch aus der Umgebung des ehrgeizigen Bischofs/Erzbischofs Diego Gelmírez oftmals hervorzugehen schien?

Will man nicht die mit Compostela eng verbundenen Schriften der *Historia Compostellana* und den *Liber Sancti Jacobi* heranziehen, die auch *pro domo* schrieben, dann sind im Wesentlichen zwei große Quellengruppen zu befragen: Einzelnotizen über Pilgerfahrten und materielle Zeugnisse. Einzelne Nachrichten über Jakobspilger von nördlich der Pyrenäen gibt es seit dem 10. Jahrhundert, die sich erst in der zweiten Hälfte des 11. Jahrhunderts verdichten. Schon im Jahr 930 wird ein angeblicher Jakobspilger in Quellen aus dem Bodenseeraum genannt, 950/51 weilte Bischof Godeschalk von Le Puy in der Apostelstadt, wie aus der Notiz eines Marientraktates hervorgeht, den er in einer Handschrift aus Spanien mitbrachte. Vor allem Personen aus dem südlichen Frankreich und Katalonien wie Cäsarius von Montserrat (959?), Raimund von Gotien und Graf von Rouergue (961) sind für das 10. Jahrhundert belegt. Im gleichen Jahr war auch Hugo von Vermandois auf dem Weg nach Compostela, wie ein in León ausgestelltes Dokument von 27. Februar 961 nahe legt. Der Geschichtsschreiber Ademar von Chavannes verdeutlicht mit seinen Bemerkungen über den Herzog Wilhelm V. von Aquitanien († 1030), wie die Pilgerfahrt nach Compostela zunehmend anderen großen Pilgerzielen ebenbürtig wurde. Wilhelm sei, so Ademar, seit seiner Jugend jedes Jahr nach Rom oder Compostela gepilgert.

Blickt man auf den Einzugsbereich, so dominieren zunächst Katalonien und Frankreich, seit den 60er Jahren des 11. Jahrhunderts werden die Belege aus dem Reich häufiger. So gilt als einer der frühesten namentlich genannten Pilger aus dem deutschen Raum der Erzbischof Siegfried von Mainz, der, wie die Quellen berichten, seiner Amtsgeschäfte überdrüssig geworden, 1071/72 nach Compostela aufgebrochen sei. Allerdings kam er nur bis nach Cluny. Weiterhin waren beispielsweise 1063 Bewohner aus Lüttich unterwegs. Ohne die seitdem häufiger werdenden Namen alle würdigen zu können, fällt auf, dass gerade in der zweiten Hälfte des 11. Jahrhunderts viele Quellen von Pilgern erzählen, die sowohl Rom als auch Compostela besuchten. Dabei erhielten beide Ziele aber einen unterschiedlichen Akzent, wie die Pilgerfahrten des Grafen Eberhard V. von Nellenburg († ca. 1080) und seiner Frau Ida erkennen lassen.

Der aus einer begüterten Familie vom Hochrhein stammende Eberhard stiftete 1050 ein Kloster in Schaffhausen, das zur Grablege der Familie wurde. Die Sorge um das Kloster Allerheiligen lässt den unterschiedlichen Stellenwert seiner Pilgerfahrten nach Rom und nach Santiago de Compostela deutlicher werden. Die Romreisen sollten vor allen Dingen das Kloster durch seine Unterstellung unter päpstlichen Schutz absichern, zumal Papst Alexander II. auch die politisch wichtigen Vogteirechte bestätigte. Beide Romfahrten hatten – trotz aller hagiographischen Motive, mit denen sie der Geschichtsschreiber aufgezeichnet hat – hauptsächlich das Ziel, die Gründung und die Rechtsform des Klosters sicherzustellen. Anders wird die Santiagoreise vom gleichen Geschichtsschreiber eingeführt. Eberhard wurde hierzu bewegt, nachdem ihm ein früherer Ritter, Manegold, im Traume erschienen war. Weil er ein unstetes Klosterleben geführt habe, müsse er nun große Qualen leiden. Tief beeindruckt begann Eberhard asketische Übungen, die schließlich in dem Entschluss gipfelten, Santiago aufzusuchen.

Die eigenen Vorstellungen von Buße und Frömmigkeit entsprachen wohl eher einer Reise nach

Oben: Miniatur des 13. Jahrhunderts: Pilger konnten zu Land oder zu Wasser unterwegs sein. Insbesondere Pilger aus England, Norddeutschland oder den skandinavischen Ländern wählten die Seeroute. Teilweise fuhren sie bis nach La Coruña, teilweise auch nur bis nach Mimizan in der Nähe von Bordeaux, um dann den Weg zu Fuß fortzusetzen. Wenn man zu Pferde ritt, gehörte man bereits zu den privilegierten Pilgern, denn nur Adelige und Höhergestellte konnten sich diesen Luxus leisten. Ms. Fr. 95, fol. 61 v. Bibliothèque nationale, Paris

Gegenüber: Puente del Diablo (Teufelsbrücke) über den Irati in Navarra. Der alte Pilgerweg vom Somportpass verlief über diese Brücke, die seit dem 19. Jahrhundert zerstört ist. Im Hintergrund ist die bizarre und tiefe Lumbier-Schlucht zu erkennen.

Compostela. Hier stand die persönliche Heilssuche für sich selbst, für seine Frau Ida und den verstorbenen Manegold im Mittelpunkt. Zwar galten die Romfahrten Eberhards unbestritten auch religiösen Zielen, stärker jedoch der institutionellen Sicherung der neuen Klostergründung. Damit erscheinen die Pilgerfahrten nach Rom und Compostela für verschiedene Facetten der damaligen Kirchenreform, die im Falle Compostelas eher neue frömmigkeitsgeschichtliche Tendenzen betraf.

Entsprechend weitete sich der Einzugsbereich der Pilgerfahrten nach Compostela aus. Ende des 11. Jahrhunderts ist mit Ansgot de Burwell gegen 1089 erstmals ein englischer Pilger namentlich bekannt.

KL Septembre.
xvi. f S. leu. S. gille
.v. g N. S. antonin
A N. Saint godegran.
.xiij. b N. S. marcel.
.ij. c N. Saint victorin
d id. S. donacien
.x. e id. Saint doust
f id. Nostre dame
.xviij. g id. Saint omer
.vij. A id. Saint demettre
b id. Saint prothin
.xv. c id. Saint sur
.iiij. d id. S. venant
e kl. Saincte croix
.xij. f kl. Oct. de nre dame

Gegenüber: Burgundische Pilger kehren heim, Darstellung aus dem Stundenbuch der Herzogin von Burgund, um 1450. Museum Condé, Chantilly

Klostergründer aus Italien, wie Wilhelm von Vercelli, sollen ebenso Ende des 11. Jahrhunderts Compostela besucht haben. Bezieht man die dynastischen Beziehungen zum burgundischen Raum sowie die Romkontakte des Bistums zu Beginn des 12. Jahrhunderts ein, so wundert es nicht, dass gerade in der *Historia Compostellana* und im *Liber Sancti Jacobi,* die Compostela besonders verbunden waren, zahlreiche Pilger und Personen genannt werden, die aus dem gallo-burgundischen Raum reisten. Dies schloss sogar Beziehungen bis in den Vorderen Orient ein.

Blickt man wieder auf den europäischen, insbesondere den mittel- und westeuropäischen Raum im engeren Sinne, so scheint die Pilgerfahrt im 12. Jahrhundert weit verbreitet gewesen zu sein; dabei ist ein Schwerpunkt der Belege im heutigen Frankreich, Deutschland und Italien festzustellen. Daneben wurde aber auch England bedeutend, gerade in Zusammenhang mit den verschiedenen Schiffsreisen, die aus Dänen, Niederländern und Niederdeutschen sowie Engländern zusammengesetzt, 1147 im Rahmen des Zweiten Kreuzzuges aufbrachen und unterwegs auch das Heiligtum in Compostela besuchten. Zum Jahr 1180 ist sogar der erste schwedische Pilger belegt, der aus der Familie des Bischofs Eskil stammte. Aus dieser Zeit gibt es noch keine Nachrichten über Pilger aus dem ostmitteleuropäischen Raum.

Legte man eine Karte mit den Aufbruchsorten einiger dieser zuletzt genannten Pilger über die Karte der im Pilgerführer des *Liber Sancti Jacobi* vorgestellten Wege, so wäre leicht erkennbar, wie sehr sich beide unterscheiden. Der Seeweg, die Reise über Cluny, oder der Weg von Italien deckten sich allenfalls teilweise mit den vorgeschlagenen Pilgerrouten. So sehr der Pilgerführer Vorschriften formuliert, vor Gefahren warnt und für die Reise wirbt, so dürfte die Breitenwirkung der Reiseerzählungen von den vielen hier genannten und noch zahlreicheren namenlosen Pilgern für die tatsächlichen Formen des Pilgerns wichtiger gewesen sein.

Mit der Suche nach Einzelnotizen ist nur ein Weg zur Beantwortung der Frage nach einer europäischen Resonanz für die Pilgerreise ins ferne Compostela angesprochen worden. Hinzu treten materielle Zeugnisse. Zahlreiche Brücken, Hospize, Kirchen sind in dieser Zeit errichtet worden. Größe und Zuschnitt der Bauten künden vor allem in Spanien, aber auch in Frankreich davon, wie sehr diese inzwischen Pilgerbedürfnisse berücksichtigten und demnach auch die Mobilität im 12. Jahrhundert zugenommen hatte.

Neben diesen stummen Zeugen gibt es weitere Wirkungen und Zeugnisse, die auf Pilger zurückgehen dürften. Eine deutliche Sprache sprechen die zahlreichen Funde von Pilgermuscheln. Die bei archäologischen Ausgrabungen gesicherten Objekte waren in der Regel Grabbeigaben. Außer dem großen Schleswiger Fund und den Nachweisen aus Hannover und Aachen, bei denen teilweise auch Muscheln in (ehemaligen) Flussbetten gesichtet wurden, entdeckte man zahlreiche Muscheln in Süddeutschland, zum Beispiel in der Kirche St. Dionysius in Esslingen. Eine Berliner Forschungsinitiative hat die von Kurt Köster zusammengestellten Belege inzwischen deutlich erweitern können. Schwieriger ist die allgemeine Kultausstrahlung zu bewerten. Inwieweit Jakobuspatrozinien, künstlerische Darstellungen und weitere Indizien auf den spanischen Pilgerort verweisen und nicht auf Moden oder andere Gründe zurückzuführen sind, ist in jedem einzelnen Fall zu prüfen.

Es bleibt mithin für das hohe Mittelalter eine gewisse Unsicherheit, wo die Wünsche eines mächtigen Pilgerziels aufhörten und die Realitäten europäischer Pilgerfrömmigkeit begannen. Unbestritten bleibt dennoch, dass Compostela im 12. Jahrhundert sowohl mit Blick auf die Pilger und die Stellung in der spanischen und westlichen Hierarchie zu einem europäischen Spitzenort aufgestiegen war.

Ein Apostel und ein heiliger Kaiser

Kaiser Karl – erster Pilger?

Wenn Pilger aus vielen Gegenden Europas nach Südwesten strömten und der Pilgerführer des Jakobsweges unter anderem bestrebt war, die Wege dorthin kürzer erscheinen zu lassen, wenn Compostela mit den Pilgerzentren Rom und Jerusalem gleichziehen wollte, dann konnte es auch wichtig werden, unter den frühesten Pilgern eine Leitfigur zu besitzen. Diese fand man im 12. Jahrhundert – wie in vielen anderen Bereichen – in dem schon fast mythisch überhöhten Kaiser Karl dem Großen († 814).

Gegenüber: Ausschnitt von Bild Seite 72.

Wie der Apostel dem Kaiser Karl erschien

Jacobus, der ruhmreiche Apostel Christi, predigte, wie es heißt, als erster in Galizien, während die anderen Apostel und Jünger des Herrn verschiedene andere Gebiete der Welt besuchten. Später, als der Leib des Apostels durch Herodes entseelt und von Jerusalem über das Meer nach Galizien gelangt war, predigten seine Nachfolger in eben diesem Galizien. Die Galizier aber ließen, von ihren Sünden bedrängt, von ihrem Glauben ab und fielen in den Unglauben zurück, bis zu der Zeit Karls des Großen, des Kaisers der Römer, der Gallier, der Deutschen und anderer Völker. Dieser Karl nun hatte unter großen Mühen in vielen Zonen mehrere Reiche – nämlich England, Gallien, Deutschland, Bayern, Lothringen, Burgund, Italien, die Bretagne und andere Gebiete, ferner ungezählte Städte von Meer zu Meer – unter göttlichem Beistand mit unbesiegbarem Arm seiner Macht unterstellt, den Händen der Sarazenen entrissen und dem Christenreich zugesellt. Ermüdet von so schwerer Last und Anstrengung (Schweiß) nahm er sich vor, keinen Krieg mehr zu beginnen und sich mehr Ruhe zu gönnen. Da sah er plötzlich am Himmel eine Sternenstraße. Sie begann am friesischen Meer und führte über Deutschland und Italien, Gallien und Aquitanien, durchquerte in gerader Linie die Gascogne, das Baskenland, Navarra und Spanien bis nach Galizien, wo damals der Leichnam des seligen Jacobus unbekannt ruhte. Nachdem Karl diese Straße in mehreren Nächten nacheinander erblickt hatte, fragte er sich immer wieder, was das bedeuten solle. Als er nun eifrig über all das nachdachte, erschien ihm nachts im Traum eine über die Maßen schöne Heldengestalt und sagte: „Was tust du, mein Sohn?“ Er aber sprach: „Wer bist du, Herr?“ – „Ich bin“, sagte jener, „der Apostel Jacobus, der Jünger Christi, Sohn des Zebedäus und Bruder des Evangelisten Johannes, den der Herr am See von Galiläa für würdig hielt, ihn in seiner unsagbaren Gnade zum Prediger der Völker zu erwählen, den Herodes mit dem Schwerte töten ließ, dessen Leichnam unbekannt in Galizien ruht, das schimpflicherweise noch von den Sarazenen unterjocht ist. Ich wundere mich über die Maßen darüber, daß du mein Land noch nicht von den Sarazenen befreit hast, der du so viele Städte und Länder erobert hast. Darum tue ich dir kund, daß der Herr, so wie er dich zum mächtigsten der irdischen Könige machte, dich vor allen anderen dazu auserwählt hat, meine Straße zu bereiten und meine Erde aus den Händen der Almoraviden zu befreien und dir so die Krone des ewigen Lohnes bereit zu halten. Die Sternenstraße, die du am Himmel gesehen hast, bedeutet, daß du mit Heeresmacht zum Kampf gegen das ungläubige Heidenvolk, zur Befreiung meiner Straße und meiner Erde und zum Besuch meiner Kirche und meines Grabes aus dieser Gegend nach Galizien ziehen sollst. Und nach dir werden alle Völker, von Meer zu Meer wandernd und Vergebung ihrer Sünden vom Herrn erflehend, dorthin ziehen, und sie erzählen das Lob Gottes und seine Macht und die Wunder, die er tat. Sie werden ziehen von deiner Lebenszeit an bis zum Ende dieser irdischen Welt. Nun aber brich schleunigst auf, denn ich bin dein Beistand in allen Dingen, und wegen deiner Mühen werde ich beim Herrn für dich die Krone des Himmels erwirken, und bis zum Jüngsten Tage wird dein Name in Ehren sein.“ Und so erschien Karl der selige Apostel dreimal. Nachdem er dies vernommen hatte, versammelte Karl, im Vertrauen auf das apostolische Versprechen, zahlreiche Heere und drang zum Kampf gegen die Ungläubigen in Spanien ein.

(Klein, Chronik, S. 37-39)

Dachrelief des Karlsschreines, 1215: Der heilige Jakobus erscheint dem schlafenden Kaiser Karl im Traum und fordert ihn auf, nach Spanien zu ziehen; er wolle ihm Galicien zuteilen, wie auf dem Spruchband zu lesen ist. Nachdem der Kaiser ans Fenster getreten ist, erblickt er am Himmel eine Sternenstraße, die ihn nach Spanien und Compostela führen soll (rechter Bildteil).
Dom bzw. Domschatzkammer, Aachen

Pilger und Maurenkämpfer Karl der Große – Die Geschichte des Erzbischofs Turpin

Den vierten Teil des Jakobsbuches soll nicht Papst Calixt II., sondern ein Erzbischof Turpin von Reims (748-794) verfasst haben. Hier wird gleich zu Beginn über eine Vision Karls des Großen berichtet (vgl. Quellenauszug S. 71).

In diesem Traumgesicht sei dem karolingischen Herrscher geboten worden, dem Sternenweg zu folgen, das Apostelgrab zu besuchen und die Iberische Halbinsel von den Muslimen zu befreien. Die weitere Erzählung knüpft an den auch anderweitig belegten Spanienzug Karls an. 777 war Karl der Große auf einer Paderborner Versammlung von Gesandten nach Spanien gerufen worden, um deren Auftraggeber gegen die umayyadische Herrschaft in Córdoba zu unterstützen. Hier handelte es sich um Rivalitäten verschiedener muslimischer Herrschaften. Karl hatte sich damals vielleicht Hoffnungen auf nachhaltige Eroberungen gemacht. Aber als er nach Spanien kam, hatten sich die politischen Konstellationen bereits so verändert, dass er unverrichteter Dinge nach Mitteleuropa zurückkehren musste. Dabei erlitten Teile des Heeres die bekannte Niederlage in den Tälern der Pyrenäen, vielleicht in der Nähe des heutigen Klosters Roncesvalles.

In der Erzählung, die angeblich Erzbischof Turpin von Reims als Begleiter des Herrschers verfasst haben soll (deshalb auch zuweilen *Pseudo-Turpin* oder *Historia Turpini* genannt), wird dieser Zug anders dargestellt und mit neuen Elementen angereichert. Karl der Große sammelte demnach ein Heer, führte fast auf der gesamten Iberischen Halbinsel Krieg gegen die Muslime, eroberte Städte und besuchte sodann das Jakobsgrab. Im zweiten Teil dieser Erzählung geht es um weitere Kämpfe mit dem afrikanischen König Aigoland, mit dem sogar Religions- und Bekehrungsgespräche geführt werden. Ein letzter Teil thematisiert im Wesentlichen die Rolandsgeschichte. Einige weitere Kapitel sind eingeschaltet, so über eine besondere Auszeichnung Compostelas, über Karls Person, seinen Tod und weitere Ereignisse. Die Kämpfe und die Bekehrungsversuche atmen den Geist der Kreuzzugszeit, und die verschiedenen Elemente dürften – vielleicht nach mündlich tradierten Vorstufen – etwa seit dem ausgehenden 11. Jahrhundert sukzessive aufgezeichnet worden sein.

Was Karl für Jakobus und Santiago getan haben soll

Die in den *Liber Sancti Jacobi* als vierter Teil aufgenommene Geschichte Turpins unterstreicht an weiteren Stellen, wie sehr der Herrscher die Kirche in Compostela ausgezeichnet haben soll. Nicht nur das Versprechen des Apostels in der einleitenden Vision, dem Herrscher bei allen Unternehmungen und in allen Gefahren Helfer zu sein, verbindet Jakobus und Karl. Dort heißt es außerdem: In Galicien habe der Leichnam des Apostels noch unerkannt *(incognitum)* geruht. Deshalb solle Karl den Weg zum Grab befreien und sichern. Was dann der große Kaiser für Jakobus, seinen Grabesort mit Kirchenbau und Kanonikergemeinschaft, die Sicherung des Weges und der Verbreitung des Kultes durch Stiftung von Jakobskirchen getan haben soll, ist nicht gerade wenig, wie das fünfte Kapitel deutlich macht.

Institutionalisierung und Ausstattung der Kirche von Compostela werden hier deutlich angesprochen. Noch weiter geht ein angebliches Konzil, das Karl nach seinen Zügen gegen Aigoland in Compostela einberufen haben soll (Kapitel 19). Demnach weihte Turpin die Kirche, Karl sicherte den Bischofssitz Compostela ab, verfügte eine jährliche Geldzahlung aller Hausbesitzer in Spanien an die Apostelkirche, bezeichnete Compostela als *sedes apostolica,* wo die Konzilien Spaniens stattfinden sollten, und hob Compostela als einen der drei wichtigen apostolschen Sitze hervor, der im Rang direkt nach Rom und vor Ephesus fungiere: „Compostela gilt mit Recht als zweiter Sitz, weil der selige Jacobus, der unter den übrigen Aposteln durch besondere Würde und Ehre und Ansehen sofort hinter Petrus stand, im Himmel aber die erste Stelle einnimmt und, als Märtyrer gekrönt, Compostela einst durch seine Predigt im Glauben festigte, es durch sein heiliges Grab weihte und nicht aufhört, es mit Wundern noch immer zu erhellen und mit nie versagenden Wohltaten zu beschenken“ (Klein, Chronik, S. 89).

Das Kapitel zeigt in den weiteren Passagen, wie wichtige Rechte, um die beispielsweise der schon erwähnte (Erz-)Bischof Diego Gelmírez gestritten hatte, hier mit karolingischer Legitimation weiter befestigt wurden. Dies betraf den Ehrenvorrang, die Position in der Hierarchie, aber auch die ökonomische Absicherung Compostelas. Die Interpretation dieses Kapitels ist bis heute kontrovers geblieben. Dachte man lange Zeit daran, hier würden von den Verfassern nur die an anderer Stelle des Textes verbrieften Vorrechte des Klosters Saint-Denis in der *Gallia* auf Santiago und die *Hispania* übertragen, so sieht man hier inzwischen stärker die ureigensten Compostellaner Interessen. Zweifellos zehrt die Legitimation Compostelas vom Ansehen des karolingischen Herrschers, wenn es im 19. Kapitel abschließend heißt: „So steht Galizien, das in früheren Zeiten durch Gottes und des seligen Jacobus Kraft und mit Hilfe Karls von den Sarazenen befreit wurde, bis zum heutigen Tag in hohem Ansehen und festem Glauben da“. (Klein, Chronik, S. 91)

Gegenüber: Zu Beginn der Historia Turpini *wird der Aufbruch Karls des Großen nach Spanien dargestellt. Die den Kaiser begleitenden Ritter haben das Aussehen von Kreuzzugsteilnehmern. Im mittleren Teil des Bildes ist Aachen dargestellt. Codex Calixtinus, fol. 162 v, um 1150. Kathedralarchiv, Santiago de Compostela*

karoli magni exercitus
aquisgranum oppidum ·

Was Jakobus für den toten Kaiser getan haben soll

Legitimierte aber nur Karl das Jakobusgrab und den dortigen Bischofssitz, oder waren umgekehrt auch seine Unternehmungen durch Billigung und Hilfe des Heiligen gerechtfertigt? Die *Historia Turpini* bietet an späterer Stelle eine Passage zu den angeblichen Kämpfen um das Seelenheil des toten Kaisers (vgl. Quellenauszug unten).

Ein Galicier ohne Kopf, zweifellos der enthauptete Apostel Jakobus, rettete die Seele Karls. Bei der Seelenwägung taucht aber ein Motiv auf, das zur Abfassungszeit nicht unbekannt war. Auch in der Lebensbeschreibung Kaiser Heinrichs II. wird ganz ähnlich ein Wettstreit der Dämonen mit Engeln um die Seele geschildert, bei dem vor allem die Wägung der guten Taten zugunsten des heiligen Heinrich ausschlägt. Entsprechend führt die *Historia Turpini* alle guten Werke Karls auf.

Diese und weitere Deutungen von Karls Verdiensten wurden wichtig, als der im Kampf mit Papst Alexander III. stehende Friedrich Barbarossa sich bewusst in die Tradition Karls stellen wollte. Mit Hilfe des von ihm favorisierten (Gegen-)Papstes betrieb der Staufer 1165 die Heiligsprechung Karls. Es war nicht leicht, aus dem streitbaren karolingischen Herrscher einen Heiligen zu machen. In einer Zeit, als die Kreuzzüge den Rittern des lateinischen Westens neue Möglichkeiten christlicher Bewährung eröffneten, schien der Zug Karls nach Spanien von 778 am ehesten geeignet, seine Heiligkeit zu erweisen. Deshalb wurde eine Aachener Karlsvita unter anderem auf der Basis der *Historia Turpini* konzi-

Wer rettet die Seele Karls?

Kurze Zeit danach wurde mir der Tod König Karls auf folgende Weise bekannt: Als ich eines Tages in Vienne in der Kirche am Altar stand und entrückt meine Gebete sprach und den Psalm „Eile, Gott, mich zu erretten“ sang, erkannte ich ungezählte Scharen schrecklicher Kriegergestalten, die an mir vorbei nach Lothringen zogen. Als alle vorüber waren, erblickte ich einen von ihnen, schwarz wie ein Neger, der den anderen langsamen Schrittes folgte. Ich sprach zu ihm: „Wohin gehst du?“ – „Nach Aachen“, sagte er, „zu Karls Tod ziehen wir, um seine Seele in die Hölle zu stürzen.“ Ich sagte sogleich: „Ich beschwöre dich im Namen unseres Herrn Jesu Christi, am Ende deines Weges zu mir zurückzukehren“. Kaum war der Psalm beendet, kamen sie auch schon in derselben Reihenfolge wieder an meinem Standort vorbei. Ich sagte zu dem letzten, mit dem ich vorher gesprochen hatte: „Was habt ihr erreicht?“ Der Teufel erwiderte: „Ein Galizier ohne Kopf hat so viele und so große Steine und Bauholz für seine Kirchen in die Waagschale geworfen, dass Karls gute Taten seine Vergehen überwogen. So hat er uns seine Seele entrissen und den Händen des größten Königs übergeben.“

Auf diese Weise erfuhr ich, daß Karl an diesem Tage vom Licht der Welt geschieden war und mit dem Beistand des hl. Jacobus, dem er so viele Kirchen erbaut hatte, in das himmlische Reich gelangt war [...] Nun aber glauben wir fest, daß er in Gesellschaft der genannten Märtyrer weilt, deren Mühen und Leiden er geteilt hatte. Aus diesem Beispiel ist ersichtlich, daß derjenige, der eine Kirche baut, für sich das Gottesreich erwirbt und, wie Karl, den Teufeln entrissen wird und mit Hilfe der Heiligen, deren Kirchen er erbaut hat, ins Himmelreich aufgenommen wird.
(Klein, Chronik, S. 126-129)

Das Kapitell am Königspalast von Estella (Navarra), 12. Jahrhundert, zeigt den Kampf des christlichen Ritters Roland mit dem muslimischen Streiter Ferracut, wie er in der Historia Turpini *erzählt wird.*

piert. Dabei war das zuletzt vorgestellte Kapitel ebenso wichtig wie das Versprechen des Apostels Jakobus zu Beginn der Erzählung, er werde Karl für seine Mühen mit der „Krone des Himmels" belohnen.

Entsprechend thematisierten die Reliefs am Karlsschrein, der 1215 fertiggestellt wurde, die Taten Karls bei seinen wirklichen und fiktiven Zügen auf der Iberischen Halbinsel. Die zugehörigen Texte verbreiteten sich in ganz Europa, und manche Handschriften zeigen auch bildlich, wie der Apostel dem Kaiser im Traum erschien. Von da war es nur noch ein kleiner Schritt, viele der inzwischen geweihten Jakobskirchen jeweils auf eine Gründung Karls zurückzuführen.

Karls- und Jakobuskult – die europäisierte Tradition

Durch die zahlreichen Handschriften der *Historia Turpini* verbreitete sich damit das Bild von zwei miteinander verbundenen, großen Personen und Heiligen: Karl und Jakobus. Dies überlagerte gewisse frühere Traditionen Compostelas, denn nun schienen fast alle wichtigen, fundierenden Aktionen Jakobus und Karl zu betreffen; damit wurden auch die Jakobustraditionen weiter „europäisiert".

Die wechselseitige, unlösbare Verbindung von Karl und Jakobus wird vor allem durch die Anfangsvision und die Geschichte über Karls Tod deutlich. Mit dem im Einleitungskapitel genannten Sternenweg wurden auch die Zeichen des Jakobusgrabes neu vermessen und europäisiert; neben den Lichterscheinungen des Pelayo als Grabentdecker stand nun ein Sternenweg, der ganz Europa durchzog. In einem der letzten Kapitel zum Tod Karls half hingegen der Apostel diesem im Augenblick des Seelenwägens. Seit dem 11. Jahrhundert belegten zunehmend Visionen die Heiligkeit einer Person. Deshalb zehrte das Bild des heiligen Karl von der Legitimation durch Jakobus wie umgekehrt die Festigung des Apostelkultes in Compostela von den neuen Traditionen der *Historia Turpini* profitierte.

Die Entstehung dieser gedanklichen Verknüpfung im 12. Jahrhundert verdankt sich aber nicht nur dem Klima der Kreuzzüge und den Reconquistakämpfen auf der Iberischen Halbinsel, sondern verweist zugleich auf Schlüsselphasen der europäischen Geschichte. Wie bei Mythen häufig entwickelten sich diese Bilder und Erzählungen maßgeblich in einer mehrfachen Krisen- und Umbruchssituation: Die Zeit der „Europäisierung" der Iberischen Halbinsel, die Zeit der Kreuzzüge und der Kirchenreform zeitigte auch in Santiago mit der Neuordnung der Hierarchie ihre Konsequenzen; und im römisch-deutschen Reich bestanden Krisen angesichts eines durch das Papstschisma bedrohten Friedrich Barbarossa. In dieser Phase stützten sich beide Personen in den Texten der *Historia Turpini,* Karl als Verehrer und Förderer des vergessenen Apostels, Jakobus als Anwalt des Kaisers nach seinem Tode. Überspitzt ausgedrückt könnte man sagen: Ohne Karl kein europäischer Jakobus und ohne Jakobus kein heiliger, kein europäischer Karl.

Kampf gegen die Muslime

Schlachtenhilfe, Politik und Ökonomie

Die Geschichten über den Spanienzug Karls des Großen rückten ein weiteres Thema in den Vordergrund. In der Eingangsvision hatte der Apostel den Kaiser aufgefordert, er solle gegen die Muslime kämpfen, nicht nur den Weg zu seinem Grab, sondern sogar ganz Spanien von den Ungläubigen befreien. Himmlischer Lohn und die Krone des ewigen Lebens seien ihm dafür gewiss. Etwa zur gleichen Zeit, als diese Zeilen aufgeschrieben wurden, entstanden in Spanien weitere Traditionen, die den Kampf gegen die Muslime zunehmend mit dem Apostel Jakobus verbanden, bis dieser dann im späten Mittelalter sogar als aktiv kämpfender Schlachtenhelfer – als Maurentöter *(matamoros)* – künstlerisch dargestellt wurde.

Gegenüber: Jakobus – der Schlachtenhelfer, Ausschnitt des Bildes auf Seite 80.

Wie Jakobus in Coimbra 1064 die Stadt von den Muslimen erobern half

Die „Reconquista“ intensivierte sich im 11. Jahrhundert. Nachdem ein starker Zentralstaat im Kalifat die christlichen Reiche der Iberischen Halbinsel mit den Zügen Al-Mansurs am Ende des 10. Jahrhunderts nochmals sehr ernsthaft bedroht hatte, konnten die christlichen Reiche im 11. Jahrhundert – wie schon am Beispiel Toledos erläutert – das Gesetz des Handelns stärker an sich reißen. Dabei profitierten sie insgesamt von der Zersplitterung der muslimischen Herrschaft nach dem Untergang des Kalifats (1031/1035) in zahlreiche unabhängige Taifenreiche. Wichtige Schlachten verbinden sich im Osten der Iberischen Halbinsel mit der Eroberung von Barbastro (1064), im Westen war gleichzeitig das nordportugiesische Coimbra umkämpft. Die dort gewährte Schlachtenhilfe des heiligen Jakobus kann als eine Schlüsselepisode gelten.

Als Ferdinand I. am 9. Juli 1064 Coimbra eroberte, war eine lange vergebliche Belagerungszeit vorangegangen. Dies führte schon wenige Jahrzehnte später dazu, den schließlichen Erfolg umso mehr hervorzuheben und zu erklären. Die beiden ältesten Berichte, welche die Mitwirkung des Apostels verzeichnen, finden sich in einer Chronik, deren Entstehung man früher im Kloster Silos vermutet hat, und in einer Mirakelerzählung des *Liber Sancti Jacobi*. Die „Chronik aus Silos“ berichtet, König Ferdinand I. habe vor der Belagerung das Apostelgrab besucht, drei Tage lang Jakobus angerufen und dies durch eine Schenkung bekräftigt. Dann habe der König mit dem weltlichen Schwert gekämpft, während Jakobus für den Sieg als Streiter Christi *(Christi miles)* beim Herrn Fürsprache eingelegt habe. Dies habe der Apostel auch in Compostela bekannt gemacht. Ein griechischer Pilger hörte dort in der Basilika, dass Leute aus der Umgebung Jakobus als Ritter *(miles)* bezeichneten, und bestritt dies. In der folgenden Nacht erschien der Apostel dem Griechen und belehrte ihn, er sei ein tapferer Streiter, bestieg ein weißes Pferd, zeigte Schlüssel in seiner Hand und versprach, die Stadt Coimbra am nächsten Tag um die dritte Stunde dem König Ferdinand auszuliefern. Nachdem der Pilger am kommenden Tag diese Vision weiter verbreitet hatte, bestätigten schon bald Boten, dass diese Erzählungen zutrafen. Nach dem Sieg in Coimbra stattete Ferdinand dem Apostel für die gewährte Hilfe seinen Dank ab.

Die Unterschiede der zweiten Fassung sind aufschlussreich, denn im *Liber Sancti Jacobi* war es sogar ein griechischer Bischof, und der Schlachtensieg fand nicht am 9. Juli, sondern am Jakobstag, dem 25. Juli, statt. Offenbar war es die Absicht des Verfassers, den Beitrag des Apostels noch stärker hervorzuheben und seinen Festtag am 25. Juli zu bekräftigen, denn dieser Tag der römischen Liturgie stand noch immer mit dem 30. Dezember der altspanischen Liturgie in Konkurrenz. In der Chronik von Silos unterstützt Jakobus die „politischen“ Intentionen des Königs, während der Apostel in der Mirakelerzählung des *Liber Sancti Jacobi* als ritterlicher Helfer im Vordergrund steht. Solche und weitere Unterschiede erklären sich aus den Darstellungsabsichten. In beiden Texten wird jedoch die Hilfe des Apostels hervorgehoben und der Typus des weiß gekleideten Schlachtenhelfers auf einem Pferd evoziert, der später einen Anknüpfungspunkt für die ikonographischen Darstellungen Jakobs als tapferer Ritter *(miles)* bot (vgl. Quellenauszug S. 81).

Bei allen Unterschieden führten die beiden skizzierten Erzählungen in der Konsequenz dazu, die traditionellen Aufgaben des Apostels angesichts der aktuellen kriegerischen Herausforderungen deutlich zu erweitern. Vor allem am Grab des Heiligen ging man offensichtlich immer häufiger davon aus, dass Jakobus – so wie man es von anderen Heiligen wusste – auch in Schlachten Hilfe leistete. Die Verknüpfung von Schlachtenhilfe, Grabesort und Pilgerverehrung ist das Spezifikum der Episode, wie spätere Entwürfe noch weiter konturieren sollten.

THEO DORUS
ATHANASIUS
IACOBUS XPI
MILES

Gegenüber: Die Miniatur zeigt in doppelter Weise die Bedeutung des heiligen Jakobus zu Beginn des 14. Jahrhunderts. Im oberen Teil des Bildes wird er als Apostel im unteren jedoch als Schlachtenhelfer dargestellt. Allerdings scheint er nicht gegen die Muslime, sondern gegen die rebellischen Verteidiger der Burg von Rocha zu kämpfen. Die Miniatur wurde in eine Handschrift (Tumbo B) der Kathedrale von Santiago de Compostela eingefügt. Ms. 2, 1326. Kathedralarchiv, Santiago de Compostela

Von dem griechischen Bischof Stephanus, dem der selige Apostel erschien und dem er unbekanntes künftiges Geschehen voraussagte. Ein Wunder des hl. Jacobus, aufgezeichnet von Papst Calixtus

All denen, die in Compostela wohnen, ob Geistlichen oder Laien, ist ein wahrhaft tugendhafter Mann namens Stephanus bekannt. Aus Liebe zu dem seligen Jacobus hatte er Bischofswürde und Bischofsamt abgelegt und war aus Griechenland zum Grabe des Apostels gezogen. Er hatte den Verlockungen dieser Welt entsagt, um ganz den göttlichen Geboten gemäß leben zu können. Er wies es von sich, in seine Heimat zurückzukehren, und wandte sich an die Hüter des Heiligtums, in dem das kostbarste Gut, die Zierde Spaniens aufbewahrt wird. Er warf sich ihnen zu Füßen und bat sie, um der Liebe zum ehrwürdigsten Apostel willen, dem zuliebe er die Wonnen der Welt und die irdischen Freuden verschmäht habe, sie mögen ihm im Innern der Kirche einen versteckten Platz zuweisen, wo er sich voll und ganz dem Gebete widmen könnte. Obwohl er nur ärmliche Kleidung trug und sich nicht wie ein Bischof, sondern wie ein armer Pilger gebärdete, blickten sie nicht auf ihn herab, sondern entsprachen seinem berechtigten Wunsch und bereiteten ihm in der Basilika des seligen Apostels als Zelle eine Art Binsenhütte, von der aus er den Altar gerade vor sich sehen konnte. Darin verbrachte er Tag und Nacht mit Fasten, Wachen und Beten und führte ein eheloses und seliges Leben.

Eines Tages aber, als er wie gewohnt seine Gebete verrichtete, strömte eine Schar von Bauern zum besonderen Festtage des hochwürdigen Jacobus herbei. Sie standen dicht an der Zelle des heiligmäßigen Mannes, gegenüber dem Altar, und beteten zum Apostel Gottes: „Seliger Jacobus, trefflicher Ritter, erlöse uns von gegenwärtigen und zukünftigen Übeln." Dieses Wort behagte dem heiligen Gottesmann gar nicht, und weil die Bauern ihn „Ritter" genannt hatten, fuhr er sie mit folgenden Worten an: „Ihr dummen Bauern, albernes Volk! Ihr solltet den seligen Jacobus nicht Ritter, sondern Fischer nennen." Und er erinnerte sie daran, daß Jacobus, dem Rufe des Herrn folgend, den Fischerstand aufgegeben hatte und dem Herren nachfolgte und daß er später ein Menschenfischer geworden war.

In der Nacht freilich nach dem Tage, da der heiligmäßige Mann dies über den seligen Jacobus verkündet hatte, erschien ihm dieser. Er war angetan mit einem glänzenden Gewand, dazu mit einer Kriegsrüstung gewappnet, die heller als die Sonne strahlte, sah also ganz wie ein Ritter aus, und er hielt zwei Schlüssel in der Hand. Dreimal rief er Stephanus beim Namen und sagte: „Stephanus, Diener Gottes, du hast gefordert, man solle mich nicht Ritter, sondern Fischer nennen. Nun aber erscheine ich dir als Ritter, damit du nicht mehr daran zweifelst, daß ich in Gottes Kriegsdienst stehe und sein Streiter bin, und damit du nicht daran zweifelst, daß ich im Kampf gegen die Sarazenen den Christen voranschreite und für sie als Sieger erscheine. Ich habe nämlich bei Gott erwirkt, daß ich für alle, die mich lieben und aus reinem Herzen anrufen, Schützer und Helfer in allen Gefahren sein darf. Damit du noch fester daran glaubst, werde ich mit diesen Schlüsseln in meiner Hand morgen um die dritte Stunde die Tore der Stadt Coimbra aufschließen, die seit sieben Jahren unter König Ferdinand von den Christen belagert wird. Ich werde die Christen einlassen und die Stadt in ihre Gewalt geben." Danach verschwand er vor den Augen des Stephanus.

Am folgenden Morgen rief dieser nach der Frühmesse die führenden Geistlichen und Laien zu sich und erzählte genau, was er mit Augen gesehen und mit Ohren gehört hatte. Das alles wurde später durch viele

Folgende Doppelseite: Fels und Burg von Clavijo erinnern an die legendäre Schlachtenhilfe des Apostels gegen muslimische Truppen. Hier soll 844 ein wichtiges Gefecht zwischen Christen und Muslimen stattgefunden haben. Jakobus sei, wie es die Überlieferung will, auf einem Ross erschienen und habe den Christen zum Sieg verholfen.

Beweise als wahr erhärtet. Sie aber schrieben Tag und Stunde auf, und alles wurde nach Einnahme der Stadt durch Boten des Königs bestätigt, denn diese meldeten, genau an diesem Tag und zu dieser Stunde sei die genannte Stadt eingenommen worden. So war die Wahrheit seiner Weissagungen erwiesen, und der Gottesdiener Stephanus bekräftigte, daß der selige Jacobus allen, die ihn im Kampf anriefen, den Sieg verleihe, und er ermahnte alle Streiter für die Wahrheit, ihn anzurufen. Stephanus selbst vermehrte noch seine Bußübungen und wachte noch inniger in seinen Gebeten, um des Schutzes des Apostels würdig zu sein. So verzehrte er sein Leben im Dienste Gottes und wurde schließlich ehrenvoll in der Basilika des seligen Apostels bestattet. Dieses ist vom Herrn geschehen und ist ein Wunder in unseren Augen.
Dem höchsten König sei Ehre und Ruhm in alle Ewigkeit. Amen.
(Herbers, Klein, Libellus, S. 100-103)

Clavijo: eine Entscheidungsschlacht für die Christen – ein Tribut für Santiago

War aber der Heilige als früherer Missionar nicht zur Schlachtenhilfe fast verpflichtet? Hier bietet ein weiteres Schlüsseldokument, das sogenannte Privileg der *„votos de Santiago"*, nähere Aufschlüsse. Die hiermit verbundenen Vorstellungen wurden langfristig noch prägender. Zwischen 1155 und 1172 brachte der Kleriker Pedro Marcio aus Compostela dieses Privileg in die schriftliche Form, die bis in die Neuzeit bedeutend blieb. Die Abgaben der *votos* an die Apostelkirche wurden auf die angebliche Schlacht von Clavijo (844 ?) zurückgeführt. Zu Zeiten des Königs Ramiro I. (842-850) hätten die christlichen Könige den Arabern jährlich 100 Jungfrauen, 50 aus dem Adel, 50 aus dem Volk, als eine Art Tribut abgeben müssen. Ramiro wollte dies beenden und habe nach einer Versammlung und einem Heeresaufgebot die Auseinandersetzung gesucht. Eine Niederlage habe den König und sein Heer zur Flucht an einen nahen Ort, Clavijo, gezwungen. In dieser Situation sei ihm der heilige Jakobus, der Beschützer der Spanier, im Traum erschienen, habe ihn darauf hingewiesen, dass Christus die ganze *Hispania* seinem Schutz anempfohlen habe, und Jakobus habe Ramiro vorhergesagt, er werde bei der kommenden Schlacht auf einem Schimmel mit einer weißen Fahne im Kampf erscheinen. Die Krieger sollten seinen und den Namen Gottes anrufen. Am nächsten Morgen seien diese dann mit dem Schlachtruf „Hilf uns Gott und du heiliger Jakobus" in den Kampf gezogen und mit Hilfe des Apostels siegreich geblieben. Hierauf hätten Ramiro und weitere anwesende Zeugen dieses „Wunders" die jährliche Zahlung von einem Maß Getreide und Wein pro Ochsengespann an die Basilika des Apostels jedem Christen in der *Hispania* auferlegt. Außerdem stehe dem Patron nach jedem Sieg gegen die Muslime ein Beuteanteil zu.

Gegenüber: Jakobus in der Schlacht von Clavijo als Schlachtenhelfer. Gemälde, 1587, von Mateo Pérez Alesio († 1628). Jakobskirche, Sevilla

Diese Urkunde gilt seit langem als Fälschung. Sie erklärt sich aus der Situation des 12. Jahrhunderts, denn eine gut 200 Jahre frühere Urkunde hatte eine vergleichbare Abgabe noch nicht auf ganz Spanien ausgedehnt, sondern auf das galicisch-leonesische Gebiet bis zum Fluss Pisuerga beschränkt. Die Schlachtenhilfe des Apostels ermöglichte es, mit der Schutzfunktion für die gesamte *Hispania* entsprechende Abgaben zu begründen. Bei der Einführung der *votos*-Abgaben für das Bistum Toledo durch Alfons VII. im Jahre 1150, also erstmals für ein Gebiet außerhalb Leóns, dienten Patronat und Schlachtenhilfe als Begründung. Ähnlich hatte das oben vorge-

stellte 19. Kapitel der *Historia Turpini* die militärischen Siege Karls des Großen mit den Abgaben in Galicien und Spanien in einen zumindest losen Zusammenhang gebracht.

Gegenüber der Schlachtenhilfe in der Coimbra-Erzählung geht die Clavijo-Urkunde deutlich weiter. Das Patronat über ganz Spanien wird auf die Zuteilung der Missionsgebiete zurückgeführt. Die Nachricht von der Mission, nicht die Translationsgeschichte oder das Apostelgrab, begründete die Schutzherrschaft des Apostels über ganz Spanien. Damit waren aber auch die Kämpfe gegen die Muslime Verteidigungskriege, weil es um die Wiederherstellung eines früheren Zustandes ging. Insofern entsprach diese Denkfigur augustinischem Gedankengut von einem Gerechten Krieg. Das Patronat wurde außerdem vom Herrscher auf Krieger und die Bewohner Spaniens ausgeweitet. Wenn die Bewohner aber die *votos* akzeptierten, dann sicher auch deren Begründung! Anders als in der Geschichte über die Eroberung von Coimbra soll der Heilige direkt während der Schlacht erschienen sein. Die Fahne als Zeichen sowie die Anrufung in einem Schlachtruf entsprachen Kriegsformen der Kreuzzugszeit. Die Vorstellung vom Lohn der Märtyrerkrone, die in einem Krieg gegen die Muslime erlangt werden könne, wurde in der erwähnten *Historia Turpini* ebenso hervorgehoben. Dieser Text war wohl kurz vor der Fälschung des *votos*-Privilegs in die Compostellaner Fassung des *Liber Sancti Jacobi* als viertes Buch integriert worden und könnte dem Kanoniker Pedro Marcio durchaus bekannt gewesen sein. Die Berührungspunkte reichen weiter: Die beiden Kapitel 5 und 19 der Turpinsgeschichte berichten von der Stiftung eines Beuteanteils aus Schlachten sowie über die Legitimation von Abgaben aus ganz Spanien für den Sitz von Compostela.

Das gefälschte *votos*-Privileg aus der Mitte des 12. Jahrhunderts griff mithin ältere Vorstellungen auf, rückte das Patronat in die Nähe von Elementen des „Kreuzzugsgedankens“ und dehnte ihn auf ganz Spanien aus. Die Clavijo-Episode wurde im historischen Wissen der Zeitgenossen und deren Nachfahren durch die Aufnahme in wichtige Chroniken, aber vor allem dadurch stark verankert, dass die stetige Einforderung der *votos*-Abgaben auch fortwährend die Schlachtenhilfe des Apostels als deren Begründung evozierte. Damit gewann die Besinnung auf Jakobus in der Kombination von Religion, Politik und Ökonomie einen festen Platz im kulturellen Gedächtnis.

Der Santiago-Orden – Ausdruck eines kriegerischen Patronats?

Das in der Situation der Reconquista zunehmend auch kriegerisch interpretierte Patronat wurde durch die Bedeutung des Heiligen als Patron für das Reich unterstützt. Der schon erwähnte Ferdinand II. von León nannte sich nicht nur Bannerträger des heiligen Jakobus, sondern empfahl auch seinen Kampf gegen die Muslime dem Schutz des Apostels. Dies mag die Gründung des Jakobus-Ritterordens erläutern. Seit der Mitte des 12. Jahrhunderts beteiligten sich auch Ritterorden maßgeblich an der Reconquista. Diese neuen Formen religiösen Zusammenlebens waren im Zuge der Kreuzzüge entstanden. Besonders bekannt sind die Templer und Johanniter, die Aufgaben des Pilgerschutzes und der karitativen Nächstenliebe auch militärisch wahrnahmen. Die politische Situation Spaniens führte etwa seit der Mitte des 12. Jahrhunderts besonders in Kastilien und León zur Entwicklung eigener Ritterorden, welche auch die königlichen „Reconquista“-Initiativen unterstützten.

Hierzu gehörten auch die Aufgaben des Ordens von Santiago, der unter den Ritterorden der Iberischen Halbinsel eine besondere Rolle einnimmt. Alle anderen wichtigen spanischen Ritterorden wie die von Alcántara und Calatrava benannten sich nach ihrem Stammsitz, der Santiago-Orden hinge-

Tympanon im südlichen Querhaus der Kathedrale von Santiago de Compostela, 12. Jahrhundert. Jakobus erscheint auf dem Pferd als Feudalherr und wird vielleicht von den Jungfrauen umgeben, die in frühen Zeiten angeblich an die Muslime als Tribut entrichtet werden mussten. Dies soll zu der bekannten Auseinandersetzung in Clavijo (844) geführt haben.

gen nach einem Heiligen, vielleicht auch nach dessen Grabesort. Zunächst hatte die wohl von Ferdinand II. im August 1170 nach der Eroberung von Cáceres gegründete Gemeinschaft auch die Bezeichnung *hermandad* (Bruderschaft) der *fratres de Cáceres* getragen. Im Januar, spätestens im Februar 1171, findet sich jedoch bereits der Name *Ordo beati Jacobi.* Der Wechsel ist wohl einem Bündnis der Ordensritter mit Erzbischof Peter II. von Santiago de Compostela zu gegenseitiger Hilfe und brüderlicher Eintracht geschuldet. Der Erzbischof von Santiago nahm den Ordensmeister und dessen Nachfolger in die Gemeinschaft der Kanoniker von Compostela auf. Die Ordensritter wurden „Vasallen und Ritter des hl. Jakobus", die „unter den Fahnen des Heiligen zu Ehren von dessen Kirche und zur Verbreitung des (christlichen) Glaubens kämpfen sollten". Die Urkunde spricht von einer gegenseitigen Bruderschaft *(fraternitas),* und damit rückt die Gemeinschaft in die Nähe weiterer semireligioser Zusammenschlüsse, die auch in anderen Fällen den neuen Ritterorden ähnelten. Die Übergabe der Jakobsfahne, die zum Kampfe anspornen sollte, festigte den Bund symbolisch. Der geistig-geistliche und militärische Beistand des Erzbischofs besaß ebenso eine ökonomische Seite: Die Hälfte der votos-Einnahmen in Zamora und in einigen anderen Städten waren zu Ehren des hl. Jakobus und seiner Fahne künftig für den Orden bestimmt. Die „unter der Fahne des hl. Jakobus" geschlossene Abmachung verband den Orden fest mit der Kirche von Compostela. Vasallität, geistige und militärische, aber

Fassade des Hospitals San Marco in León, die spätere Hauptniederlassung des Ritterordens von Santiago: Rechts ist die Jakobskirche zu erkennen. Über dem Haupteingang ist fast programmatisch die Darstellung des heiligen Jakobus als Maurentöter angebracht. Anfang 16. Jahrhundert.

auch eine gewichtige ökonomische Hilfe gehörten hierzu. Offensichtlich stand bei der Fahnenverleihung sogar das schon skizzierte Bild im Hintergrund, das sich im Laufe des 12. Jahrhunderts über die Schlacht von Clavijo 844 von einem berittenen, mit einer Fahne ausgestatteten Heiligen entwickelt hatte.

Die Verbindung mit Compostela und mit dem hl. Jakobus förderte die Entwicklung des Santiago-Ordens von einer nur leonesischen Miliz zu einer Gemeinschaft mit größeren Aufgaben, die bald über das Reich León hinausreichten. Solche übergreifende Ziele des Ordens verdeutlichen auch weitere Urkunden, sowohl von Papst Alexander III. (1159-1181), der am 5. Juli 1175 die Ordensregel bestätigte, als auch von Ferdinand II. Gerade Papst Alexander III. scheint an einer Gemeinschaft wie dem Santiago-Orden interessiert gewesen zu sein. Dies

Links: Portrait von Francisco de Quevedo als Santiagoritter, um 1460, Velázquez zugeschrieben. Instituto de Valencia de Don Juan, Madrid
Mitte: Typar des Stadtsiegels von Santiago (?), erste Hälfte des 14. Jahrhunderts. Der Siegelstempel zeigt einen reitenden Jakobus, dessen Schlachtenhilfe auch durch die Umschrift evoziert wird: † EST. PRESTANTE DEO. JACOBI. CERTAMINE. VICT(ORI)A. Das Typar belegt, wie sehr im 14. Jahrhundert das Bild des reitenden, kämpfenden Jakobus in Spanien dominierte. Nicht nur der Ort Santiago de Compostela, sondern besonders auch der Santiago-Orden bediente sich dieses Bildes.
Museo Argueológico Nacional, Madrid
Rechts: Selbstbildnis von Diego Velázquez (Detail), 1556. Velázquez stellt sich hier als Maler und Santiagoritter dar. Museo del Prado, Madrid

wird deutlich, wenn man den Zungenschlag der Bestätigung für den Santiago-Orden mit demjenigen für den Calatrava-Orden vergleicht. Gewiss nutzte das Papsttum – unter anderem durch Vermittlung des Kardinallegaten Hyacintus – den neuen Ritterorden auch für eigene Ziele. Aber König Ferdinand II., der in den Urkunden für den Ritterorden in der Regel vom Kampf in der *Hispania*, nicht vom leonesischen Reich sprach, teilte solch übergreifende Ziele offensichtlich zumindest teilweise.

Die Bindungen an den Patron behielt der Orden. Jakobus verhalf zu weiteren Schenkungen an den Orden und unterstützte die Ordensritter in verschiedenen militärischen Auseinandersetzungen. Die spätere Historiographie hat den Ursprung des Ordens sogar oft in einen Zusammenhang mit der angeblichen Schlacht von Clavijo gestellt. In einer Mirakelsammlung des Ordens aus dem ausgehenden 15. Jahrhundert dominieren Episoden zur politisch-kriegerischen Dimension des Apostels. Die spanischen, von Jakobus unterstützten Kämpfe erscheinen hier sogar Teil einer übergeordneten Aktion zu sein, deren Schauplätze ebenso gut in Italien oder im Heiligen Land liegen konnten. Wundererzählungen zu Pilgern – wenn sie nicht politisch prominent waren – fehlen hingegen. Offensichtlich trugen solche Werke, aber auch die weitere Ordenshistoriographie maßgeblich dazu bei, zwischen einem Pilger- und einem Landes- oder Schlachtenpatron zu unterscheiden, wie im 15./16. Jahrhundert auch die Ikonographie immer stärker erkennen lässt.

Europa pilgert

Wege, Herbergen und Kirchen – Berichte und Lieder

Das Gewicht Santiago de Compostelas im Gefüge der spanischen Reiche und der kirchlichen Hierarchie wurde über das 12. Jahrhundert hinaus durch die Pilgerbewegung maßgeblich gefördert. Obwohl verschiedene Indizien auf eine zunehmende Intensivierung hindeuten, lassen sich jedoch bis in das 15. Jahrhundert und darüber hinaus kaum Zahlen angeben. Wenn die Belege im 14. Jahrhundert etwas weniger dicht erscheinen, so mögen auch die Große Pest und die ökonomischen Erschütterungen dieser Zeit eine Rolle gespielt haben. Zum 15. Jahrhundert hin ist aber eine genauere Kenntnis der Jakobspilgerschaft auch deshalb möglich, weil nun vielfältige Quellen detaillierte Informationen bieten, so Lieder, Berichte, Mirakelsammlungen oder literarische Bearbeitungen.

Gegenüber: Granitweg bei Muros. Römer sollen diese Straße gebaut haben.

Gab es eigene „Pilgerwege"?

Alle Wege führen nach Rom, aber wie kam man auf den rechten Weg nach Santiago? Die vier Pilgerwege in Frankreich, die sich in Ostabat und dann endgültig in Puente la Reina zum *camino francés* in Nordspanien vereinen, waren schon als eine teilweise propagandistische Konstruktion des Pilgerführers im Jakobsbuch vorgestellt worden. Dennoch folgten Pilger bestimmten Wegen, oft waren es diejenigen, die auch Händlern, Scholaren oder Boten dienten. Pilgerführer und Itinerare gab es für die Heiligen Stätten schon seit der Spätantike, besonders für Jerusalem- und Rompilger. Für Compostela sind praxisbezogene Itinerare bis in das späte Mittelalter nicht überliefert, denn als konkrete Handreichung taugte der Pilgerführer aus dem Jakobsbuch trotz einiger Entfernungs- und Streckenangaben kaum. Aus dem 15. und 16. Jahrhundert gibt es zum Beispiel das Brügger Itinerar oder Jörg Gails *Raißbüchlein* von 1563, die mit ihren Strecken- und Entfernungsangaben Pilgern oder Reisenden allgemein Orientierung boten. Manche Pilgerberichte, wie diejenigen des Arnold von Harff (1496-1498) oder des Sebald Örtel (1521-1522) enthalten Auflistungen zu den Strecken im Anhang ihrer Berichte. Praxisbezogen ist auch der wohl 1495 erstmals gedruckte Pilgerführer des Hermann Künig von Vach:

„Ich hermann Künig von Vach
Mit gottes hilf wil mach
Ein kleines bychelin
Das sol sant jacobs stras genannt sin."

Diese holprigen Reime, mit denen das Büchlein beginnt, setzen sich in gut 650 Versen fort. Sie waren vielleicht hilfreich, um die folgenden praktischen Ratschläge zu Wegen, Münzen, Zöllen oder Unterkünften zu memorieren, denn nur wenige Pilger dürften das Buch besessen haben, obwohl der Buchdruck für eine gewisse Verbreitung sorgte. Autor ist

Aus einem Pilgerbericht über die Reise des rheinischen Ritters Arnold von Harff (1496-1498). Die Überlieferung aus dem alten Herzogtum Jülich von 1554 zeigt den reisenden Edelmann mit seinem Wappen. Bibliothek der Abtei Maria Laach, Hs. 268

ein Servitenmönch aus dem Kloster Vacha (Werra). Die Erläuterungen des Weges beginnen in Einsiedeln, dorthin begaben sich offensichtlich die meisten Pilger aus Süddeutschland. An diesem Ort könne man bereits römische *gnad' und ablaß* erwerben, meint Künig; weiter ging es über Luzern, Bern, Freiburg in der Schweiz und Lausanne. Seine praktische Orientierung zeigt sich in den Hinweisen auf trinkbares Wasser *(darnach fyndestu eynen born der ist reyn)* oder auf fällige Zollabgaben. Der Weg führte weiter über Genf, hier empfiehlt Hermann Künig die Einkehr in einem deutschen Gasthaus, das neben einer Jakobskapelle gelegen sei. Auch nach der Durchquerung Savoyens über Chambéry sei der Besuch eines deutschen Hauses nützlich, vor allem um Geld zu wechseln. Die Strecke folgte dann dem Isère- und Rhônetal, und nach Valence, Uzès und Nîmes entsprach Künigs Wegbeschreibung mit

Mittag
Das ist der Rom weg von meylen zu meylen mit puncten verzeychnet von eyner stat zu der andern durch deutzsche lant
Das lampartisch mer
Das venedisch mer
Das pomerisch mer
Das groß deutsch mer
Rom
Schon Denmarck
Denmarck
Zeeland insel
kopenhagen
Scotlant
Der Compast
Wer wissen wyl wye fer von eyner Stat zu der andern ist do zwischen keyn punct ist der messe mit eynem zerkel von dem punct der stat zu dem punct der andern stat und setz den zirkel hie unten auf die puncte der yetlicher tut ey gemeyn deutzsche meyl von eym strich zehen meyl So aber dye meyl in landen nit gleych seyn nymt man gewonlich solcher meyl hye verzeychent Des fur funf in sachsen hessen westfaln Saxen marck pomern behem Und in Swevez zwo fur eyne
Nach dem Compast zu wandern geschigt also Den prief legt man nyder und setzt den compast mit der seyten an eyn leysten ader gleych auf disen kompast und ruckt den prief pys die zungle gericht seyn So ligt der prief recht den last man ligen unverruckt und Segt dar nach den Compast mit der seiten auf dye punct zweyer furgenumen Stet und merkt wye dye zung stee auf den acht tayl Also stet sye auch wen man zwischen den selben zweyen Steten wandert
10 20 30 40 50 60 70 80 90 100 110 120 130 140 150 160 170 180 190 200
Mitternacht

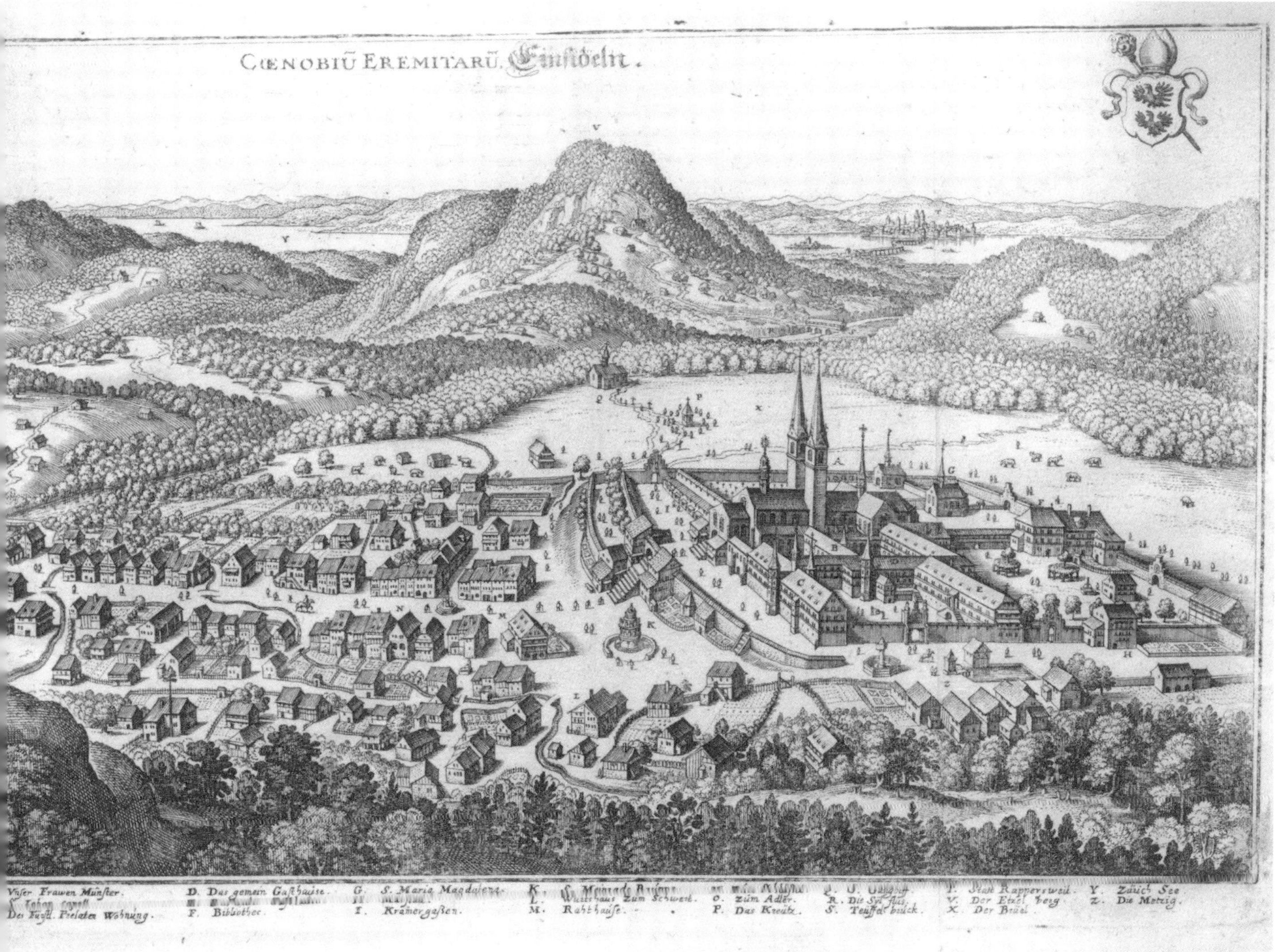

Oben: Bei Hermann Künig von Vach gilt das Kloster Einsiedeln/Schweiz als wichtiger Ausgangspunkt der von ihm als „Oberstraße" bezeichneten Route nach Santiago de Compostela. Stich von Merian aus der Topographia Helvetiae Raetiae, 1654. Stiftsbibliothek, Einsiedeln

Gegenüber: Mitteleuropäische Landstraßenkarte des Nürnbergers Erhart Etzlaub von 1501. Die gesüdete Karte zeigt die zentrale Funktion Nürnbergs; die gepunkteten Streckenführungen deuten zugleich relativ exakt Entfernungen in Meilen an und lassen am oberen rechten Bildrand erkennen, welche Routen durch die Schweiz und Südfrankreich nach Katalonien bzw. nach Toulouse und über die Pyrenäen führten. Bayerische Staatsbibliothek, München, Rar. 287, 331 ar

leichten Varianten der bereits im Pilgerführer des 12. Jahrhunderts aufgezeichneten Südroute über Toulouse und Roncesvalles auf dem klassischen Jakobsweg in Nordspanien.

Diesen gesamten Hinweg nannte Hermann Künig die *Oberstraße,* auf dem Rückweg wies er seinen Lesern die *Niederstraße.* In Spanien blieb der Weg weitgehend gleich, in Frankreich ging es über Bordeaux, Blaye, Saintes, Poitiers, Tours, von dort entweder nach Metz oder weiter über Paris, Valenciennes und Brüssel nach Aachen.

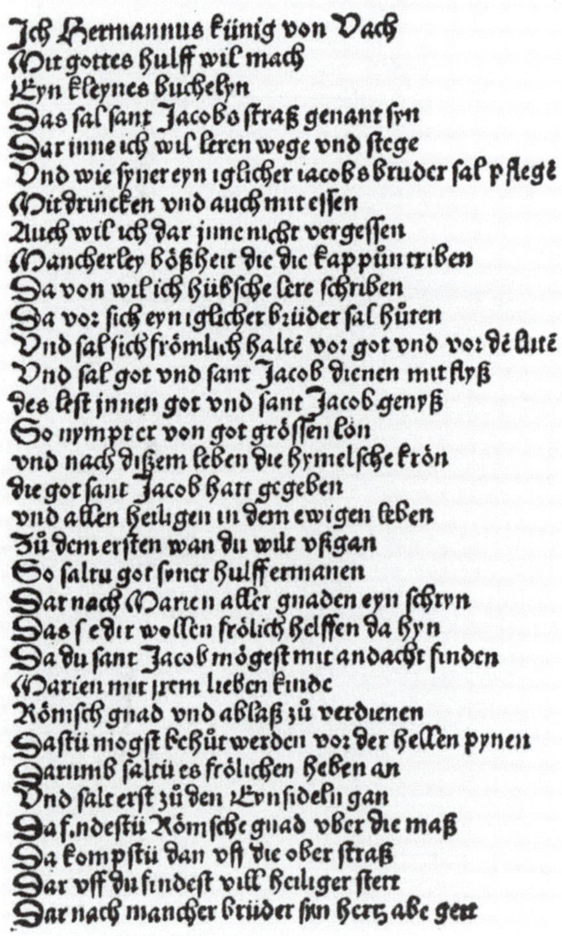

Ich Hermannus künig von Vach
Mit gottes hulff wil mach
Eyn kleynes buchelyn
Das sal sant Jacobs straß genant syn
Dar inne ich wil leren wege vnd stege
Vnd wie syner eyn iglicher iacobs bruder sal pflegē
Mit drincken vnd auch mit essen
Auch wil ich dar jnne nicht vergessen
Mancherley böβheit die die kappūn triben
Da von wil ich hübsche lere schriben
Da vor sich eyn iglicher brüder sal hüten
Vnd sal sich frömlich haltē vor got vnd vor dē lütē
Vnd sal got vnd sant Jacob dienen mit flyß
Des lest jnnen got vnd sant Jacob genyß
So nympt er von got grössen lōn
vnd nach dißem leben die hymelsche krōn
Die got sant Jacob hatt gegeben
vnd allen heiligen in dem ewigen leben
Zü dem ersten wan du wilt vßgan
So saltu got syner hulff ermanen
Dar nach Marien aller gnaden eyn schryn
Das se dir wollen frölich helffen da hyn
Da du sant Jacob mögest mit andacht finden
Marien mit jrem lieben kinde
Römisch gnad vnd ablaß zü verdienen
Das tü mogst behüt werden vor der hellen pynen
Darumb saltü es frölichen heben an
Vnd salt erst zü den Eynsideln gan
Da findestü Römsche gnad vber die maß
Da kompstü dan vff die ober straß
Dar vff du findest vill heiliger sterr
Dar nach mancher brüder syn hertz abe gert

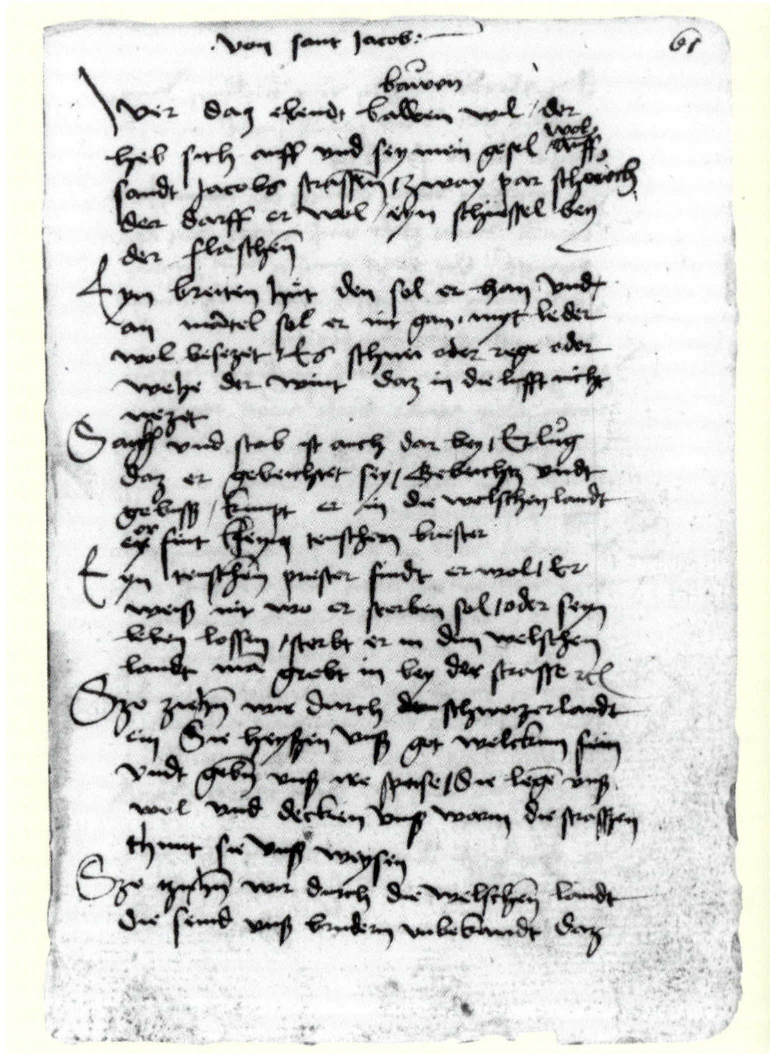

Ein Pilgerlied *Wer daz elent bawen wel* wurde etwa zur gleichen Zeit wie Künigs Führer schriftlich aufgezeichnet, war aber vielleicht schon früher verbreitet. Die 26 Strophen beschreiben die Ausrüstung des Pilgers, weiterhin die üblichen Vorbereitungen und berichten dann strophenweise über die verschiedenen Landschaften am Weg, der grundsätzlich der *Oberstraße* Hermann Künigs folgt. Die Strecke führt durch die Schweiz, Savoyen und das Rhônetal über das Armagnac – das wohl in der Abfolge falsch eingereiht wird – bis zu den Pyrenäen und entspricht dann ebenso mit einigen Abweichungen etwa dem klassischen Weg des Pilgerführers aus dem *Liber Sancti Jacobi*, dem *camino francés*.

Links: Erste Seite des Straßburger (?) Druckes des Pilgerführers von Hermann Künig von Vach. Der Beginn des Weges in Einsiedeln, der als „Oberstraße" bezeichnet wurde, findet sich im fünftletzten und drittletzten Vers dieses ersten Folios.

Rechts: Das Pilgerlied „Wer daz elent bawen wel" wurde im 15. Jahrhundert aufgezeichnet. Es beschreibt die Wege der Pilger durch die Schweiz und das Rhônetal bis hin nach Spanien.
Bayerische Staatsbibliothek, München, CGM 809

Gegenüber: Das Raißbüchlein des Jörg Gail von 1563 hat die verschiedenen Wege, insbesondere für Kaufleute, durch ganz Europa verzeichnet. Hier werden nur die einzelnen Orte und die jeweiligen Distanzen aufgeführt. Raißbüchlein, fol. 94v-95 r. Landesbibliothek, Stuttgart

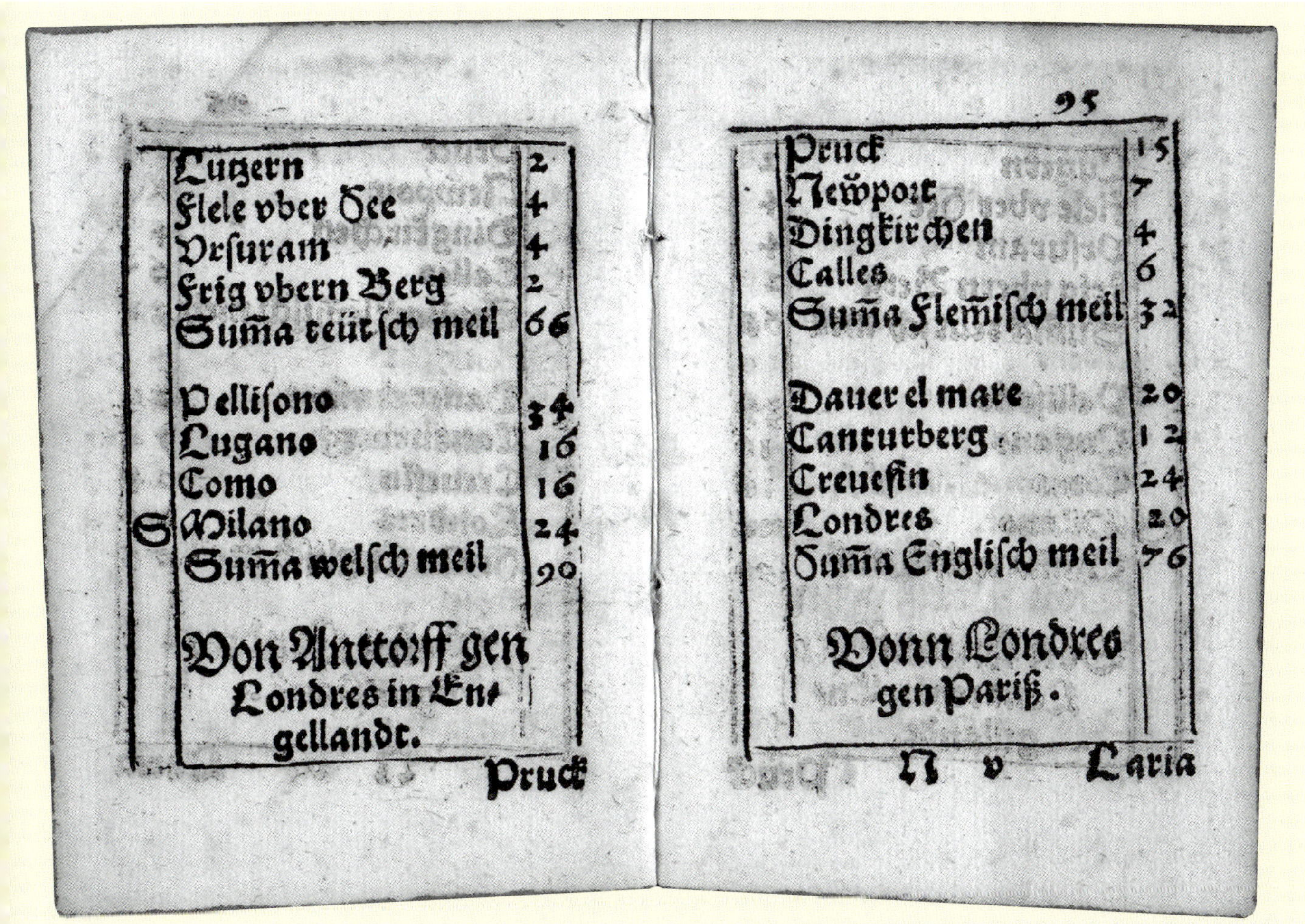
95

Lutzern	2
Flele vber See	4
Vrsuram	4
Frig vbern Berg	2
Suma teütsch meil	66
Pellisono	34
Lugano	16
Como	16
Milano	24
Suma welsch meil	90

Von Anttorff gen Londres in Engellandt.

Pruck

Pruck	15
Newport	7
Dingkirchen	4
Calles	6
Suma Flemisch meil	32
Dauer el mare	20
Canturberg	12
Creuefin	24
Londres	20
Suma Englisch meil	76

Vonn Londres gen Pariß.

N v Laria

Künigs gedruckter Führer sowie das Pilgerlied machen deutlich, dass manche Handreichungen sehr konkrete Wegstrecken empfahlen. Wenn Künig diese sogar als *Ober-* und *Niederstraße* bezeichnete, unterstreicht dies zugleich eine gewisse Verbindlichkeit. Darüber hinaus machen aber beide Texte deutlich, dass offensichtlich noch im 15. Jahrhundert viele Pilger aus Europa nördlich der Pyrenäen dem Weg durch Nordspanien folgten, obwohl auch eine Strecke über Katalonien – nicht zuletzt wegen mancher Auseinandersetzungen in Südwestfrankreich – zu dieser Zeit belegt ist.

Der Weg durch Nordspanien besaß bereits eine gewisse Tradition. Das schon genannte Chronicon Silense von etwa 1115 bietet eine der frühesten Notizen: Dort heißt es, Sancho III. el Mayor (1000 bis 1035) habe den *iter Sancti Iacobi* als Verbindung von den Pyrenäen nach Nájera hin angelegt, damit militärische Züge erleichtert würden und damit die Pilger keine Umwege mehr gehen müssten. Weiter schreibt der Chronist, Sancho habe neues Land von den Heiden zurückerobert, gemeint sind die Muslime. Dieser neue Weg folgte nicht mehr in allen Details der alten Römerstraße. Die Notiz evoziert zugleich einen militärischen Zusammenhang, den Kampf der christlichen Reiche gegen die muslimische Herrschaft, die sogenannte Reconquista. Möglicherweise spielt der Autor des *Chronicon Silense*

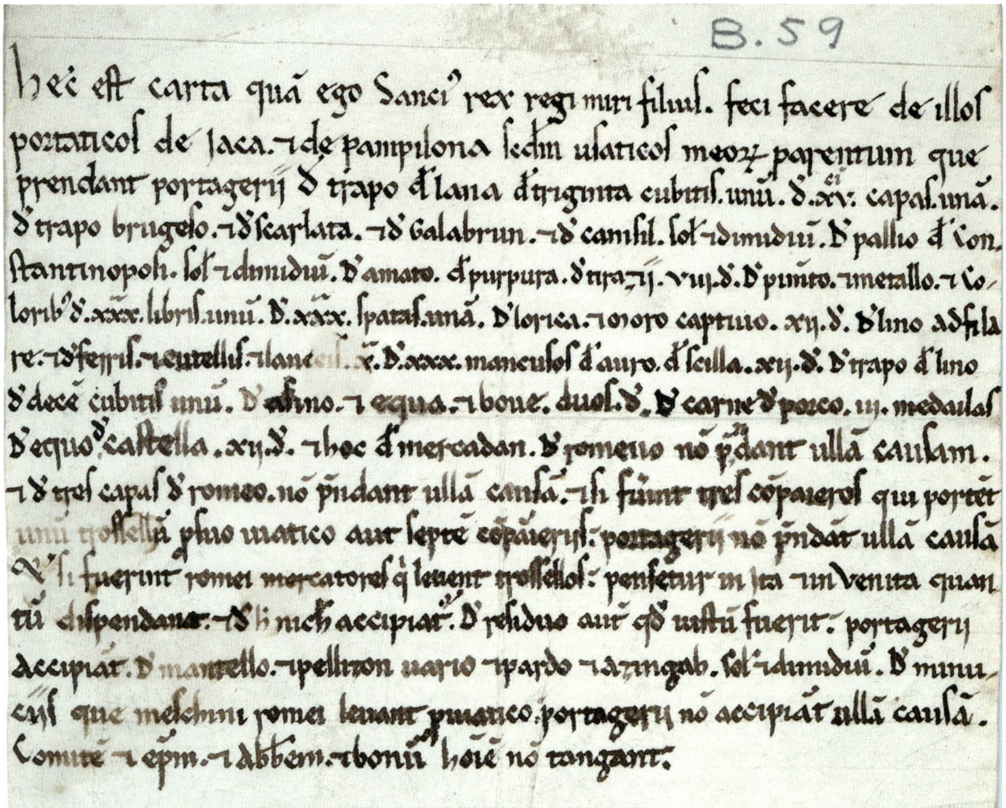

Zolltarif von Jaca, zwischen 1064 und 1091 von König Sancho Ramírez ausgestellt. Das Dokument nennt verschiedene Güter, die über die Pyrenäen transportiert wurden, und unterscheidet neben Pilgern und Kaufleuten auch „Pilgerkaufleute" (romei mercatores"). *Kopie, 13. Jahrhundert. Archivo de la Catedral, Pamplona, Arca B n. 59*

mit seinen Bemerkungen sogar auf Sancho Garcés I. an, der zu Beginn des 10. Jahrhunderts die Rioja zurückerobert hatte. Die neue Verkehrsachse verband die wichtigsten Orte der nördlichen Meseta miteinander, die nach der muslimischen Eroberung zunächst ihre Bedeutung verloren hatten. Da aber christliche Herrscher bei der Rückeroberung und Expansion schon zuweilen auf das Patronat des hl. Jakobus Bezug nahmen, formte sich vielleicht langsam zusammen mit dem Zielort am Ende dieser Straße die Vorstellung eines ganz besonderen *iter Sancti Iacobi*.

Festzuhalten bleibt: Der im *Chronicon Silense* erstmals als *iter Sancti Iacobi* bezeichnete Weg wird dort auf die Pilger bezogen, war aber nicht nur für diese, sondern auch für militärische und wirtschaftliche Reisen wichtig. Die Bedeutung dieser Wege im Pyrenäenraum für den Handel unterstreicht bereits der Zolltarif von Jaca (1076-1094). Das Dokument nennt verschiedene Güter – Stoffe aus Brügge, Seide aus Konstantinopel, Purpur, Farben, Schwerter, gefangene Mauren, Metalle, Gewürze, ja sogar Lebensmittel und Goldmünzen –, die in Jaca mit Zoll belegt wurden. Der Tarif verweist somit auf den Austausch, der inzwischen aufgrund der Verlagerung des ökonomischen Gewichts zwischen christlichen und muslimisch beherrschten Gebieten im 11. Jahrhundert eingesetzt hatte. Der Ort, an dem der Zoll erhoben wurde, ist ebenso aufschlussreich. Jaca und Pamplona waren die Eingangstore für das nördliche Spanien: Um sie vom heutigen Frankreich zu erreichen, mussten die Pässe von Roncesvalles und vom Somport überquert werden. Beide Pässe benutzten auch Jakobspilger. Handel und Pilgerfahrt waren oft miteinander verknüpft; dies macht der Zolltarif in seiner Schlusspassage deutlich. Dort

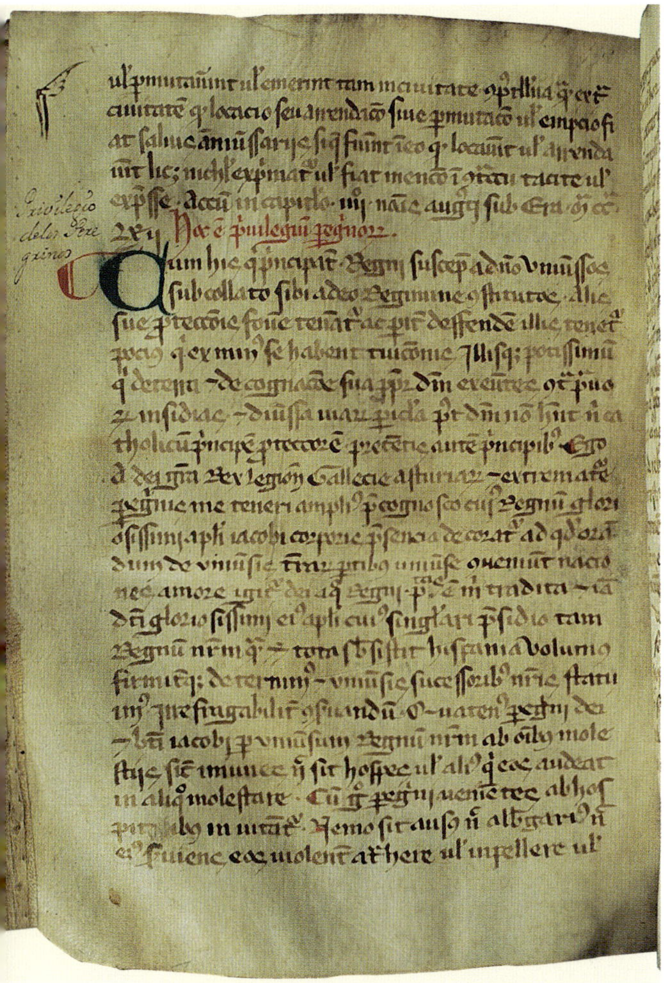

Der Tumbillo de Concordias von etwa 1296 enthält verschiedene Urkundenabschriften, darunter ein Privileg König Alfons' IX. von León (vor 1228 erlassen), das den Pilgern Bewegungsfreiheit in seinem Reich zugestand. Kathedralarchiv, Santiago de Compostela, 13, fol. 107 v-108 v.

heißt es, Pilger seien von jeder Zollabgabe frei; bei den Bundeln von sogenannten Pilgerkaufleuten *(romei mercatores)* sei zu schätzen, was für den Hin- und Rückweg benötigt werde, den Rest solle man verzollen. Pilgerfahrt und Handelsreise zu kombinieren, entsprach dem ökonomischen Denken und war sicher häufiger als meistens angenommen. Warum sollte man sonst – wie niederländische Quellen des späten Mittelalters belegen – bei der Auferlegung von Strafpilgerfahrten verboten haben, beides miteinander zu verbinden? Da verschiedene Reisezwecke leicht miteinander einhergehen konnten, wird die Vorstellung eines ausschließlich von Pilgern benutzten Weges auch aus dieser Perspektive problematisch.

Erleichtert wurde der Handel bald auch durch nichtspanische, neue Siedler. Die Reconquista und die Pilgerbewegung wirkten förderlich. Kolonisten siedelten unter anderem in besonderen Vierteln der Städte am nordspanischen *camino francés* und genossen häufig Privilegien der *fueros* (Rechtssatzungen). Die frühesten dieser *fueros* begegnen in León (1017), in der Pyrenäenzone 1077 in Jaca und 1090 in Estella. Händler siedelten sich bei Bischofssitzen an, wie in Santiago de Compostela, Burgos und Lugo oder bei einem wichtigen Kloster, wie im Falle von Sahagún. Die anonyme Chronik von Sahagún berichtet darüber, wie verschiedene Handwerker dorthin strömten. Diese neuen Städter kamen nicht nur aus der Umgebung, sondern auch aus anderen Ländern. So heißt es in der Chronik von Sahagún, dass Gascogner, Bretonen, Deutsche, Engländer, Burgunder, Normannen, Toulousaner, Provenzalen, Lombarden und viele weitere Händler nach Sahagún gekommen seien. Es gab in vielen der Städte am Weg mithin Fremde, die den durchziehenden Pilgern Hilfe gewähren konnten, denkt man allein an die sprachliche Verständigung.

Somit sind die vielfältigen Funktionen des *camino francés* in Nordspanien hervorzuheben: Die spirituelle Bedeutung gehört in den Zusammenhang von militärischen, wirtschaftlichen und weiteren Aspekten – denn Pilgern war fast nie ausschließlich spirituell motiviert. Aber selbst in Spanien gab es weitere Wege. Wer beispielsweise aus dem Süden oder aus dem katalanischen Raum nach Compostela zog, benutzte andere Routen. Auch Mitteleuropäer, besonders die später noch vorzustellenden Adeligen und Bürger, die Berichte über ihre Fahrten anfertigten, variierten vielfach ihre Wegstrecken, weil oft mehrere Gründe, Anlässe und Ziele ihre Reisen bestimmten. Ebenso beeinflusste die wechselnde Attraktivität von Kultstätten die Wahl der Wege. Verdeutlichen lässt sich dies am Beispiel Vézelay. Als seit dem ausgehenden 12. Jahrhundert der burgundische Ort mit Saint-Maximin bei Aix darum stritt, wer die echten Magdalenenreliquien besitze, und die Familie der Anjou seit dem 13. Jahrhundert Saint-Maximin massiv auch als Kultort förderte,

Die Historia Turpini *erzählt von den Zügen Karls des Großen, der über Roncesvalles auf die Iberische Halbinsel vorgedrungen sein soll. In Sahagún musste sich Karl einer wichtigen Schlacht mit den Muslimen stellen. Die Lanzen der Krieger, die in der folgenden Auseinandersetzung das Martyrium erlangen sollten, wurden in der Nacht belaubt –*

ein göttliches Zeichen. Die Geschichte illustriert gut die Vorstellungen der Kreuzzugszeit. Relief des Karlsschreins von 1215. Dom bzw. Domschatzkammer, Aachen

ging der Besuch von Vézelay deutlich zurück. Entsprechend wurden die dort beginnenden Wege nach Südwesten weniger benutzt. So standen Pilger, Kultstätten, aber auch die vielfachen Motivationen aller Reisenden mit den eingeschlagenen Wegen in ständigen Abhängigkeiten und Wechselbeziehungen. Vorhandene Kultstätten, Wegmöglichkeiten und weitere Faktoren zogen Pilger an, andererseits beeinflussten die Pilger mit der Wahl ihrer Heiligtümer und der Wege auch die Kultgeographie eines Raumes.

Der Weg über Roncesvalles – Impulsgeber für Dichtung und Architektur?

Die Vielfalt der Reisenden auf den genannten Wegen, die unterschiedlichen Motivationen und Veränderungen der Kultlandschaft, die Wegkonjunkturen sowie die Intentionalität des Pilgerführers aus dem 12. Jahrhundert widersprechen gängigen Vorstellungen von unveränderlichen Pilger- oder Jakobswegen. Waren daher bei der gedanklichen Konstruktion und der Verankerung von festen Wegen im kulturellen Gedächtnis weitere Faktoren bestimmend?

Die frühesten Compostelapilger hatten vielleicht aus Gründen militärischer Sicherheit sogar eine Wegführung ganz im Norden der Iberischen Halbinsel gewählt. Im Pilgerführer des 12. Jahrhunderts werden die Pässe von Somport und Roncesvalles als alternative Möglichkeiten zur Überquerung der Pyrenäen genannt. Hinter beiden Pässen standen auch politische und wirtschaftliche Gegebenheiten: Der eine der beiden Übergänge verband Aragón, der andere Navarra mit dem übrigen Europa.

Legt der schon erläuterte Zolltarif von Jaca zumindest eine Benutzung des Somportpasses durch Pilger und Kaufleute nahe, so gewann jedoch ab dem ausgehenden 12. und im 13. Jahrhundert Roncesvalles an Bedeutung. Lag dies nur an herrschaftlicher oder wirtschaftlicher Förderung? Im Pilgerführer aus dem Jakobsbuch werden im Einleitungskapitel beide Orte genannt. Das Hospiz in Santa Cristina auf dem Somport wird sodann im vierten Kapitel kurz hervorgehoben. Liest man jedoch das achte Kapitel über heilige Stätten am Weg, so rückt im Pyrenäenraum eindeutig Roncesvalles in den Vordergrund (vgl. Quellenauszug unten).

Die Passage des Pilgerführers greift auf, was in der *Historia Turpini* zu Karls Zug nach Spanien ausführlicher dargestellt wird. Sollte die Verbreitung dieser Texte dazu beigetragen haben, dass seit dem 12. Jahrhundert Pilger die Pyrenäen zunehmend bei Roncesvalles, seltener bei Jaca überquerten und damit zugleich „den" Weg neu bestimmten? Jedenfalls gingen Künigs Pilgerführer und das erwähnte deutsche Pilgerlied im 15. Jahrhundert von einer Bergüberquerung bei Roncesvalles aus.

Trug also die Verbindung von Pilgerfahrten mit den schon skizzierten karolingischen Traditionen in der *Historia Turpini* und anderen epischen Werken dazu bei, das Konzept der Jakobswege weiter zu verfestigen? Interpreten des beginnenden 20. Jahrhunderts gingen noch einen Schritt weiter. Philologen und Kunsthistoriker entdeckten diese Pilger- und Jakobswege neu, übertrieben gesagt: Sie benötigten sie für ihre groß angelegten Erklärungsversuche.

Ein Berg, fast bis zum Himmel – Pyrenäenüberquerungen bei Roncesvalles

Ebenfalls im Baskenland verläuft der Jakobsweg über einen sehr bedeutenden Berg, der Cisapaß heißt, entweder weil er als das Tor Spaniens angesehen wird oder weil über diesen Berg Güter von einem Land ins andere transportiert werden. Sein Anstieg mißt acht Meilen und der Abstieg ebensoviel. Dieser Berg ist so hoch, daß er den Himmel zu berühren scheint; wer ihn besteigt, glaubt mit eigener Hand an den Himmel reichen zu können. Vom Gipfel kann man das Meer der Bretagne und des Westens sehen und auch die drei Länder Kastilien, Aragonien und Frankreich. Der Ort auf der Spitze wird „Karlskreuz" genannt, weil dort Karl (der Große), als er mit seinem Heer nach Spanien zog, einen Pfad mit Beilen, Äxten, Hacken und anderen Werkzeugen bahnte, zunächst ein Kreuzzeichen aufstellte, dann das Knie beugte und nach Galicien gewandt Gott und den hl. Jakobus in einem Bittgebet anrief. Deshalb pflegen die Pilger hier niederzuknien, mit Blick auf das Land des hl. Jakobus zu beten und ein Kreuz wie ein Feldzeichen aufzustellen. Man kann dort tausend Kreuze finden, dort ist der erste Gebetsort des hl. Jakobus.

Auf diesem Berg pflegten die gottlosen Navarreser und Basken, bevor das Christentum in Spanien vollkommen verbreitet war, die Pilger nicht nur auszuplündern, sondern sogar auf diesen wie auf Eseln zu reiten und sie zu töten. Nördlich, in der Nähe dieses Berges, liegt das als Valcarlos bezeichnete Tal, in das derselbe Karl (der Große) mit seinem Heer floh, als die Kämpfer in Roncesvalles getötet worden waren. Dieses Tal durchqueren viele Jakobspilger, wenn sie den Berg nicht besteigen wollen. Anschließend trifft man beim Abstieg von diesem Berg auf das Hospiz und die Kirche. Dort liegt der Fels, den der tapfere Krieger Roland mit einem dreifachen Schwertstreich von oben bis unten mitten durchgespalten hat. Dann gelangt man in den Ort Roncesvalles, wo einst die große Schlacht stattfand, in der König Marsirus, Roland, Oliver und vierzigtausend andere christliche und sarazenische Kämpfer getötet wurden. Anschließend erreicht man Navarra, reich an Brot, Wein, Milch und Vieh.
(Herbers, Der Jakobsweg, S. 115-118)

Der Romanist Joseph Bédier zog dabei kaum veränderbare Wege in Betracht. Eher weist seine These in die umgekehrte Richtung, denn er formulierte in seinem Hauptwerk „Les légendes épiques" fast apodiktisch: „Au commencement était la route" (am Anfang war die Straße). Mit diesem fast „Geflügelten Wort" meinte er vor allem die Pilgerwege nach Compostela und beendete damit vorläufig die schon lange anhaltende Diskussion über die Entstehungszeit der epischen Dichtungen. An den Wegen, auf denen Pilger und vor allem französische Kreuzritter zur Unterstützung der spanischen Reconquista gezogen seien, sah Bédier den Ursprung der epischen Dichtungen. Damit entschied er sich für eine Entstehung des Rolandsliedes und anderer epischer Werke erst im 11. Jahrhundert. Er erläuterte diese These damit, dass Kleriker in Saint-Roman de Blaye den Pilgern und Kreuzrittern das angebliche Grab Rolands, weitere Personen in Bordeaux das legendäre Horn Rolands gezeigt hätten. Mit Hilfe der lesekundigen Kleriker – denn die Mönche an den genannten Orten kannten vielleicht ältere Texte zu Karl dem Großen – seien dann die epischen Dichtungen entstanden und fixiert worden.

Dieser Erklärungsversuch hat lange fasziniert, obwohl kritische Stimmen inzwischen wieder eher eine langsame Entwicklung epischer Themen mit möglichen Zwischenstufen in Betracht ziehen. Trotz vieler Kritik im Einzelnen und trotz weiter bestehender Fragen zur Textevolution von *Historia Turpini* und Rolandslied bleibt Bédiers Erklärung suggestiv. Sie erlaubt fast nur den Gedanken, dass klerikale Propaganda und epische Dichtung zusammengehören müssen. Diese Verbindung schuf der „Pilgerweg". Da dieser laut Bédier erst im 11. Jahrhundert Gestalt angenommen haben konnte, waren frühere schriftliche Fassungen des Rolandsliedes auszuschließen. Hat Bédier aber hier den Pilgerweg zumindest teilweise vorausgesetzt, um zwei Sachverhalte zu verknüpfen? Ob die Straße am Anfang der Epik stand, ist nicht schlüssig zu beweisen. Viel eher waren Pilger und Wege für Folgen und Wirkungen verantwortlich: Epische Themen dürften durch Pilgerfahrten und indirekt über die von Pilgern benutzten Wege verbreitet worden sein.

Bédiers Thesen wirkten über sein Fachgebiet hinaus, besonders auf kunsthistorische Forschungen. Es ergaben sich Erklärungen zum Einfluss der Pilgerstraßen auf die Architektur romanischer Kirchen, auf Skulpturen und auf die Verbreitung ikonographischer Themengruppen. Als Hauptvertreter dieser vom Weg geprägten kunsthistorischen Erklärungen gelten der Franzose Émile Mâle und der Amerikaner Arthur Kingsley Porter. Sie sahen aus verschiedener Perspektive maßgebliche Einflüsse französischer Baukunst in Spanien entlang der „Pilgerwege" (Mâle), oder sie erblickten in der Kathedrale von Compostela das Vorbild für zahlreiche romanische Bauten in Frankreich an den „Pilgerwegen" (Kingsley Porter). Und bis heute erstaunt ja jeden Pilger und Kunstfreund, dass entlang dieser Routen künstlerisches Schaffen überdurchschnittlich reich anzutreffen ist. Dies ist zweifellos auch dem durch Pilger geförderten Austausch zwischen verschiedenen Kultstätten zuzuschreiben. Blickt man jedoch auf die Anlage der so genannten Pilgerkirchen, so wird deutlich, dass fast alle der wichtigsten Bauwerke – in Tours, Conques, Toulouse, Limoges und Compostela – gleichzeitig Pilgerzentren waren und die neuen Bauformen funktional erklärt werden können, denn sie erleichterten es, mit dem Massenandrang von Pilgern fertig zu werden. Die zusätzlichen Seitenschiffe und der Apsisumgang erlaubten es, die zahlreichen Gläubigen zu lenken, die zweite Etage bot weiteren Platz und ermöglichte gute Sicht. Jedoch gilt außerdem – und dies hat die jüngere kunsthistorische Forschung mehrfach deutlich gemacht –: Die Abhängigkeiten sind komplizierter und nicht mit einem Zauberwort allein zu fassen.

Oben: Das Horn Rolands konnten schon Pilger im hohen Mittelalter in Südwestfrankreich (Blaye) oder an anderer Stelle bewundern. Der epischen Tradition nach wurden Roland und sein Freund Olivier im Tal von Roncesvalles niedergemacht, da Roland sich weigerte, durch den Klang seines Hornes Olifant rechtzeitig das Heer Karls zu Hilfe zu rufen. Musée Paul-Dupuy, Toulouse

Rechts: Auf dem Pilgerweg im Baskenland nach Roncesvalles.

Pilger und Arme zu bewirten, galt als eine christliche Pflicht. Die Fresken des Refektoriums in der alten Kathedrale von Lérida (Lleida), Katalonien, unterstreichen diese Aufgaben.

Die guten Mönche und die bösen Wirte

Wenn also Pilgerwege, Jakobswege, Pilgerstraßen zu den Begriffen gehören, die nicht nur durch tendenziöse Quellen, sondern auch wissenschaftsgeschichtlich einseitig besetzt und verwendet wurden, ist die Frage erst noch zu beantworten, wie die von Pilgern unstrittig genutzten Wege charakterisiert werden können. Sind dazu Zeugnisse zu Straßenbau, Brücken, Hospizen und weiteren Merkmale der Infrastruktur hilfreich? Der Pilgerführer erwähnt in einem Kapitel lobend die Straßenbauer, denn Wege wurden seit dem 11. Jahrhundert ebenso wie Brücken zunehmend instandgesetzt und neu errichtet. Wie waren aber die Verhältnisse in den verschiedenen Orten am Weg? Die schon genannten Siedler in den Städten, Klöstern und Domkapiteln – konnten den späteren Reisenden helfen, sich in der Fremde zurechtzufinden. Umgekehrt eröffneten sich auch Möglichkeiten, Fremde und Pilger ausnutzen, zumal Wirtshäuser und Herbergen entstanden.

Wo kehrten die Pilger ein? Schon die spätantiken und frühmittelalterlichen Quellen empfahlen, die Reisenden zu beherbergen, gemäß der biblischen Weisung „Wer euch aufnimmt, der nimmt mich auf" (Mt 10,40). Deshalb erfreuten sich Pilger und Fahrende stets eines besonderen Rechtsstatus' in der kirchlichen Gesetzgebung, wie noch aus den Beschlüssen des Vierten Laterankonzils von 1215 hervorgeht. Entsprechend gehörte es auch zu den wichtigsten Aufgaben des mittelalterlichen Mönchtums, Fremde zu beherbergen und aufzunehmen, das 61. Kapitel der Benediktregel geht hierauf eigens ein. Kirchliche Institutionen blieben entsprechend lange Zeit für die Gastfreundschaft verantwortlich. Neben die Klöster selbst traten die Hospize und Hospitäler, die sich Reisenden und Kranken widmeten. In Rom sind solche Einrichtungen ebenso wie in Santiago und anderen Pilgerorten seit dem früheren Mittelalter nachgewiesen. Allerdings ist es schwer, ein geschlossenes Netz von Hospizen und Hospitälern an den vermeintlichen Wegen zu Pilgerzielen heute noch schlüssig zu belegen.

Es darf jedoch als ein Hinweis auf die zunehmende Mobilität und die steigende Zahl der Jakobspilger gewertet werden, dass in Nordspanien besonders früh, ab dem 12. Jahrhundert, Einrichtungen kommerzieller Gastlichkeit anzutreffen sind. Während aber Klöster und andere kirchliche Einrichtungen zwar in den Urkunden erscheinen, hingegen in den Berichten der Pilger nur selten genannt werden, so hören wir umgekehrt von Herbergen meistens dann, wenn Missstände zu geißeln waren. Offensichtlich waren die empfangenden Mönche fast immer „gute Mönche", Wirte entpuppten sich hingegen oft als bösartige oder betrügerische Zeitgenossen. In dieser Hinsicht war Pilgerkritik auch vielfach Kritik am Wirtshauselend und an den Nachstellungen der Wirtsleute. Eine Predigt des Jakobsbuches warnt in drastischen Farben vor dem Betrug von Zöllnern, Fährleuten und falschen Beichtvätern, besonders aber vor den bösen Wirten (vgl. Quellenauszug S. 106 f.).

Aber nicht nur die Predigten prangerten Betrug, Ausnutzung und Verfolgungen an. Wenn es zu schlimm wurde, musste der heilige Jakobus selbst eingreifen, so im bekannten Hühnerwunder, in dem ein Wirt seine Pilgergäste des Diebstahls anklagte, später jedoch für seine Verleumdungen die gerechte Strafe erlitt. Darauf wird später eingegangen, weil diese Wundererzählung in Literatur und Kunst in ganz Europa vielfältig ausgestaltet wurde.

Wirtshäuser blieben aber bis heute für Pilger ein besonders wichtiges Thema. Der praxisnahe Führer des Hermann Künig von Vach vermerkte nicht nur, daß sich deutsche Pilger vor den Pyrenäen nochmals Nägel in die Schuhe schlagen ließen, sondern er nannte ebenso die Zollabgaben, den Wechsel der Währung. Zu seinen Handreichungen zählen besonders die Angaben zu den richtigen Wirtshäusern, die Künig vor allem für die Deutschen auswählte, so zum Beispiel in Genf. Schon zu Anfang wollte Künig

Wider die Judasse unter den Wirten. Eine Predigt aus dem Jakobsbuch

Was soll ich aber von den schlechten Wirten erzählen, welche die Pilger mit zahllosen Betrügereien täuschen? Wie Judas die Strafe seiner Schuld und der Schächer den Lohn für sein Bekenntnis vom Herrn Jesus Christus während seiner Passion empfing, so werden die schlechten Gastgeber die Strafen für ihre Missetaten in der Hölle, die wahren Pilger jedoch den Lohn ihrer Werke und Mühen im Himmel ernten. Verdammt sind also die bösartigen Wirte des Jakobsweges, die durch zahllose Betrügereien die Pilger ausnehmen. Manche gehen ihnen am Stadtrand entgegen und küssen sie, so als ob sie ihre von weit angereisten Verwandten seien. Was tun sie weiterhin? Sie führen sie in ihre Häuser, versprechen ihnen alle guten Dinge und handeln schlecht. Wem gleichen sie, wenn nicht Judas, der den Herrn mit einem Kuß verriet? Sie reichen ihnen zuerst zum Kosten den besten Wein und verkaufen dann, wenn sie können, den schlechten. Manche verkaufen Apfelwein als Wein, wieder andere verdorbenen als guten Wein. Weitere verkaufen Fische oder gegartes Fleisch, die zwei oder drei Tage alt sind und die die Pilger krank machen. Wieder andere zeigen ein großes Maß und messen, wenn möglich, mit einem kleinen. Einer hat betrüge-rische Wein- und Hafermaße: außen riesig, innen jedoch klein, schmal und unzureichend ausgehöhlt, man nennt sie volkssprachlich marsicias. *Über solch unrechten Wirt klagt Jesaja mit den Worten: „Die Waffen des Arglistigen sind schlecht, denn er schmiedet schlimme Pläne, die Armen durch Lügenreden zu verderben“ (Jes 32,7).*

Ein anderer gibt, wenn möglich, Wasser ins Glas, während er den Wein vom Faß zapft. Andere versprechen den Pilgern beste Betten und geben schlechte. Manche lassen beim Eintreffen neuer Gäste die alten bezahlen und vertreiben sie dann. Der schlechte Wirt macht seinen Pilgergästen kein gutes Bett, wenn diese ihm nicht Nahrung oder eine Münze geben. Wenn das Geldstück des Pilgers in der Stadt, wo er essen möchte, zwei Geldstücke wert ist, so wertet es der schlechte Wirt nur wie ein einziges oder ist es nur eines wert, nimmt er es nur als einen Obolus. Der schlechte Wirt gibt seinen Gästen besten Wein, um sie betrunken zu machen und um dann während ihres Schlafes von ihnen Geldbeutel, Tasche oder etwas anderes zu stehlen. Der schlechte Wirt reicht ihnen todbringende Getränke, um sich ihrer Habe zu bemächtigen. Ebenso werden jene bestraft werden, die ein Faß unterteilen und es mit zwei verschiedenen Weinen füllen, von denen sie zunächst den besseren den Pilgern zur Probe anbieten, dann jedoch nach dem Essen den schlechteren aus dem zweiten Teil des Fasses servieren. Andere haben Gerste- oder Hafermaße, die auf spanisch cafhit *oder aroa heißen und die etwa einen Inhalt im ortsüblichen Wert von sechs Münzen fassen, jedoch verkaufen sie diesen den Pilgern wenn nicht für zwölf, so doch mindestens für zehn Münzen. Bei einem üblichen Preis von zwölf Geldstücken nehmen sie von Pilgern 20 oder gar zwei Schillinge. Ebenso wird der* sextarius *Wein, wenn er im Ort normalerweise für zwölf Münzen verkauft wird, jenen für zwei Schillinge feilgeboten.*

Was soll ich jedoch von der Dienerin sagen, die auf Geheiß der Herrin abends das Wasser im Haus vergießt, damit die dürstenden Pilger in der Nacht kein Wasser zum Trinken finden und den Wein des Wirtes kaufen? Was ist mit jener, die nachts mit Zustimmung des Wirtes Hafer oder Gerste aus den Futterkrippen stiehlt? Sie sind verdammt! Ebenso treffe der Bann die Wirtsmägde, die sich aus Hurerei und Geldgier auf teuflisches Geheiß nachts den Pilgerbetten zu nähern pflegen. Die Dirnen, die aus diesem Grund zwischen der Miñobrücke und Palas del Rey in waldreicher Gegend den Pilgern häufig entgegentreten, müssen nicht nur exkommuniziert, sondern von allen geplündert und durch Rümpfen der Nase öffentlich geächtet werden. Einzeln pflegen sie sich immer einem einzelnen darzubieten. Geliebte Brüder! Auf welche Art der Teufel seine unrechten Netze auswirft und den Jakobspilgern die Höhle des Verderbens öffnet, vermag ich nicht zu beschreiben.

Was soll ich andererseits über die schlechten Wirte sagen, die das Geld der Pilger, die in ihrem Haus sterben, begierig behalten, anstatt es den Klerikern und Armen als Almosen pflichtgemäß zu geben; sie seien wahrhaft verdammt! Die schlechten Gastgeber der Stadt Santiago geben den Gästen die erste Mahlzeit gratis und verkaufen ihnen dafür Kerzen oder Wachs. Welch vorgetäuschte Barmherzigkeit, welch falsche Frömmigkeit und welch vollkommen betrügerische Großzügigkeit! Wenn an einem Datum zwölf Pilger da sind, spendiert der unfreundliche Wirt als erstes ein Fleisch- oder Fischgericht, das auf dem städtischen Fleischmarkt acht Münzen kostet, um ihnen dann zwölf Kerzen, die er auf dem städtischen Markt für insgesamt vier Schillinge – jede einzelne für vier Geldstücke – erworben hat, zum Preis von sechs Schillingen zu verkaufen, also jede für sechs Geldstücke. So gibt er das Wachs, das vier Geldstücke wert ist, für sechs Münzen ab und Wachs im Wert von vier Schillingen für sechs Schillinge, damit hat er ihnen heimtückisch das Essen verkauft. Was noch? Fleisch und Fisch im Wert von acht Münzen, die er ihnen zum Essen „schenkte", verkauft er ihnen in Wirklichkeit betrügerisch zu einem Preis von zwei Schillingen. Oh, welch ruchlose Macht, welch verächtlicher Wucher! [...]

Andere erzählen auf die Fragen der Pilger hin die erwähnten Lügenmärchen statt der wahren und ehrbaren Taten des hl. Jakobus. Ein anderer schlauer Wirt schickt seinen Gefolgsmann von Santiago de Compostela bis zur Miñobrücke den Pilgern entgegen, der diese dann folgendermaßen anspricht: „Meine Brüder und Freunde: Ich bin Bürger der Stadt des hl. Jakobus; ich bin nicht wegen der Beherbergung hierher gekommen, sondern hüte ein krankes Maultier meines Herrn aus jener Stadt; geht zu dessen Haus und meldet jenem bitte, sein Maultier werde schnell geheilt werden. Nehmt auch dort Quartier, denn mir zuliebe gewährt er euch als Boten dieser Nachricht alles Gute." Jedoch finden diese, wenn sie dorthin gelangen, alles Schlechte.

Ein anderer geht ihnen nach Barbadelo oder Triacastela entgegen, und wenn er Pilger trifft, grüßt er und redet schlau zunächst über andere Dinge, um ihnen schließlich zu sagen: „Meine Brüder, die ihr nach Santiago unterwegs seid, ich bin ein glücklicher Bürger dieser Stadt und bin nicht gekommen, um mir Kunden zu verschaffen, sondern um mit einem meiner Brüder zu sprechen, der in dieser Stadt wohnt. Wenn ihr eine gute Herberge in Santiago haben wollt, quartiert euch in meinem Haus ein. Sagt meiner Frau und meiner Familie, sie mögen euch mir zuliebe gut versorgen. Ich gebe euch ein Erkennungszeichen mit, das ihr ihnen zeigen sollt." Mit diesen Worten gibt er als Zeichen einigen sein Messer, anderen seinen Gürtel, wieder anderen seinen Schlüssel, weiteren seinen Riemen, seinen Ring, seinen Hut oder seinen Handschuh und schickt sie zu seinem Haus. Nachdem jene zu dessen Haus gekommen sind, sich einquartiert haben und ihnen die Frau dieses Wirtes das erste Gericht gebracht hat, verkauft sie Wachs im Wert von vier Münzen zu einem Preis von acht oder zehn. So werden die Jakobspilger von den Wirten betrogen.

Und wenn irgendein Pilger eine Silbermark besitzt, die dreißig Schillinge wert ist, führt ihn der schlechte Wirt zu einem Wechsler, seinem Komplizen, und gibt ihm heimtückisch den betrügerischen Rat, er möge die Mark dem Bankier für zwanzig Schillinge geben, so daß der unrechte Wirt selbst vom Käufer die reva erhält, mehr oder weniger zwölf passut. Sie nennen die Münzen betrügerisch passut, und die reva meint den Unrechtslohn. Ebenso: Wenn der Pilger über etwas von hohem Wert zum Verkauf verfügt, überredet er ihn zur Hergabe für einen niedrigen Preis, damit der Wirt selbst eine große reva erhält, sei es vom Käufer oder von beiden.
(Herbers, Der Jakobsweg, S. 86-91)

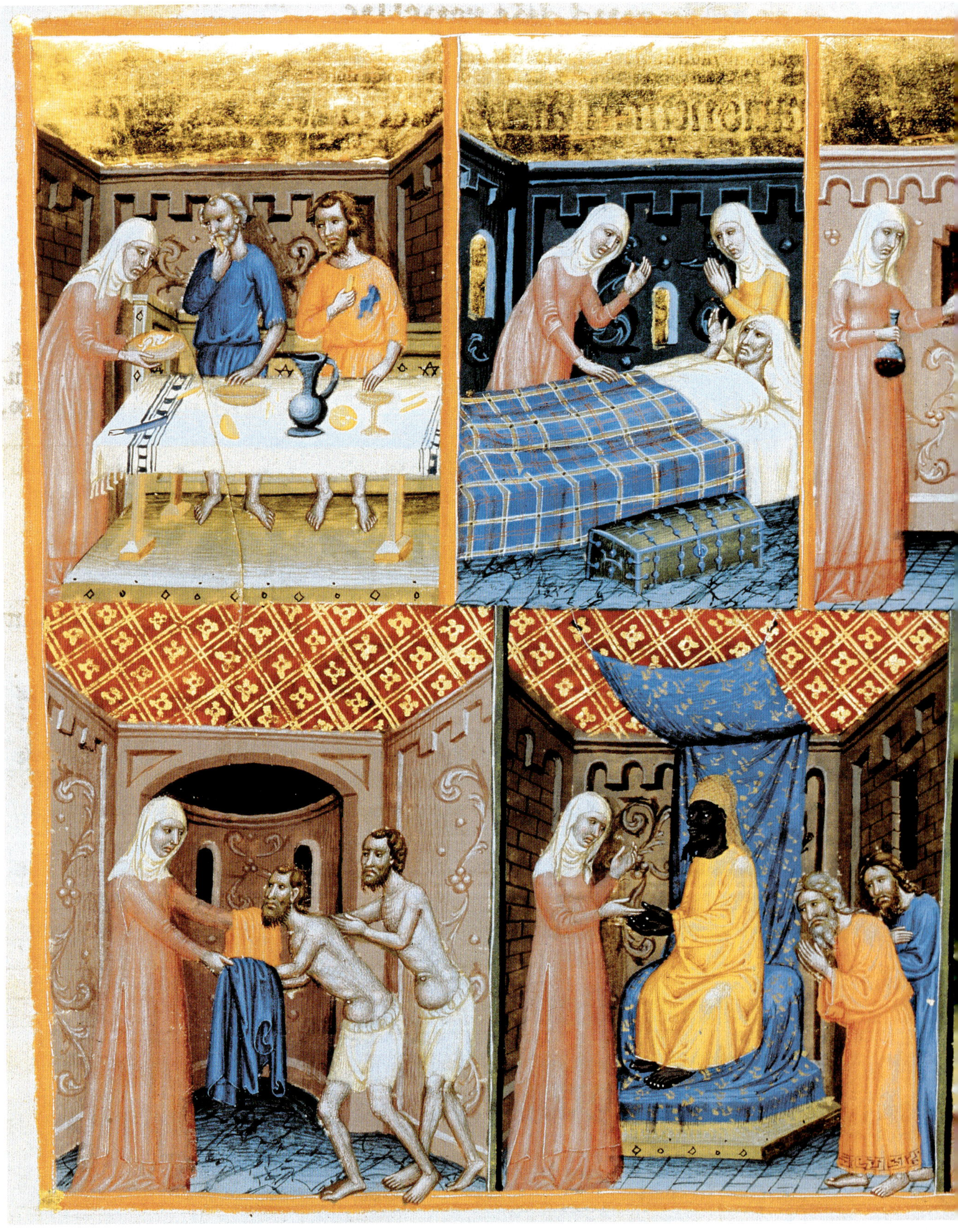

Die Miniatur des 13. Jahrhunderts zeigt die vielfältigen Tätigkeiten, die Nonnen wahrnahmen: Aufnahme der Armen und Pilger, Beköstigung, Nächtigungsmöglichkeiten, Ausstattung mit Kleidern sowie zuweilen sogar eine würdige Bestattung. Bibliothèque nationale, Paris

die Gemeinheiten der Kapaune, ein Schimpfwort für Betrüger und böse Wirte, nicht unerwähnt lassen; sodann wurden Nachstellungen warnend beschrieben, so sei ein Spitalmeister in Burgos den Deutschen nicht gewogen.

Ganz ähnlich bietet das schon vorgestellte Pilgerlied *Wer daz elent bawen wel* in fast der Hälfte der Strophen eine dramatisierte Erzählung über die Untaten und die Bestrafung des Spitalmeisters von Burgos (Strophe 13-23). Als der spanische König, der drei Spitäler erbauen ließ, von deutschen Pilgern erfuhr, dass in einem Spital 350 Pilger vergiftet worden seien, verkleidete er sich als Pilger, fand das Spital in Burgos in schlechtem Zustand und ließ den Spitalmeister, der sich zudem als Mörder verriet, gefangen setzen und hinrichten. Der breite Raum, den diese Geschichte innerhalb der Strophen einnimmt, verdeutlicht, wie sehr das Lied insgesamt Probleme der einfachen Pilger aufgriff.

Würden wir die Pilgerliteratur weiter sichten, so kämen leicht weitere Episoden zutage, so die Geschichte von den Läusen, die sich Nicola Albani aus Neapel, der 1743-1745 auf Reise und Pilgerfahrt war, im großen Hospital von Barcelona einfing. Dortselbst gab man ihm jedoch auch wie jedem Pilger ein dreipfündiges Brot. Die Spitäler in Spanien charakterisierte Albani im Übrigen als äußerst primitiv, sie seien „ohne jegliche Bequemlichkeiten", man müsse stets auf dem harten Fußboden schlafen, einen Strohbund mit Bettgestell habe er niemals gefunden. Trotzdem kam es im Spital von Redondela zu einer amourösen Versuchung, die Nicola Albani zwar abwehrte und damit seine Pilgergesinnung dokumentierte, aber dennoch – wohl gerne – detailliert in seinen Bericht aufnahm (vgl. Quellenauszug S. 110). Auf der anderen Seite finden wir in den meisten früheren Berichten magere und kurze Notizen, so die nüchternen Bemerkungen eines Nürnberger Bürgers Sebald Örtel, der nur aufschrieb, wie viel er in dieser oder jener Herberge ausgegeben hatte.

Verführung im Hospiz. Nicola Albani in Redondela

Hier [im Hospital] erlebte ich während der Nacht ein außergewöhnliches Vorkommen, welches meine Pilgerfahrt zugrunde gerichtet und zum Teufel hätte gehen lassen, wenn ich nicht hohe Willenskraft bewiesen hätte. Während ich allein war und gerade die erwähnten Sardinen zum Braten auf der Feuerstelle des Hospitals vorbereitete, geschah es, daß zwei Mädchen aus Kastilien in Pilgerkleidung ankamen, mit sehr schönen Gesichtern. Eine von ihnen war außergewöhnlich hübsch. Als sie ihre Beglaubigungen gezeigt hatten, wurden sie von der Hospitalverwalterin aufgenommen. Sie kamen ebenfalls aus Santiago, ich hatte sie dort schon gesehen. Die Hospizwirtin wies ihnen eine Lagerstätte zu, die von meiner abgesondert lag, aber wir lagen alle im gleichen Raum und wurden nur durch ein Brettergitter getrennt. Die Hausherrin schlief auch dort, war aber in einem anderen Raum eingeschlossen. Wir blieben also für uns, das heißt ich mit den zwei Pilgerinnen.
Ich aß weiter und lud die erwähnten Pilgerinnen ein, die das aufaßen, was ich hatte. Ich wollte mich zu Bett begeben, als die jüngere und hübschere von ihnen sagte, daß sie mit mir schlafen wolle. Ich lehnte das ab, aber sie brachte mich mit tausend Liebkosungen bis an die Grenze meiner Selbstbeherrschung. Ich fühlte mich sehr erregt, zündete mein Licht an und schloß mich hinter meinem Brettergitter ein, obwohl man dieses leicht öffnen konnte, da es weder Schloß noch Schlüssel hatte. Ich konnte mir trotzdem nicht vorstellen, was [dann] geschah, deswegen legte ich mich zur Nachtruhe nieder. Ich schlief schon, als ich auf einmal die Pilgerin, die mit mir schlafen wollte, völlig entblößt neben mir liegen fand. Ich sprang sofort von meinem Lager und bat sie um der Liebe Gottes wegen mit leiser Stimme, damit die Hausherrin nichts hörte, sich zu ihrem Nachtlager zu begeben. Aber sie überredete mich mit schönen, vom Teufel eingegebenen Worten, daß ich mich ruhig verhalten und mit ihr schlafen solle. Ich sagte ihr, daß sie gehen solle und daß ich bei der Weigerung die Hausherrin rufen werde. Als ich dann sah, daß sie nichts unternehmen wollte, sah ich mich gezwungen, die Wirtin zu rufen, die tatsächlich mit ihrem ältesten Sohn gerade dann kam, als sie [die Pilgerin] sich im Hemd zu ihrem Lager begab. Ich erzählte der Wirtin und ihrem Sohn, was mir geschehen war, und beide waren sehr verärgert und verteilten so viele Prügel, daß von einem Augenblick zum andern die ganze Nachbarschaft herbeieilte. Sofort warfen sie sie hinaus auf die Straße. Es war zwei Uhr nachts und regnete in Strömen.
(Herbers, Plötz, Nach Santiago zogen sie, S. 319 f.)

Gegenüber: Nicola Albani, der durch Westeuropa und zum Pilgerzentrum Santiago de Compostela in den Jahren 1743 und erneut 1745 (Heiliges Jahr) reiste, zählt zu den interessantesten Pilgergestalten der frühen Neuzeit. Er zeichnete seine Erlebnisse schriftlich auf. Von den zahlreichen dem Manuskript beigegebenen Illustrationen zeigen die beiden Bilder, welchen Bedrohungen Albani während der Fahrt ausgesetzt war. Im Einzelfall musste er sich sogar handgreiflich mit dem Pilgerstab gegen Räuber verteidigen, wie das obere Bild erkennen lässt. Papiermanuskript, F. C., Ms. S. 1. Archivio del Centro Italiano di Studi Compostellani, Perugia

timento
il latro
pellegrino
che batte
Assino cascato
Assassino lasciato
per morto in terra
peregrino
fuggé doppo
Battimento

Albani
Dormendo in una Selva

Links: Der Nürnberger Arzt Hieronymus Münzer unternahm im Jahre 1494-1495 eine Westeuropareise und besuchte dabei auch Santiago de Compostela. Sein lateinisch abgefasster Bericht greift auch die verschiedenen Traditionen in Compostela auf und integriert sogar Auszüge aus dem Liber Sancti Jacobi. *Auf fol. 173 r ist eine Grundrissskizze der Kirche von Santiago de Compostela eingefügt. CML 431, fol. 173 r. Bayerische Staatsbibliothek, München*
Rechts: Der Bericht über die Pilgerreise des Augsburger Bürgers Sebastian Ilsung von 1446 ist in einer illustrierten

„Wenn einer eine Reise tut, dann kann er was erzählen" – Berichte, Notizen, Lieder

Neben den Pilgerführern treten die Berichte einzelner Reisender und Pilger ins Blickfeld, die ausführlicher – zuweilen sogar geschwätzig – über die unternommenen Fahrten Auskunft geben. Je nach Zweck und Zielen der Berichte variieren auch die Schwerpunkte. In der Regel spielen aber Mühen, Gefahren und Wirthauselend in den Schriften, die adelige und bürgerliche Reisende von Stand über ihre Reisen hinterließen, eine geringere Rolle. Dafür lassen sie zumindest indirekt eine persönlichere Sicht erkennen und skizzieren teilweise individuelles Erleben. Ob die Verfasser einzelner Reiseberichte die schon vorgestellten Führer oder das eine oder andere Urteil oder Vorurteil derselben kannten, wissen wir meist nicht. Welche weiteren Aspekte stehen im Vordergrund? Aus den relativ zahlreich überlieferten Berichten des 15. und 16. Jahrhunderts hebe ich einige hervor, die zwar alle eher aus dem süddeutschen Raum stammen, aber verschiedene Aufzeichnungsformen repräsentieren: Sebastian Ilsung 1446 aus Augsburg, die zwei Berichte verschiedener Autoren über die Reise des Böhmen Leo von Rožmital (1465–1467), die Aufzeichnungen des Nürnberger Arztes und Kosmographen Hieronymus Münzer (1494–1495) und diejenigen des schon genannten Nürnbergers Sebald Örtel (1521-1522).

Diese Schriften lesen sich spannend, werden inzwischen oft von der Adelsforschung herangezogen, sie zeigen uns aber auch mit Blick auf die Jakobspil-

Londoner Handschrift überliefert. Ilsung besuchte wichtige Höfe auf seiner Reise, so den Hof des Gegenpapstes Amadeus von Savoyen (Felix V.), aber auch in Aragón, Navarra und Kastilien traf er mit wichtigen politischen Persönlichkeiten zusammen. Dennoch war seine Reise gleichzeitig eine Pilgerreise, wie die Bilder der Handschrift zu erkennen geben. Der Besuch an einem geistlichen Hof gehörte ebenso dazu wie sein Gebet in Compostela (linke Bildhälfte). Pergamenthandschrift 14326, 2. Hälfte des 15. Jahrhundert. British Library, London

ger eine Reihe von Aspekten zu Wegen, zu vielfältigen Aufträgen sowie zu Zielen und Interessen der Reisenden und Pilger.

Die genannten Reisenden schlugen unterschiedliche Wegstrecken ein. Sebastian Ilsung zog aus Augsburg über Memmingen und Luzern nach Genf, wo er den Gegenpapst Felix V. traf. Später besuchte er wohl auch in dessen Auftrag weitere Höfe, um Anhänger zu gewinnen. Der Böhme Leo von Rožmital, der mit großem Gefolge von Hof zu Hof durch ganz Westeuropa reiste, fuhr von Prag über Bayreuth und Nürnberg, dann über Ansbach, das Rheintal und den burgundischen Hof in den Niederlanden nach England, Frankreich, Spanien und Italien. Er ließ sich von Hof zu Hof weiterempfehlen und hatte wohl diplomatische Aufträge des böhmischen Königs wahrzunehmen. Der Nürnberger Arzt und Kosmograph Hieronymus Münzer, aus Feldkirch in Vorarlberg gebürtig, der aus Angst vor der Pest floh und Frau und Kind in der Stadt zurückließ, reiste über Ulm, den Bodensee und dann durch die Schweiz. Er gehörte zum Nürnberger Kosmographenkreis und notierte wohl seine Beobachtungen fleißig, sprach auch wegen der Fahrten des Kolumbus und der Afrikafahrten bei den Katholischen Königen in Madrid und bei König Johann II. von Portugal in Lissabon/Évora vor.

Am ehesten hat man bei Sebald Örtel den Eindruck, dass er ohne weitere Aufträge 1521-1522 nach Santiago de Compostela zog. Er reiste von Nürnberg durch Franken und Oberschwaben und kam mit seiner Begleitung schließlich nach einer

Links: Bischof Godeschalk von Le Puy gilt als der erste namentlich bekannte Jakobspilger (950/51). Zeitgenössische Darstellungen fehlen, das Bild aus einem Druck von 1718 zeigt den Bischof, wie er von Jakobus geleitet wird. Chansons des pèlerins de St-Jacques, Troyes, 1718.
Rechts: Heinrich der Löwe († 1195) könnte nach seiner Verurteilung am 25. Juli 1180 auf dem Hoftag zu Erfurt nach Beilegung des Konfliktes mit Friedrich Barbarossa zur Buße eine Pilgerfahrt nach Santiago angetreten haben. Stadtarchiv, Braunschweig
Gegenüber, oben links: Franz von Assisi soll im Jahre 1213 Compostela besucht haben. Ältestes Bildnis von Franz, 1227, Fresko, in der Gregorskapelle des Benediktinerklosters von Subiaco.
Gegenüber, unten links: Brigitta von Schweden suchte nicht nur Rom, sondern 1340 auch den galicischen Pilgerort auf.
Gegenüber rechts: Raimundus Lullus, dem die Missionierung der Muslime besonders angelegen war, besuchte Santiago de Compostela, wie hier in einer Abschrift seines Werkes „Electorium Parvulum“ dargestellt wird. Cod. St. Peter 92, fol. 1 v, Anfang 14. Jahrhundert. Badische Landesbibliothek, Karlsruhe

FR
FRA
CISCV

SPQR

Fahrt über den Bodensee von Meersburg aus in Konstanz an. Von dort folgte er mit Varianten der *Oberstraße* des Hermann Künig. Die fast buchhalterischen Notizen seiner Ausgaben unterwegs zeigen, dass der kaufmännische Geist ihm schon in Fleisch und Blut übergegangen war, obwohl er auch Reliquien und Heiltümer verzeichnet. Die Summe für einen Esel, den Örtel statt seines Pferdes für die Strecke von León nach Santiago benutzte, verweist auf den Zustand der Wege in dieser bergigen Landschaft: Ein Pferd war hier wohl nicht das geeignete Reittier. Interessant sind seine Zeitangaben: Er legte den Hinweg als Reiter – wenn auch mit einigen Umwegen – in gut zwei Monaten zurück. Zu Compostela heißt es lapidar: ... *verzerten wir 2 Ducaten. Und ich lis für 1 Ducaten meß lessen vnd gab eim armen Teuschen Weber 1 Ducaten, daß er aus der gefengnus kam.* Weitere Almosen werden erwähnt sowie das Spital der Katholischen Könige als besonders sehenswert hervorgehoben. Nach seiner Compostelareise heiratete Örtel am 11. Februar 1522 die Tochter des Hans von Ploben und der Barbara Hallerin, Anna von Ploben. Örtel unternahm die Fahrt nicht als „Hochzeitsreise“, sondern unmittelbar davor: Waren es religiöse Motivationen, die Suche nach „Welterfahrung“ oder etwas anderes, was ihn diese Reise so unmittelbar vor seiner Hochzeit antreten ließ? Wir bleiben bei reinen Vermutungen stehen, auffällig bleibt dieser Zeitpunkt jedoch.

Örtel nennt nicht nur die Wegstrecken, sondern auch die Etappen in Süddeutschland. Ein wenige Jahrzehnte früher reisender Pilger aus Halle, Hans von Waltheym, informierte sogar in seiner Schrift über die einschlägigen Gasthäuser und Wirte auf dem Weg von Nürnberg über Ulm nach Konstanz. Woher wüssten wir sonst, dass der Wirt in Biberach um 1480 Aberlyn Beckkelyn hieß und sein Wirtshaus sich bei der Kirche befand? Und in Ravensburg ruhte man um diese Zeit bei Mich Lücz zur Sonnen.

Trotz vieler anderer Interessen und Anliegen besuchten die Adeligen Compostela manchmal nur kurz. Die Kommentare zum Ort fallen recht unterschiedlich aus, Münzer bemängelte zum Beispiel, dass er am Heiligtum den Leichnam des Apostels nicht zu sehen bekam. *Nur durch den Glauben nehmen wir es an,* bemerkt er lakonisch. Zweifelte er an der Präsenz der Apostelreliquien? Die Berichte zeigen somit insgesamt, wie bei solchen Reisen je nach Auftrag die Routen variierten, wie unterschiedlich Wahrnehmung und Darstellung sein konnten. Vielleicht gab es kaum einen Pilger, der nur pilgerte. Das einheitliche Bild von Pilgerführern und normativen Texten differenziert sich jedenfalls merklich, wenn wir diese Berichte mit einbeziehen.

Vor allem Höhergestellte hinterließen Berichte, auch zur Pflege der eigenen Memoria. Adelige sind aber als Pilger nicht nur dann besonders gut belegt, wenn sie einen Bericht hinterließen. Von den vielen Einzelpilgern, die an der Wende vom 15. zum 16. Jahrhundert aus allen Schichten nachweisbar sind, ist noch eine Gruppe kurz hervorzuheben. Die Thronfolge der Habsburger in Spanien zog es nach sich, dass zahlreiche Adelige nach Spanien und auch nach Compostela kamen. So weilte Wolfgang von Fürstenberg († 1509) 1506 in Compostela; er schiffte sich als Begleiter Philipps des Schönen im Januar 1506 in Vlissingen ein. Nach einem Sturm, bei dem einige Reisende wohl eine Dankpilgerfahrt nach Santiago gelobten, kam das Schiff schließlich in La Coruña an. Von dort ging es auf dem Landweg weiter nach Santiago.

Auch Georg III. von Waldburg, vor allem aus dem Bauernkrieg als „Bauernjörg“ bekannt, war Jakobspilger. Schon Ende Januar 1517 begleitete er Herzog Wilhelm von Bayern in die Niederlande zu Kaiser Maximilian I. Dort bestieg auch er ein Schiff und fuhr nach Compostela. Ganz ähnlich wie andere Adelige und Herrscher hatte auch Georg vorgesorgt, denn adelige Abwesenheit barg viele Gefahren und Risiken. Seine Familie, sein Land und seine Leute hatte er dem Schutz der benachbarten Reichsstädte Biberach, Leutkirch und Memmingen emp-

Oben links: Isabella von Portugal († 1496) besuchte Compostela. Gemälde von Tizian (1488/90-1576). Museo del Prado, Madrid

Oben rechts: Georg Truchseß von Waldburg, der „Bauernjörg“ aus dem Bauernkrieg weilte 1517 in Compostela. Kolorierte Handschrift. Kunstsammlungen der Fürsten zu Waldburg-Wolfegg, Schloss Wolfegg

Links: Herzog Philipp der Schöne von Burgund († 1506) machte im Jahr 1506 seine Thronrechte in Spanien geltend. Nach einer Schiffsreise von den Niederlanden nach La Coruña besuchte er zunächst Compostela. Museo del Prado, Madrid

fohlen, und als seinen herrschaftlichen Vertreter hatte er seinen Vetter Wilhelm den Älteren von Waldburg bestimmt. Im Juli 1517, also etwa ein halbes Jahr später, kehrte Georg wohlbehalten aus Santiago nach Oberschwaben zurück. Vielleicht war der „Bauernjörg" an der Durchsetzung der Ansprüche Karls V. auf die Thronfolge in Spanien beteiligt. Jedenfalls fällt die Compostelafahrt des „Bauernjörg" in die schwierige Übergangszeit, als die Habsburger um ihre Rechte in Spanien kämpften und zugleich das Verhältnis der spanischen und österreichischen Linie des Hauses Habsburg austarierten. In eine etwas spätere Zeit gehört der Nürnberger Stephan Praun, der in habsburgischen Diensten in Spanien weilte und dessen prächtiges Pilgergewand noch heute im Germanischen Nationalmuseum zu bestaunen ist.

Zieht man nur diese wenigen Berichte und Notizen aus dem 15./16. Jahrhundert heran, so werden bereits einige Merkmale deutlich. Pilgern verband sich bei Adeligen, Patriziern und Kaufleuten meist mit anderen, politischen oder diplomatischen Aufgaben. Manche Ritter wie Georg von Ehingen wollten noch gegen die Sarazenen kämpfen, andere wollten Höfe besuchen, sich von den Fahrten des Kolumbus oder des Bartolomeu Diaz erzählen lassen, und wieder andere hatten politische, kirchenpolitische oder wirtschaftliche Aufträge. Und dennoch gehörte bei fast allen Reisenden ein Besuch in Santiago einfach dazu. Die Vielfalt der Motive bedeutete offensichtlich nicht, dass die genannten Adeligen mit ihren verschiedenen Aufgaben grundsätzlich weniger fromm waren. Weiterhin lagen für sie die Wegstrecken der vielfältigen Anliegen wegen nicht so fest wie für andere Pilger.

Gegenüber einer eher europäischen Welt des Adels und der Patrizier erscheinen Pilgerführer und Pilgerlied ängstlicher und „nationaler". Sie berücksichtigen die Schwierigkeiten in der Fremde, die fehlenden Sprachkenntnisse der meisten Pilger. So schreibt Künig, man könne von Tours durch das *Westerich* nach Lothringen und so schneller *in deutsche Lande* kommen, wo man sich mit den Leuten unterhalten könne (Vers 587-590). Die Fremde erscheint sprachlich weitgehend verschlossen, die Holperverse Künigs können nur mit praktischen Hinweisen auf Quartier und anderes helfen.

Deutsch und *welsch* sind im Pilgerlied *Wer daz elent bawen wel* wichtige Ordnungskriterien, die gleichzeitig Grenzen schaffen, deutsche Pilger von einer fremden Umgebung abheben. Der Ausdruck *welsch* subsumiert alles, was nicht deutsch ist. *Kumt er in die welschen Land, er findt kein teutschen priester,* dem der Pilger seine Sünden beichten könne. Stirbt ein Pilger gar in welschem Land (Strophe 4), dann wird er bei der Straße begraben. Sogar die natürlichen Hindernisse werden auf diesen Begriff bezogen, denn es *ligen fünf berg im welschen lant,* die überquert werden müssten und in mehreren Strophen einzeln behandelt werden. Der letzte dieser Berge warte mit so vielen Gefahren auf, dass dort viele tote Pilger aus deutschem Lande zu finden seien. Grenzen wurden mithin durch Berge und empfangs- und weniger empfangsbereite Völker definiert, jedoch wurde dabei fast alles auf deutsch und welsch bezogen. Wuchs also Europa auf den Pilgerwegen zusammen, oder funktionierte der Austausch trotz der vielen Vorurteile? Abschließende Wertungen sind schwierig – die Vielfalt der Erscheinungen und Belege sollte jedoch andeuten, wie zahlreich Entwicklungslinien und -möglichkeiten angelegt waren.

Gegenüber: Aus dem Besitz der Nürnberger Familie Praun ist noch heute eine Pilgerausstattung des 16. Jahrhunderts erhalten. Stefan III. Praun war zur Zeit der Habsburgerherrschaft am spanischen Hof tätig und stattete auch Santiago de Compostela seine Reverenz ab. Die Pergamentmalerei berichtet von seinem Besuch 1571 in der Apostelstadt und zeigt Praun mit Pilgerstab, Rosenkranz, Umhang und Hut, mit zahlreichen Muscheln und teilweise gekreuzten Pilgerstäben dekoriert. Stadtarchiv, Nürnberg

Anno 1571. Ist er solcher gestallt, nach Sanct Jacob zu Compostell In Gallitia, mit Jann Baptista Brockh zoger.

Europäische Pilger
kehren heim
Spurensuche von der Ostsee
bis zum Mittelmeer

Die Jakobspilger und Europas Kultur

Wenn Reisende oder Pilger nach Hause zurückkehrten, machten sie dann den Apostel auch in ihrer Heimat bekannt? Zeitigten die Pilgerfahrten Folgen für die Verbreitung des Kultes? Auf den ersten Blick mag es so aussehen. So pilgerte beispielsweise der Trierer Bürger und Leineweber Wilhelm, genannt Winter, mehrmals nach Santiago de Compostela. Er stiftete in Trier eine Bruderschaft zu Ehren des Apostels, die im Minoritenkloster angesiedelt war. Eine 1465 von dem Kardinal Theoderich in Compostela ausgestellte Urkunde enthielt unter anderem die Passage, die allen, die diese Bruderschaft unterstützten, einen Ablass versprach. Weitere Jakobusbruderschaften lassen solche Bezüge weniger deutlich erkennen; künstlerische Werke sind ebenso nur vereinzelt auf Anregungen oder Stiftungen durch ehemalige Jakobspilger zu beziehen. Der bekannte, 1520 geschaffene Hochaltar in Winnenden, auf dem die Stifter Heinrich und Reinhardt von Neuneck dargestellt sein könnten, die vom Apostel Jakobus gekrönt werden, geht vielleicht auf Pilgererfahrungen dieser beiden Personen zurück. Auch Grabmäler deuten dies zuweilen mit dem Emblem der Muschel an. Bei der Vergabe von Kirchen-, Kapellen-, Altar- und weiteren Patrozinien bleibt besonders unklar, ob sich diese Widmungen dem spanischen Jakobuskult zuordnen lassen. Schließlich fällt auf, dass manche wichtige politische Akte vielleicht bewusst auf den Jakobstag gelegt wurden, so 1177 der Friedensschluss von Venedig oder 1215 das Kreuzzugsversprechen Friedrichs II. Wie auch immer Zuordnungen und Bezüge aussehen, so bleibt die Fülle der Spuren beeindruckend. Sie verweist zumindest allgemein auf die starke Verbreitung des Kultes.

Der Hauptaltar der Schlosskirche in Winnenden, der 1520 fertiggestellt wurde, zeigt im Mittelteil einen Jakobus, der offensichtlich zwei Pilger krönte (die Kronen fehlen heute). Möglicherweise handelt es sich um die beiden Stifterfiguren des Altares.

Gegenüber links: Das Relief in einer Pilgerherberge in San Juan de Ortega zeigt Christus mit muschelbesetzter Tasche und somit als Pilger, der nach seiner Auferstehung beim Gang nach Emmaus zwei seiner Jünger begleitete, die ihn zunächst nicht erkannten. Die Vorlage befindet sich im Kreuzgang von Santo Domingo de Silos.

Die Pilgermuschel – ein Symbol erobert die Christenheit

Relativ eindeutig scheinen die schon kurz erwähnten Muschelfunde zu sein, die vor allem durch archäologische Grabungen in ganz Europa nachgewiesen werden konnten. Zuweilen wurden diese in Gräbern als Beigaben oder ans Gewand geheftet gefunden; meist sind sie am oberen Rand durchbohrt. Größere Mengen wurden in Flussbetten geborgen. Manche Archäologen datieren einige Funde sogar in das 11. Jahrhundert; die künstlerischen Darstellungen belegen allerdings erst seit dem 12. Jahrhundert, dass der Apostel Jakobus selbst oder die zu seinem Grab gepilgerten Personen mit der Muschel gekennzeichnet wurden. Die Muschel erschien an unterschiedlichen Stellen: auf dem Gewand, dem Hut, weiterhin auf der Pilgertasche oder am Pilgerstab. Frühe Darstellungen lassen oft mit Muscheln besetzte Pilgertaschen erkennen, so die „Pilgerkrönung" in der Nikolauskapelle in Freiburg, aber auch die Jakobusfiguren in Konstanz oder Mainz aus dem 13. Jahrhundert, die offensichtlich gesegnete Pilgerstäbe und -taschen für aufbrechende Pilger bereithielten, zeigen muschelbesetzte Beutel. Hier wurde ein ganzes Bündel von Taschen mit Muscheln gekennzeichnet. Personen mit Pilgermuscheln wurden zuerst an Orten abseits des „kanonischen" Weges in Spanien dargestellt: So ist im Kreuzgang des Klosters Santo Domingo in Silos Christus als Pilger mit der Muschel als Emmaus-Pilger zu sehen.

Eine Predigt des *Liber Sancti Jacobi* definiert die Muschel als Zeichen der Jakobspilger. Demnach hefteten die Pilger eine Muschel an Hut und Mantel, wenn sie von Santiago de Compostela in ihre Heimat zurückkehrten. Dabei entsprach es dem Anliegen einer Predigt, die Muschel selbst auch weiter symbolisch auszudeuten (vgl. die beiden Quellenauszüge unten und auf S. 123)

Zu den Pilgermuscheln. Aus einer Predigt des 12. Jahrhunderts

Ähnlich und nicht ohne Grund bringen die Pilger, die von Jerusalem zurückkommen, Palmzweige mit, und die von Santiago wiederkehren, Muscheln. Die Palme bedeutet Triumph, die Muschel die guten Werke. So wie nämlich die Sieger von der Schlacht zurückkehren und früher in ihren Händen Palmen als Zeichen des Triumphes zu zeigen pflegten, so bringen die von Jerusalem kommenden Pilger Palmen mit sich und zeigen damit, daß sie alle ihre Laster getötet haben. (...)

Im Meer bei Santiago gibt es Fische, die gemeinhin verae (vieiras) *genannt werden, sie haben auf beiden Seiten einen Schild, zwischen denen sich - gleichsam wie zwischen zwei Schalen – der Fisch in Form einer Auster verbirgt. Die Muschelpanzer sind wie die Finger einer Hand geformt – die Provenzalen nennen sie* nidulas, *die Franzosen* crusillas *– ; die Pilger heften sie bei der Rückkehr vom Grab des hl. Jakobus an ihre Pilgermäntel zur Ehre des Apostels sowie zu dessen Gedächtnis und bringen sie als Zeichen der langen Reise mit großer Freude nach Hause zurück. Die zwei Schilde der Muschel, durch die der Fisch beidseitig geschützt wird, bezeichnen die zwei Vorschriften der Nächstenliebe, mit denen der Träger sein Leben festigen muß; das heißt Gott über alles und den Nächsten wie sich selbst zu lieben.*
(Herbers, Der Jakobsweg, S. 79 f.)

Unten: Die früheste Darstellung Jakobus' als Pilger mit einer Muschel findet sich in der Kirche Santa Marta de Tera (Provinz Zamora). Die Arbeit wird dem beginnenden 12. Jahrhundert zugeordnet.

Zum Verkauf der Muscheln in Compostela, aus dem Pilgerführer des 12. Jahrhunderts

Hinter dem Brunnen erstreckt sich, wie wir schon erwähnt haben, das Paradies, das mit Steinen gepflastert ist; dort werden den Pilgern kleine Schalen von Meerestieren als Abzeichen des hl. Jakobus verkauft, ebenso Weinschläuche, Schuhe, hirschlederne Pilgertaschen, Beutel, Riemen, Gürtel, jede Art von Heilkräutern und andere Arzneien, sowie noch vieles andere mehr wird dort zum Verkauf angeboten. Wechsler, Wirte und weitere Händler sind an der via Francigena *zu finden.*
(Herbers, Der Jakobsweg, S. 164 f.)

Gegenüber: Die Darstellung zeigt einen sitzenden Jakobus mit den Stifterfiguren Johann und Katalina Becker. Der Altar der Pfarrkirche St. Nikolai in Kalkar charakterisiert auch die beiden Stifter im Pilgergewand, was auf deren Fahrt nach Santiago de Compostela schließen lässt. Geschaffen wurde der Altar um 1500 durch Dries van Holthuysen.

Nach diesen frühen Zeugnissen bedeutete die Muschel eher eine Erinnerung, weniger einen rechtlichen Beweis der Pilgerfahrt, jedoch verwiesen die Zeichen öffentlich auf die Pilgererfahrungen der jeweiligen Träger. Muscheln wurden beliebt, und der Verkauf in Compostela entwickelte sich zu einer begehrten Geldeinnahmequelle. Die Stände der Händler vor dem Nordportal der Kathedrale sind auf dem Freiburger Jakob-Villinger-Fenster gut zu erkennen. Die Muschel kennzeichnete bald nicht nur Jakobspilger, sondern wurde zum Pilgerzeichen schlechthin. Auch andere Heilige, zu denen man pilgerte, wie Rochus, Jodokus oder Sebald, wurden bald mit Muschel dargestellt. Dies förderte die Verbreitung dieses Symbols in ganz Europa.

Der große Erfolg führte gleichzeitig zu einer Vieldeutigkeit. Da Pilgern die Einrichtungen sozialer Fürsorge in der Regel offenstanden, wundert es nicht, dass zunehmend Bettler und Gauner sich der Pilgerkleidung und der Pilgermuschel bedienten, um diese Vorteile nutzen zu können. In Deutschland wurde der Ausdruck „Jakobs-“ oder „Muschelbrüder“ seit dem 15./16. Jahrhundert fast zu einem Synonym für Bettler oder für Gauner. Der Holzschnitt von Jost Ammann (1568) mit dem Text von Hans Sachs verdeutlicht dies gut. Weil die Muschel aber zu einem allgemeinen Symbol wurde, sind Darstellungen auf Epitaphien oder von Stifterfiguren ohne weitere schriftliche Erläuterungen selten eindeutig zu interpretieren. Die Muschel kann zwar auf Santiago de Compostela, aber ebenso allgemein auf Pilgerfahrten oder sogar auf das Dasein des Menschen als Pilger in dieser Welt verweisen.

Rechts: Der heilige Rochus als Pestpatron wurde zunehmend auch mit Pilgerstab und Pilgerattributen wie der Muschel dargestellt. Bildhauerarbeit aus dem 16. Jahrhundert.
San Agustín, Málaga

Jakobus als barfüßiger Pilger, 15. Jahrhundert. Musée du Louvre, Paris

Wenn Jakobus als Pilger und Apostel gleichzeitig charakterisiert werden soll, bietet sich die Kombination von Pilgerkleidung und Buch an. Holzskulptur, um 1520, von Hans Gieng. Musée d'art et d'histoire, Fribourg

Pilgerpatron und Maurentöter – die Ikonographie des heiligen Jakobus

Jakobus selbst wurde zunehmend mit der Muschel dargestellt, sogar wenn er als streitender Ritter und Maurentöter abgebildet wurde. Waren die Darstellungen als europäischer Pilgerpatron und spanischer Schlachtenhelfer die beiden dominierenden Interpretationen? Beide Darstellungsformen stehen nicht allein. Viel häufiger finden wir Jakobus im Reigen der Apostel, bevorzugt an den zwölf Säulen einer Kirche oder als Apostelfigur für einen Satz des Apostolischen Glaubensbekenntnisses. Manchmal wird er auch in der besonderen Gruppe von Petrus, Jakobus und Johannes, die Jesus beispielsweise auf den Berg Tabor begleiten durften, hervorgehoben. Selbst in diesen Zusammenhängen wird Jakobus nicht nur als Apostel, zum Beispiel mit einem Buch, sondern häufig als Pilger dargestellt. Sichtet man einige der unzählbaren europäischen Darstellungen, so hat sich der Typus des Pilgerpatrons seit dem 13. Jahrhundert für Jakobus den Älteren zunehmend durchgesetzt. Allerdings in Variationen, denn so wie sich die Pilgerkleidung weiterentwickelte, änderten sich auch die Erscheinungsformen des Pilgerheiligen Jakobus. Sie erreichten eine große Vielfalt und strahlten auf schon genannte weitere Pilgerheilige aus: Die auf dem Winnender Altar außen sichtbaren Nebenpatrone Jodokus und Wendelin belegen dies.

Die Darstellungen als Maurentöter setzten später ein. Zu Anfang entsprach die Figur des Jakobus auf einem Pferd eher dem Typus eines Feudalherren für Galicien, seit dem 14. Jahrhundert trat das Bild eines die Mauren bekämpfenden Reiters hinzu, nachdem sich die schon skizzierte Geschichte von der Schlacht in Clavijo (844) zunehmend verbreitet hatte. Dies trug offensichtlich dazu bei, dass die Matamoros-Darstellungen zunächst auf Spanien beschränkt blieben, denn die großen Legendare ließen meist das Wunder über die Hilfe des Apostels bei der Eroberung von Coimbra oder in Clavijo aus.

Trotzdem blieb die ikonographische Variante des Maurentöters langfristig nicht auf Spanien beschränkt. Bei den Eroberungen und Unterwerfungsaktionen in der Neuen Welt rief man Jakobus häufig als Schlachtenhelfer an. Dabei waren die besiegten Gegner keine Mauren, sondern Indios. Die zahlreichen Darstellungen des *Mataindios* sind bei weitem noch nicht vollständig gesichtet. Auch in Europa griff man das Bild des Schlachtenhelfers auf, besonders nachdem 1453 Byzanz durch Mehmed II. erobert worden war. Martin Schongauer († 1491), der selbst als Pilger in Santiago de Compostela gewesen ist, oder einer seiner Schüler schuf wohl unter dem Eindruck der Eroberung von Byzanz die Vorlage für seinen monumentalen Kupferstich *Die Schlacht von Clavijo*. Dass einige der späteren Darstellungen im Heiligen Römischen Reich eher das Bild gefallener Türken evozierten, die dem hoch zu Ross kämpfenden Jakobus zu Füßen lagen, ist sicherlich ebenso dem Kontext anhaltender Türkenbedrohungen geschuldet.

Als die Osmanen sodann 1683 große Teile des Habsburgischen Reiches erobert hatten und im gleichen Jahr vor Wien standen, wurde die Suche nach dem Schutz eines bewährten Heidenkämpfers besonders intensiv. Entsprechend finden sich die meisten barocken Darstellungen eines die Türken bekämpfenden, reitenden Jakobus im heutigen bayerisch-österreichischem Raum. Eine der einprägsamsten Gestaltungen der *Clavijo*-Szene bietet die Jakobskirche im oberpfälzischen Fuchsberg, die der Obristleutnant Graf Carl Clemens von Taufkirchen zu Fuchsberg und Engelsburg an der Empore anbringen ließ.

Es lässt sich also aus der Ikonographie kaum ein spanischer Schlachtenhelfer und ein europäischer Pilgerpatron einfach gegenüberstellen, denn beide Typen verbreiteten sich über Spanien hinaus, obwohl dem Pilgerpatron Jakobus sicherlich die größere europäische Ausstrahlung vergönnt war.

Oben: In Mitteleuropa ist das Bild des heiligen Jakobus als Maurentöter nicht häufig; man findet es hauptsächlich im Osten des Reiches (besonders zu Zeiten der Türkengefahr). Eine der seltenen Darstellungen bietet die Orgelempore der Kirche St. Pelagius in Laupertshausen (Oberschwaben), 18. Jahrhundert.

Rechts: Jakobus als Maurentöter erscheint in den Ländern der Neuen Welt zuweilen auch als Bekämpfer der verschiedensten Widrigkeiten. Die Darstellung aus Potosí in Bolivien zeigt den Apostel als Bezwinger eines Dämonen.

Oben: Oftmals wird Jakobus als Maurentöter mit weißer Fahne mit rotem Kreuz dargestellt, wie auf dem Deckenfresko in Villenbach, 18. Jahrhundert.

Links: Zuweilen sind die von Jakobus bezwungenen Gegner auch Indios, besonders bei Darstellungen in Lateinamerika. Die Kathedrale von Santa Cruz de la Sierra in Bolivien zeigt den Apostel sogar als Schlachtenhelfer gegen Chinesen.

Jakobustraditionen und Pilgeralltag in darstellender Kunst und Literatur

Weitere Aspekte der Pilger- und Apostelverehrung sind vielfältig erkennbar, nur auf einige wenige sei verwiesen. Zur Pilgerausstattung gehörten nicht nur die Muschel, sondern ebenso Hut, Stab, Umhang und Tasche. Schon recht früh scheinen vor dem Aufbruch Stab und Beutel durch einen besonderen Segen geweiht worden zu sein. Weil es sogar in liturgischen Büchern eigene Formeln für diese Segnung gab, waren diese Aufbruchsriten wohl üblich und gängig. Neben den Texten (vgl. Quellenauszug) verweisen zwei wichtige Monumente auf die Weihe von Stab und Taschen: In der Mauritiusrotunde in Konstanz hält der hl. Jakobus in seiner Hand mehrere Stäbe und mit der Muschel gekennzeichnete Taschen, die darauf deuten, dass der Heilige selbst diese Ausstattungsstücke den Pilgern verteilte. Eine ähnliche Darstellung, ebenfalls aus dem 13. Jahrhundert, ist Mainz zuzuordnen. Vielleicht wurden sogar besonders bevorzugte Aufbruchsorte mit diesen Kunstwerken gekennzeichnet.

Symbolische Erläuterungen fehlten nicht: So deutete man die Tasche, weil sie nur durch Riemen gehalten und oben offen war, als ein Zeichen für die Freigebigkeit der Pilger; der Pilgerstab galt als dritter Fuß, der auf die Dreifaltigkeit verwies, zugleich aber auch als Waffe, um sich gegen die verschiedensten geistigen und körperlichen Anfechtungen zu verteidigen.

Jakobus segnete nicht nur die Pilgerausrüstung, sondern krönte sogar einzelne oder mehrere Pilger. Wie die Szenen zur Segnung von Tasche und Stab finden sich diese Darstellungen ausschließlich im deutschsprachigen Raum. Sie könnten mit einer Tradition in der Kathedrale von Santiago de Compostela zusammenhängen, denn aus der zweiten Hälfte des 13. Jahrhunderts ist ein besonderer Ritus für die deutschen Pilger nachgewiesen. Diese erwiesen als einzige Gruppe einer Krone ihre Reverenz, die sich

Segnung von Pilgertasche und Pilgerstab, 12. Jahrhundert

Im Namen unseres Herrn Jesus Christus. Nimm diese Tasche als Zeichen deiner Pilgerschaft, damit du geläutert und befreit zum Grab des hl. Jakobus gelangen mögest, zu dem du aufbrechen willst, und kehre nach Vollendung deines Weges unversehrt mit Freude zu uns durch die Hilfe Gottes zurück, der lebt und herrscht von Ewigkeit zu Ewigkeit. Amen.

Ebenso sagen wir, wenn wir ihm den Stab geben:
Nimm diesen Stab zur Unterstützung deiner Reise und deiner Mühen für deinen Pilgerweg, damit du alle Feindesscharen besiegen kannst, sicher zum Grab des hl. Jakobus gelangest und nach Vollendung deiner Fahrt zu uns mit Freude zurückkehrest. Dies gewähre Gott, der lebt und herrscht von Ewigkeit zu Ewigkeit. Amen.
(Herbers, Der Jakobsweg, S. 76-78)

Gegenüber: Nach den entsprechenden Vorbereitungen entsendet ein Bischof den mit Hut, Umhang, Tasche und Stab ausgestatteten Pilger auf seinen Weg. Manuskript, Ende 13. Jahrhundert. Stadtbibliothek, Besançon

Rechts: Jakobus mit Pilgerstäben und -taschen im Konstanzer Münster, Mauritiusrotunde, um 1260.

Links: Nur in Deutschland gibt es Darstellungen des Apostels, wie er Pilgerstäbe und -taschen segnet. Der Lettner der Augustiner-Eremitenkirche in Mainz (1260-1280) zeigt den Apostel mit mehreren Pilgerstäben und Taschen, die nach dem Segen wohl ausgeteilt werden sollen. Diözesan- und Dommuseum, Mainz

Nur im deutschen Sprachraum finden sich Darstellungen der sogenannten Pilgerkrönung durch den Apostel Jakobus, von denen einer der älteren Belege aus der Stiftskirche in Villingen stammt. Ende 13. Jahrhundert.

im Kathedralschatz befand. Verbunden war diese Verehrung mit einer Opfergabe für die Erhaltung der Kirche *(fabrica)*. Über diese Zeremonie am Zielort gibt es gegensätzliche und teilweise verwirrende Berichte, so dass manche Pilgernotizen des ausgehenden Mittelalters nicht klar erkennen lassen, wie dieser Brauch in der jeweils fraglichen Zeit praktiziert wurde. Der Ritus wurde wohl im 15. Jahrhundert kaum noch verstanden und entsprechend ins Lächerliche gezogen. Nur so ist es zu verstehen, dass der rheinische Ritter und Pilger Arnold von Harff, als er im Jahr 1498 in Compostela weilte, dazu bemerkte, die Pilger stiegen hinter dem Altar auf, krönten sich mit einer Silberkrone, dabei machten sich aber die Bürger Compostelas über die Deutschen lustig. Der Bericht des Erich Lassota von Steblau (1581) erweckt hingegen den Eindruck, dass die Pilger die *große und goldene* Krone, die über der Jakobusstatue hing, der Apostelfigur aufsetzten. Weitere ikonographische und literarische Zeugnisse belegen jedenfalls eine in Compostela praktizierte rituelle Handlung der Deutschen. Die Krönung der deutschen Pilger scheint erst im 17. Jahrhundert durch die allgemein neue Mode der *apreta* (Umarmung der Apostelstatue) ersetzt worden zu sein.

In Deutschland wurde die Krönung häufig künstlerisch gestaltet, mehr als dreißig Darstellungen wurden in den letzten Jahren gesichtet. Manche dieser Kunstwerke, so in Freiburg, sind erst vor einigen Jahren als „Pilgerkrönungen" erkannt worden. Da die Statuten in Compostela zwar den Vollzug beschreiben, aber kaum eine Begründung für die Einführung des Ritus bereithalten, ist auch der Ursprung der Krönungszeremonie noch immer ungeklärt, und mehrere Interpretationen werden zur Deutung angeboten. So wurde auf die Compostela-Reise des 1178 in Gelnhausen abgesetzten Heinrichs des Löwen im Jahr 1182, auf die besonders in Deutschland heftig geführten Auseinandersetzungen des Investiturstreits, schließlich auf die Deutung verwiesen, die Pilger würden mit einer Krone des ewi-

Das Villinger-Fenster aus dem Freiburger Münster (1524) verweist vielleicht auf die Pilgerreise des Jakob Villinger. Das Bild lässt nicht nur eine Pilgerkrönung erkennen, sondern zeigt im Hintergrund ebenso den Nordeingang der noch nicht barockisierten Kathedrale in Compostela und im Vordergrund die Muschelverkäufer. Corpus Vitrearum, Freiburg

Oben: Pilger werden im hohen Mittelalter wiederholt typisierend neben andere Personengruppen gestellt. Dies deutet darauf hin, welchen konstitutiven Platz man der Pilgerschaft einräumte. Die Holzkassettendecke, 13. Jahrhundert, der Kathedrale von Teruel zeigt zwischen anderen Personen drei Pilger.

Gegenüber: Der sitzende Jakobus krönt zwei Pilger, Holzskulptur, 16. Jahrhundert. Unterlinden-Museum, Colmar

Die Werktagsseite des Flügelaltars der St. Jakobuskirche in Göttingen von 1402 bietet Szenen zum Leben des heiligen Jakobus. Die Folge beginnt mit der Bitte der Mutter für ihre beiden Söhne Jakobus und Johannes, es folgen Predigttätigkeit und Anfechtungen bei der Mission, in der unteren Reihe die Verhandlung vor Herodes Agrippa und die Enthauptung, bis schließlich unten rechts die letzten beiden Bilder die Translation und die Überführung des Leichnams zur Grabesstätte unter der Beobachtung der Königin Lupa darstellen.

gen Lebens ausgezeichnet. Weil auch in der *Historia Turpini* der Apostel Jakobus Karl dem Großen die himmlische Krone für seine Mühen versprach, könnte hier ein Anknüpfungspunkt vorliegen.

Den Typus des krönenden Apostels verbanden manche Künstler mit weiteren Themen der Jakobslegende. Für die Krönungsdarstellungen gab es keine direkten schriftlichen Vorlagen, dagegen jedoch zu Leben und Wundertätigkeit des hl. Jakobus. Die künstlerischen Gestaltungen des späten Mittelalters lassen zuweilen erkennen, wie Text und Bild ineinandergreifen konnten. Die hagiographischen Schriften zu Leben, *Passio, Translatio* (Überführung) und Wundern des hl. Jakobus wurden ab dem 12. Jahrhundert zunehmend verbreitet und regten schon wenig später zur künstlerischen Umsetzung und Ausgestaltung an. Eine gewisse „Kanonisierung" gewannen diejenigen Passagen von *Vita, Translatio* und Wundern, die der bekannte Jakobus von Voragine (Varazze) in der Mitte des 13. Jahrhunderts in seine *Legenda Aurea* (Goldene Legende) aufnahm. Bei fast allen künstlerischen Zyklen zur Darstellung von Heiligen versuchte die Kunstgeschichte schon seit langem diese auf das Textcorpus der *Legenda Aurea* zu beziehen, weil dieses Sammelwerk mit den wichtigsten Heiligendossiers in mehr als 1000 Handschriften überliefert ist. Gegenüber früheren hagiographischen Schriften galt die Auswahl und die Kommentierung dieser *Legenda Aurea* sogar als besonders kritisch, denn die Dominikaner trugen auch durch ihre Verwendung im Universitätsbetrieb zur Scheidung von verlässlichen und weniger verlässlichen Nachrichten und zugleich zur Verbreitung der Sammlung bei.

Oft, aber nicht immer, lassen sich die großen Zyklen zu Leben und Wirken des hl. Jakobus auf die *Legenda Aurea* beziehen. In Deutschland bieten die Altäre von Rothenburg ob der Tauber, Winnenden und Göttingen aufschlussreiche Beispiele. In Winnenden (von etwa 1520) und Rothenburg (1466) thematisieren die Altarbilder oder Schnitzwerke die Themen der Missionierung, der Bekehrung des Hermogenes, der Enthauptung und der Translation, weiterhin in mehreren Tafeln das noch vorzustellende Hühnerwunder. Der zeitlich frühere Flügelaltar der Jacobikirche in Göttingen (1402) weicht hiervon ab. Das Göttinger Altarbild zeigt auf den Außenseiten, also für den alltäglichen Anblick bestimmt, acht Szenen aus dem Leben des hl. Jakobus. Auf dem ersten Bild der Sequenz bittet die Mutter der Zebedäussöhne Jesus auf Knien, er möge ihren Söhnen, Jakobus und Johannes, einen Platz zur Rechten und Linken im Himmelreich einräumen (Mt 20,20-28). Danach predigt Jakobus (vielleicht im Heiligen Land, vielleicht aber auch in Spanien) den christlichen Glauben. Zwei Bilder zeigen den Zauberer Hermogenes, dem Dämonen dienen und die den Apostel verfolgen. Jakobus bekehrt aber schließlich Hermogenes.

Die vier unteren Bilder stellen die Hinrichtung des hl. Jakobus dar (Apg 12,1-2, 5 und 6), weiterhin die wunderbare Translation per Schiff nach Galicien und schließlich die Geschichte von der Königin Lupa, die mit List versuchte – so mit ihrer Empfehlung wilder Stiere als Zugtiere – eine Beisetzung des Apostels in Galicien zu verhindern, aber gegen den offensichtlich stärkeren göttlichen Willen nichts ausrichten konnte.

In Rothenburg findet sich gegenüber dieser Göttinger Auswahl ausgiebig Raum für die Darstellung des sogenannten Hühnerwunders. *Vita* samt *Passio, Translatio* und vielleicht auch noch ein herausragendes Wunder des Apostels bestimmten mithin die Bildzusammenstellungen der größeren Altarwerke des 15. Jahrhunderts in Deutschland.

Wie aber ist das „Hühnerwunder", das sowohl in Rothenburg wie in Winnenden abgebildet ist, einzuordnen? Die auch als „Galgenwunder" bekannte Geschichte dürfte von allen Mirakelerzählungen wohl besonders stark verbreitet worden sein. Sie war im 12./13. Jahrhundert noch nicht in der Form aufgezeichnet, wie es in den meisten Bildfolgen heu-

te zu sehen ist. Verschiedene Varianten bezeugen, wie sehr Wundererzählungen sich im auch mündlich weitergegebenen Erzählgut veränderten; sie wurden so den jeweiligen (Zeit-)Umständen und Bedürfnissen angepasst. Eine der frühesten Fassungen des Wunders lokalisiert die Ereignisse in Toulouse (vgl. Quellenauszug S. 140).

Demnach wollte um 1090 ein Vater mit seinem Sohn nach Santiago de Compostela pilgern. In einer Herberge in Toulouse machte ein Wirt sie trunken, versteckte einen Becher in ihrem Pilgergepäck und bezichtigte sie am nächsten Morgen des Diebstahls. Einer der beiden, Vater oder Sohn, wurde zum Tod am Galgen bestimmt; der Vater wollte für den Sohn, der Sohn für den Vater sterben. Nachdem schließlich der Jüngling gehängt worden war, zog der Vater nach Santiago de Compostela und betete zum Heiligen. Auf dem Rückweg fand er seinen Sohn zwar immer noch am Galgen, der Sohn lebte jedoch und berichtete dem Vater, der hl. Jakobus habe ihn vor dem Tod bewahrt. Als die Bewohner der Stadt dies erfuhren, nahmen sie den Sohn vom Galgen und henkten stattdessen den betrügerischen Wirt.

Das Mirakel fasst Betrug, Wirtshauselend, Mühen und Gefahren der Pilgerfahrt zum hl. Jakobus in einer Schlüsselepisode zusammen. Von den veränderten und ausgestalteten Fassungen ist die am bekanntesten, deren Handlung in der kastilischen Ortschaft Santo Domingo de la Calzada spielt. Aus beiden Pilgern wurde nun zuweilen eine Familie, die dort in einem Wirtshaus einkehrte. Als der Sohn die Liebe der Wirtstochter nicht erwiderte – so berichtet eine Version – versteckte diese einen wertvollen Becher in dessen Gepäck. Es folgte die Verurteilung des Jünglings zum Tod am Galgen. Vater und Mutter pilgerten weiter; in Santiago de Compostela verhieß ihnen der Apostel Jakobus jedoch, dass ihr Sohn lebe. Der Richter, den die Eltern bei der Rückkehr auf den noch lebenden Jüngling am Galgen hinwiesen, briet gerade zwei Hühner und spottete, der Gehenkte lebe ebenso wenig wie seine gerade bratenden Köstlichkeiten. Da flatterten plötzlich beide Hühner davon und überführten damit den ungerechten Richter. Die seit dem 14. Jahrhundert auch weitgehend schriftlich belegten zusätzlichen Elemente und Varianten waren geeignet, auch dramatisierte Fas-

Gegenüber: In der Schlosskirche Winnenden zeigt der Jakobusaltar aus dem Umkreis des Jörg Töber aus Hagenau (1520) in der Mitte, wie der Apostel zwei Pilger (oder die Stifter?) krönt. Die aufgeklappten Seiten des Altars thematisieren in den oberen vier Abbildungen Szenen zu Mission, Predigt, Enthauptung und Translation, in den unteren vier Bildern das sogenannte Hühnerwunder.

Rechts: Der süddeutsche Einblattdruck (um 1460) zeigt hauptsächlich Szenen des Hühnerwunders und verdeutlicht, dass bildliche und schriftliche Fassungen nicht in allem völlig übereinstimmen mussten.

Gegenüber: Die Tafelmalerei hat das Hühnerwunder bis in die frühe Neuzeit immer wieder thematisiert. Die Unterschrift dieses Bildes verweist auf den unschuldig gehängten Pilger, von dem man sogar wissen will, dass er 32 Tage am Galgen hing, weiterhin die Bitte der beiden Pilger bei St. Jakob sowie die wegfliegenden Hühner. Tafelbild, frühes 18. Jahrhundert. Jakobskapelle auf der Bösegg, Willisau-Land, Schweiz

Von dem gehängten Pilger, den der selige Apostel nach dreißig Tagen am Galgen vom Tode erlöste. Wunder des hl. Jakobus, aufgezeichnet von Papst Calixtus

Es ist zu berichten, daß im Jahre 1090 nach Christi Geburt einige Deutsche im Pilgergewand zum Grabe des seligen Jacobus unterwegs waren. Sie kamen mit großen Reichtümern bis zur Stadt Toulouse und fanden dort bei einem reichen Manne Unterkunft. Dieser aber heuchelte hinterlistig, wie ein Wolf im Schafspelz, große Harmlosigkeit, nahm sie geziemend auf, machte sie dann jedoch, scheinbar als Zeichen der Gastfreundschaft, mit verschiedenen Getränken in betrügerischer Absicht betrunken. Welch blinde Habgier, welch nichtswürdige Neigung des Menschen zum Bösen! Schließlich waren die Pilger von Schlaf und Rausch völlig übermannt. Der falsche Gastgeber aber, von Habgier angestachelt, steckte heimlich einen silbernen Becher in das Gepäck der Schlafenden. Er wollte sie damit als des Diebstahls schuldig überführen und dann ihr Geld einheimsen. Nach dem ersten Hahnenschrei verfolgte der ungetreue Gastgeber mit einer Handvoll bewaffneter Männer die Pilger, mit dem Ruf: „Gebt mir meine gestohlene Habe wieder!" Darauf erhielt er von ihnen als Antwort: „Wenn du das Gestohlene bei einem findest, soll er nach deinem Gutdünken verurteilt werden."

Es fand also eine Durchsuchung statt, und bei zweien, Vater und Sohn, fand er in ihrem Gepäck den Becher. Widerrechtlich beschlagnahmte er ihre Habe und schleppte sie vor das öffentliche Gericht. Der Richter aber war von Mitleid gerührt und verurteilte einen zur Todesstrafe, der andere sollte frei sein. O ergreifende Vater- und Kindesliebe! Der Vater wollte, daß sein Sohn freigesprochen werde und daß man ihm das Todesurteil zuspreche. Der Sohn dagegen sagte: „Es ist unbillig, daß der Vater an Stelle des Sohnes dem Tode ausgeliefert wird. Vielmehr muß der Sohn für den Vater die verhängte Strafe erleiden." Ein bewundernswertes Beispiel gegenseitiger Hingabe! Schließlich wurde der Sohn nach seinem Wunsch, zur Befreiung des geliebten Vaters, erhängt. Der Vater aber setzte weinend und trauernd seinen Weg zum hl. Jacobus fort.

Nachdem er den ehrwürdigen Altar des Apostels besucht hatte, kehrte der Vater nach 36 Tagen zurück und machte einen Umweg zu dem noch immer am Galgen hängenden Leichnam seines Sohnes. Er rief unter Tränen und Seufzern und mitleiderregendem Stöhnen: „Weh mir, mein Sohn, wozu habe ich dich gezeugt, warum dich aufgezogen, den ich jetzt dort hängen sehe?" Aber wie großartig sind deine Werke, o Herr! Der Gehängte tröstete seinen Vater und sprach: „Trauere nicht, herzgeliebter Vater, über meine Qual, die keine ist, sondern freue dich lieber, denn es geht mir jetzt besser als bisher in meinem vergangenen Leben. Der selige Jacobus hat mich mit seinen Händen gestützt und wärmt mich voller Milde." Auf diese Worte hin eilte der Vater in die Stadt und rief das Volk auf, dieses Gotteswunder zu schauen. Sie kamen herbei, sahen, daß der Gehängte nach so langer Zeit noch lebte und erkannten jetzt, daß er wegen der unersättlichen Gier des Wirtes angeklagt worden war, durch Gottes Erbarmen aber gerettet. Dieses ist vom Herrn geschehen und ist ein Wunder in unseren Augen. Sie nahmen ihn also unter großem Jubel vom Galgen ab. Den Wirt aber verurteilten sie verdientermaßen zum Tode und hängten ihn auf der Stelle auf.

Demzufolge sollen alle, die als Christen gelten wollen, mit großer Sorgfalt darauf bedacht sein, niemals ihren Gästen oder überhaupt ihren Nächsten gegenüber einen solchen Betrug zu begehen. Sie sollen vielmehr den Pilgern Mitgefühl und freundliche Zuneigung erweisen, auf daß sie den Lohn der ewigen Glorie von dem empfangen, der als Gott lebt und regiert in alle Ewigkeit. Amen.

(Herbers/Klein, Libellus, S. 79-80)

Der einte unschuldige Pilger wird gehängt, lebt aber 32 Tage am
Galgen, frisch und gesund, ohne menschliche Speis und Trank
Die zwei übrigen Pilger verrichten ihre Andacht bei
St. Jakob. Die gebratene Hüner des Richters fliegen davon.

Eine freilich etwas jüngere Version der Jakobuslegende besagt, dass der Apostel bei seiner Missionsreise auf der Iberischen Halbinsel die Jungfrau Maria in Zaragoza am Ufer des Ebro getroffen habe. Das Bild zeigt hier den frommen Pilger Albani vor der Mutter Gottes auf der Säule (del Pilar), Druck, 1743, F. C., Ms. S. 1. Archivio del Centro Italiano di Studi Compostellani, Perugia

sungen von dem Elend und der Rettung des gehenkten Pilgers zu entwerfen. Das frühe Barocktheater hat einige Bühnenstücke – besonders an jesuitischen Ausbildungsorten – aufgeführt.

Die Entwicklung vom Galgen- zum Hühnermirakel zeigt, wie offen mittelalterliche Erzähltexte zuweilen sein konnten, denn neben den überlieferten schriftlichen Fassungen können wir uns die zahlreichen mündlichen Versionen nur vorstellen. Auch deshalb lassen sich manche bildliche Darstellungen nicht eindeutig einer der überlieferten schriftlichen Fassungen zuordnen. So ist ein Eindruckblatt von etwa 1460 aus Oberdeutschland zum Hühnerwunder keiner bekannten schriftlich fixierten Überlieferung eindeutig verpflichtet.

Entsprechend boten auch die schon genannten Altarbilder Variationen. Deshalb sind frühe Fresken oder andere Bilder nicht immer einzuordnen, dies gilt für Urschalling im Chiemgau (Ende des 14. Jahrhunderts?), ebenso für die fragmentarischen Fresken aus Geisling bei Regensburg aus dem beginnenden 15. Jahrhundert.

Im spanischen Santo Domingo de la Calzada hält man jedoch bis heute zur Erinnerung an das Wunder in einem Käfig Hühner. Dies erstaunte schon mittelalterliche Pilger wie den bereits erwähnten Hermann Künig von Vach, der seine Leser daran erinnerte, die Hühner hinter dem dortigen Altar nicht zu vergessen. Die zahlreichen Umsetzungen in Bild und Wort können hier nicht weiter verfolgt werden; der Stoff eignete sich jedoch hervorragend für didaktische Zwecke und zu Moralisierungen. Dabei verbanden manche Zeugnisse Text und Bild, wie im ausgehenden 16. Jahrhundert in Peiting, wo in der Wallfahrtskirche „Maria unter der Egg“ die Erzählung genutzt wurde, um den moralischen Zeigefinger zu erheben. In Tafers bei Freiburg im Uechtland wurde 1769 eine Friedhofskapelle mit Szenen des Hühnerwunders geschmückt, denn das Thema des zum Leben erweckten Jünglings eignete sich auch, um die „Auferstehung der Toten“ zu erläutern.

Die genannten Altarbilder von Göttingen, Rothenburg und Winnenden kombinierten das Hühnermirakel mit Vita und Translatio des Apostels und boten so eine bildliche „Rundumversorgung“. Angesprochen war zugleich der Pilgeralltag, denn das Wirtshauselend, der Betrug, aber auch die verlässliche Hilfe des Apostels waren hier ins Bild gesetzt, und die Betrachter und Pilger wussten, dass Widrigkeiten dieser und anderer Art mit einem mächtigen Patron wie Jakobus zu meistern waren. Auf dem Altarbild von Winnenden erscheint in der Mitte Jakobus außerdem als *coronator* der Pilger: er gewährt den Lohn für alle durchgestandenen Mühen. Deshalb ist es vielleicht nicht ganz zufällig, dass Druckgraphiken wie der Titelholzschnitt bei Pamphilius Gengenbach neben den gekrönten Pilgern

Aus tiefschwarzer Pechkohle (Gagat) wurden seit dem hohen Mittelalter in Santiago de Compostela auch Andachtszeichen hergestellt. Neben kleinen Pilgerfiguren sind aus diesem sogenannten Azabachestein auch kleine Muscheln erhalten.

auch den Galgen zeigen. Hiermit wurden die Extreme des Pilgerns verdeutlicht: Mühen und Gefahren, aber auch Lohn und Auszeichnung.

Neben den skizzierten Themengruppen finden sich vor allem in Spanien noch weitere künstlerischen Umsetzungen. In Katalonien wird beispielsweise auf den Altarbildern von San Jaume de Frontanya eine weitere Mirakelerzählung thematisiert. Es war die Geschichte von einer lothringischen Pilgergruppe, die sich gegenseitig Treue schwor. Als aber einer an den Pyrenäen starb, wollten manche ihn zurücklassen. Durch die Hilfe des Apostels konnte ein Begleiter mit dem Verstorbenen in einer Nacht die zwölf Etappen bis Santiago zurücklegen. Hier wurde vor allem die Überwindung der Distanzen ins Bild gesetzt (vgl. Quellenauszug S. 144 f.).

Die Szene, wie der Apostel bei seinen Missionsbemühungen am Ebro auf die Jungfrau Maria trifft, die auf einer Säule steht (Maria del Pilar), hat sich als Darstellung vor allem in Spanien, weniger im übrigen Europa verbreitet. Hier wurden auch – stärker als im Thema des Maurentöters, das übertragbar war – Traditionen des Apostels als Prediger in Spanien interpretiert. Die Verbindung von Jakobus und Maria in Zaragoza ist 1299 erstmals belegt. An den Ufern des Ebro soll dem Apostel die Jungfrau auf einer Säule in einer Phase wenig erfolgreicher Missionstätigkeit auf der Iberischen Halbinsel begegnet sein.

Gegenüber den skizzierten künstlerischen Zeugnissen in Bild, Plastik, Glasfenstern und in anderer Form ist die Spurensuche nach weiteren Hinterlassenschaften der Pilgerbewegung meist beträchtlich mühsamer. Gewiss sind noch manche Gebäude entlang der von Pilgern genutzten Wege als solche zu identifizieren, außerdem sind in jüngerer Zeit auch Kritzeleien in Kapellen oder Hospizen als Graffiti aufmerksamer betrachtet worden: So verweisen einige Rötelzeichnungen in Markdorf (Baden) beispielsweise mit ihren Muscheln und anderen Motiven wohl auf eine Pilgertradition. Ausgrabungen haben nicht nur Muscheln, sondern zuweilen auch kleine Pilgerzeichen aus Compostela, die aus Pechkohle *(azabache)* gefertigt wurden, zutage gebracht. Ob weitere Utensilien, wie Becher und andere nützliche Dinge direkt der Pilgerbewegung zuzuordnen sind, ist meist nur aufgrund des Fundkontextes zu entscheiden.

Die Spurensuche begeisterter Jakobusfreunde macht inzwischen aber kaum noch vor etwas Halt: Sie kann Wappen mit Muscheln, Embleme, Namensformen oder auch die Bedeutung des Festes im Jahreslauf einschließen. Dabei zeigen Redensarten wie die vom wahren Jakob im Deutschen durchaus Bezüge zur Pilgerfahrt, denn im späten Mittelalter zweifelte man zuweilen daran, ob die echten Jakobusreliquien in Toulouse oder Compostela lagen.

Der Nachtritt des heiligen Jakobus wird nur selten in der Ikonographie aufgegriffen. Hier bringt der Apostel auf wunderbare Weise den toten und den treuen Pilger nach Santiago de Compostela. Liber Consortii Sancti Jacobi Apostoli de Galicia, Ms. Misti B 24, fol. 1 v. Bibliotheca Palatina, Parma

Der Nachtritt des hl. Jakobus mit einem Toten. Eine weitere Wundererzählung

Von den dreißig Lothringern und dem Toten, den der Apostel in einer Nacht vom Cisapaß bis zu seinem Kloster brachte. Ein Exemplum des hl. Jacobus, aufgezeichnet von dem frommen Magister Hubertus, Kanoniker der Kirche Maria Magdalena zu Besançon. Seine Seele ruhe in Frieden.

In diesem Wunder des hl. Jacobus Zebedaeus, Apostel von Galicien, wird als wahr erwiesen, was die Heilige Schrift bezeugt: „Es ist besser, keinen Eid zu leisten, als den gegebenen zu brechen“ (Koh 5,4). Es wird nämlich berichtet, daß dreißig Kriegsleute aus lothringischem Gebiet in frommer Ergebenheit beschlossen, im Jahre des Herrn 1080 das Grab des seligen Jacobus in Galicien zu besuchen. Da aber der menschliche Geist manchmal recht wandelbar ist, gelobten sie gegenseitige Hilfe und gaben sich die Versicherung dauerhafter Treue. Nur einer von ihnen wollte sich durch einen solchen Eid nicht binden. Schließlich brachen alle zu der geplanten Reise auf und gelangten wohlbehalten zu einer gascognischen Stadt namens Porta Clusa (Port de Cize). Dann aber wurde einer recht krank und konnte unmöglich seinen Weg weiter zu Fuß fortsetzen. Ihn brachten seine Gefährten, dem geleisteten Eid entsprechend, auf Pferderücken und zum Teil ihn tragend, mit großer Mühe in vierzehn Tagen bis zum Ciserpaß, eine Wegstrecke, für die unbehinderte Reisende fünf Tage brauchen. Schließlich wurden sie der übergroßen Last überdrüssig, ließen Eid Eid sein und gaben den Kranken auf. Der eine jedoch, der als einziger keine Treue gelobt hatte, ließ den Hinfälligen nicht im Stich, sondern bewies an ihm tätige Treue und Freundesliebe. In der daraurfolgenden Nacht erreichte er mit ihm, etwa zur Stunde der Vigilien, das Dorf Sankt Michael am Fuße des genannten Berges (St-Michel Pied-de-Port). Als es Morgen wurde, sagte der Kranke zu seinem Gefährten, er wolle versuchen, den Berg zu besteigen, wenn der Gesunde, seinen Kräften entsprechend, ihm dabei helfen wolle. Der andere sagte, er werde ihn bis zum Tode nicht im Stich lassen. Als sie so gemeinsam bis zum Gipfel des Berges hinaufgestiegen waren, erlosch das Tageslicht und die glückliche Seele des Kranken schied von dieser eitlen Welt und gelangte, ihren Verdiensten gemäß, unter Führung des seligen Jacobus, in die friedliche Ruhe des Paradieses. Als der Lebende das sah, war er tief erschrocken, einmal wegen der einsamen Gegend, dann wegen der finsteren Nacht in Gesellschaft des Toten, voll Grauen vor dem barbarischen Volk der um den Paß herum wohnenden Basken, und er war in großer Furcht.

Da er nun sich selbst nicht helfen konnte und auch bei keinem anderen Menschen Hilfe fand, richtete er sein Sinnen auf Gott und erbat flehenden Herzens den Schutz des seligen Jacobus. Der Herr aber, Quelle der Liebe, der die nicht verläßt, die auf ihn hoffen, zeigte sich dem Verzweifelten durch seinen Apostel. Es erschien nämlich der selige Jacobus dem Verängstigten in Gestalt eines Kriegers zu Pferde und sprach: „Was tust du hier, Bruder?" – „Herr, sagte jener, ich möchte so sehr meinen Gefährten bestatten, aber ich habe nichts, womit man ihn in dieser öden Gegend beerdigen könnte." Da sagte der hl. Jacobus: „Reiche mir den Toten herauf und du, reite hinter mir auf dem Pferd, bis wir an eine Begräbnisstätte gelangen." So geschah es. Der Apostel nahm den Toten vorsichtig in seine Arme und ließ den Lebenden hinter sich aufsitzen. Wunderbar ist Gottes Kraft, wunderbar die Güte Christi, wunderbar der Beistand des Jacobus. In jener Nacht legten sie die Strecke einer Zwölftagereise zurück, und noch vor Sonnenaufgang, eine Meile vor dem Kloster des Apostels, ließ Jacobus die beiden am Berg der Freude (Mons Gaudii, Monte de Gozo) vom Pferd herabgleiten. Er wies den Lebenden an, die Kanoniker der dortigen Kirche um die Bestattung dieses Jakobspilgers zu bitten. Dann fügte er hinzu: „Wenn du siehst, daß die Obsequien deines Verstorbenen würdig vollzogen sind, und du, wie üblich, noch eine Nacht im Gebete verharrt hast, wirst du bei deiner Rückkehr bei der Stadt León deine Gefährten treffen, und denen sollst du folgendes sagen: Weil ihr euren Gefährten verlassen habt und ihm untreu geworden seid, meldet der selige Apostel euch durch mich, daß eure Gebete und eure Pilgerfahrt ihm aufs äußerste mißfallen, solange ihr nicht die schuldige Buße tut. Nach diesen Worten erkannte jener nun endlich in ihm den Apostel Christi und wollte ihm zu Füßen fallen, aber der Gottesstreiter war nicht mehr zu erblicken. Der Pilger kehrte nach diesen Ereignissen zurück und fand seine Gefährten in der genannten Stadt. Ihnen erzählte er im einzelnen, was ihm seit ihrer Trennung zugestoßen war, wie viele und heftige Drohungen der Apostel wegen der Verletzung der Treuepflicht gegen einen Gefährten ausgestoßen hatte. Sie waren darüber über die Maßen erstaunt, taten sofort Buße vor dem Bischof der Stadt León und vollendeten ihre Pilgerfahrt.

Dieses ist vom Herrn geschehen und ist ein Wunder in unseren Augen. Denn dieses hat der Herr getan. Jubeln und freuen wir uns darüber! Durch dieses Wunder ist bewiesen, daß alles, was wir Gott geloben, freudig zu erfüllen ist, denn der, der ein würdiges Gelübde ablegt, erwirbt Wohlgefallen beim Herrn. Das gewähre Jesus Christus, unser Herr, der mit dem Vater und dem Heiligen Geiste lebt und regiert von Ewigkeit zu Ewigkeit. Amen.
(Herbers, Klein, Libellus, S. 75-77)

Oben links: Insbesondere im 15. Jahrhundert versuchte man Formen und Inhalt der Pilgerschaft neu zu bestimmen und Gläubige zu einer inneren Pilgerfahrt anzuhalten. Die Niederschrift des Predigtzyklus' des Geiler von Kaysersberg wurde in lateinischer wie in deutscher Sprache gedruckt. Titelbild der Ausgabe von 1513.
Universitätsbibliothek, Basel

Oben rechts: Im oberdeutschen Raum kursierte eine viel beachtete Erzählung über die treuen Jakobsbrüder von Kunz Kistener. Die Baseler Druckausgabe von 1516 zeigt im Titelholzschnitt nicht nur eine Pilgerkrönung, sondern weitere Elemente der Jakobuslegende und der Traditionen.
Universitätsbibliothek, Basel

Gegenüber unten: Ausrüstung eines frühneuzeitlichen Pilgers aus Burgund (Jean Juillet). Neben dem mit Muscheln besetzten Umhang sind es der Hut, der Rosenkranz, eine Blechbüchse für die Papiere und ein Essgeschirr, die zur wesentlichen Ausstattung gehörten. 18. Jahrhundert. Privatsammlung, Jambles

Oben: Noch im 17. und 18. Jahrhundert existierten Itinerarien von Pilgern verschiedener Bruderschaften. Das Bruderschaftsbuch von Senlis, 1690-1829, zeigt auf der linken Seite einen Pilger und rechts die Beschreibung der wichtigsten Wegstrecken samt Meilenangabe. Musée d' Art et Archéologie, Senlis

Kein Erfolg ohne Konkurrenz

Ritter- und Pilgerheilige

Die Erfolgsgeschichte des Apostels Jakobus und seines Kultes ruht auf mehreren Säulen: auf seinem Patronat an der und für die Grabesstätte Compostela, auf seiner Hilfe für die *Hispania,* auch bei Schlachten gegen die Muslime, sowie auf seiner Rolle als Patron der Pilger.

Patron Spaniens – Patron der Pilger?

Das Wirken von Jakobus in Compostela war zunächst insofern „normal“, als unzählige Orte, Klöster, Kirchen oder Bischofssitze über einen mächtigen Patron verfügten, der in vielfältiger Weise wirkte. Auch Ritter- und Reiterheilige gab es schon seit der Spätantike. Besonders im Osten sind der hl. Demetrius oder der hl. Georg als Helfer in kriegerischen Situationen belegt. Grundsätzlich konnte jeder Heilige bei Schlachten oder im Krieg helfen, denn heilig zu sein bedeutete ja, in allen Gefahren und Nöten wirkmächtig einzuschreiten.

Erst im späten Mittelalter bildeten sich besondere Funktionen und Attribute der Heiligen aus, so dass es interessant erscheint zu fragen, wie Jakobus die genannten Aufgabenbereiche an sich ziehen konnte. Dies lässt am ehesten durch einen Blick auf konkurrierende Kulte erläutern. Das Landespatronat musste Jakobus in der Neuzeit zeitweise mit Teresa von Ávila (1515-1582) teilen. Schon vor der Kanonisation der bekannten Mystikerin hatten Karmeliter-Barfüßer im Jahre 1617 an die *Cortes* (Ständeversammlung) den Antrag gestellt, Teresa möge zur Schutzpatronin Spaniens erklärt werden. Von höchster kirchlicher Stelle entschied jedoch Papst Urban VIII. am 21. Juli 1627, Teresa solle Patronin Kastiliens sein, aber das Patronat des hl. Jakobus für ganz Spanien unangetastet bleiben. Wenig später hieß es, das Patronat der hl. Teresa solle nur in den Orten und Diözesen gelten, wo Bischof, Klerus und Volk gemeinsam darum bitten würden. Trotzdem gab es heftige Diskussionen, die zeigen, wie sehr das Heiligkeitsmodell, das Jakobus verkörperte, mittelalterlich geprägt war, und wie wenig es Tendenzen der im 16. Jahrhundert in Spanien bedeutenden Mystik noch integrieren konnte. Auch deshalb waren die Abwehrschlachten hitzig, in die sich sogar der bekannte Autor und Ritter des Jakobusordens Francisco Quevedo Villega einschaltete und eine Lanze für Jakobus brach. Aber schon zuvor konkurrierte Jakobus mit weiteren Heiligen, die ähnliche Funktionen wie er übernommen hatten.

Aemilianus, Isidor und Maria

Das kriegerische Patronat war auch auf der Iberischen Halbinsel kein Monopol des hl. Jakobus; andere Heilige fungierten im 11., 12. und 13. Jahrhundert ebenso als Helfer gegen die Muslime, besonders Aemilianus, Isidor und Maria, in der Krone Aragón (also in Katalonien, Valencia und Aragón) vor allem Georg. Der mit dem kastilischen *Kloster Cogolla* verbundene Aemilianus (San Millán) wird mehrfach sogar ikonographisch wie Jakobus dargestellt. Hier in Kastilien schien er lange Zeit ähnliche Aufgaben wie Jakobus weiter westlich in León-Galicien wahrzunehmen. Das schon vorgestellte *votos*-Privileg zeigt, wie Jakobus diese Funktionen seit dem 12. Jahrhundert zunehmend auch für den kastilischen Raum eroberte. Es ist nämlich nicht auszuschließen, dass das Compostellaner Privileg auf eine ähnliche Fälschung zugunsten von San Millán de la Cogolla reagierte, die ebenfalls in der Mitte des 12. Jahrhunderts entstanden war. Frühere Urkunden zugunsten Compostelas reichten meist in ihrem Einflussbereich bis zum Fluss Pisuerga, das *votos*-Privileg war aber für die gesamte *Hispania* formuliert! Der Schlachtort Clavijo lag außerdem nur gut 30 Kilometer von San Millán entfernt, so dass man aus Compostellaner Sicht den Clavijo-Sieg mit einem weiter gefassten Anspruch auf die *votos* der gesamten *Hispania* gegen frühere Ansprüche des Klosters Millán auf Abgaben in Kastilien anführen konnte.

Wurde aber der alte westgotische Heilige Isidor († 636), ein Kirchenvater, dem Apostel Jakobus nicht gefährlich, nachdem der Leichnam 1063 nach León übertragen worden war? Von verschiedenen Reliquientranslationen aus dem muslimischen Spanien ist diejenige Isidors von Sevilla nach León besonders eindrucksvoll. Der älteste Bericht aus dem

Zwei Kirchen des heiligen Aemilianus sind in der unwegsamen kastilischen Gegend zu besichtigen. Das Kloster San Millán de Suso dürfte der ältere der beiden Bauten sein (begonnen in westgotischer Zeit, Erweiterungen bis ins 12. Jahrhundert).

Aemilianus (San Millán) war ein wichtiger Heiliger, der ähnlich wie Jakobus auch Einnahmen für Kastilien sicherstellte (Votos). Seine Bedeutung wurde in dieser Hinsicht erst im 12. Jahrhundert durch den heiligen Jakobus in den Schatten gestellt. Begraben ist der Heilige in der Kirche San Millán de Suso.

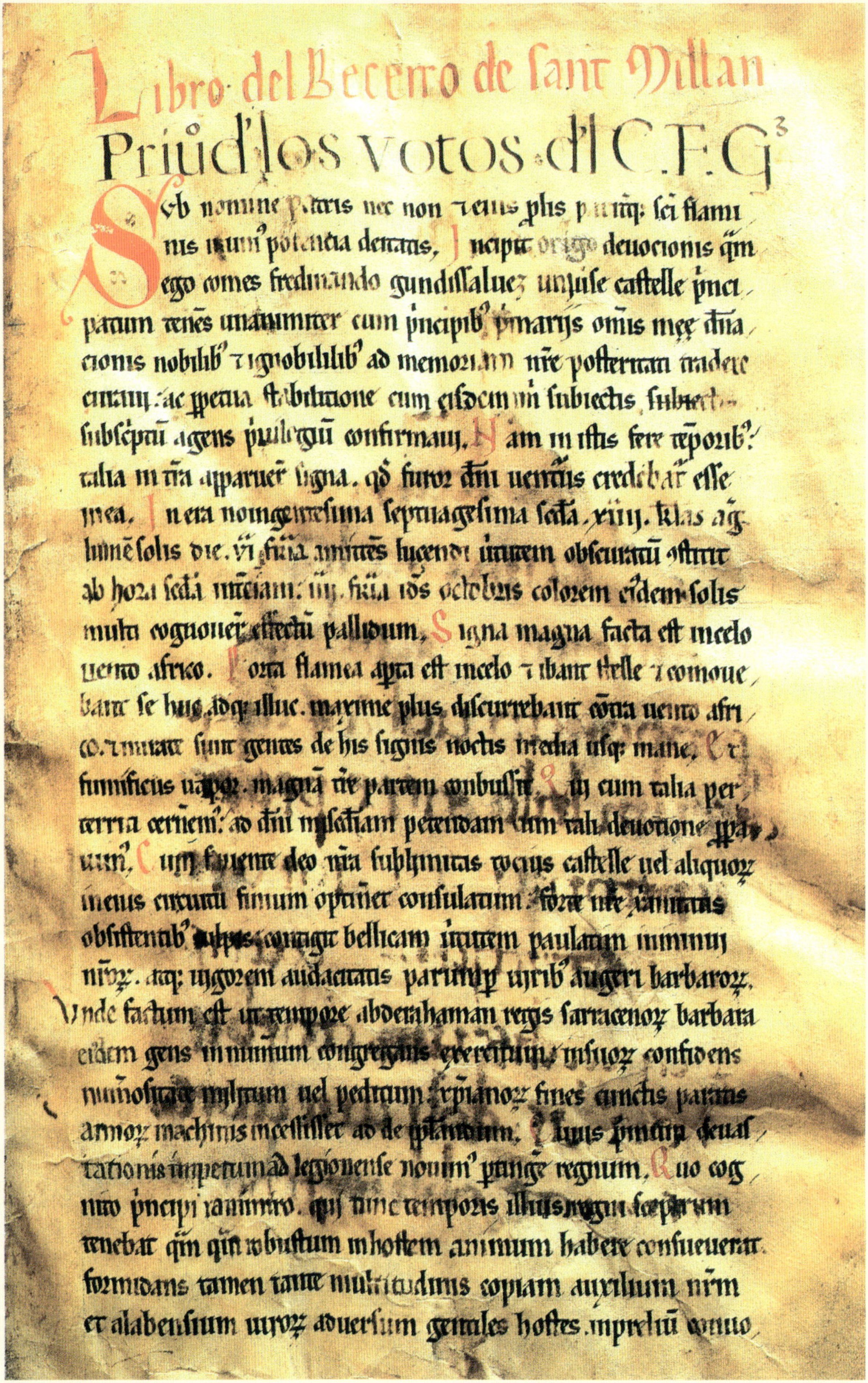

Libro del Becerro de sant Millan

Priu° d'los votos d'l C. F. G

Sub nomine patris nec non et eius plis pariterque sci flami
nis unum potencia deitatis. Incipit origo deuocionis quam
ego comes fredinando gundissaluez uniuerse castelle princi
patum tenens unanimiter cum principibus primarys omis mee dna
cionis nobilib' et ignobilibus ad memoriam nre posteritati tradere
curaui. ac perpetua stabilitione cum eisdem mihi subiectis subiect-
subscriptum agens priuilegium confirmaui. Nam in istis fere temporibus
talia in terra apparuer signa. que furor dni uenturus credebat esse
mea. In era noningentesima septuagesima secta. xiiij. klas ag
lunne solis die. vi feria. inmittens lucendi uirtutem obscuratum extitit
ab hora secta usque iam: iiij. feria idus octobris colorem eidem solis
multi cognouer effectum pallidum. Signa magna facta est in celo
uento africo. Porta flamea apta est in celo et ibant stelle et comoue
bant se huc adque illuc. maxime plus discurrebant contra uento afri
co. et mirate sunt gentes de his signis noctis media usque mane. Et
fumificus uapor. magnam terre partem conbussit. Et cum talia per
terra cerneriemus: ad dni misericordiam petendam cum tali deuotione ppa
rauimus. Cum fauente deo nra sublimitas tocius castelle uel aliquorum
inetus circuitu finium optinet consulatum. forte nre inimitatis
obsistentibus [illegible] contigit bellicam uirtutem paulatim imminui
nrorum. atque uigorem audacitatis pariter uirib' augeri barbarorum.
Unde factum est ut tempore abderahaman regis sarracenorum barbara
eidem gens innumerum congregans exercitum. insuorum confidens
numerositate militum uel peditum: xpianorum fines cunctis paratis
armorum machinis incessisset ad deuastandum. Cuius principium deuas
tationis impetum ad legionense nomine pertinge regnum. Quo cog
nito principi rannimiro. qui tunc temporis illius regni sceptrum
tenebat quamquam robustum in hostem animum habere consueuerat.
formidans tamen tante multitudinis copiam auxilium nrm
et alabensium uirorum aduersum gentiles hostes in prelium conuo

Gegenüber: Ähnlich wie in Santiago forderte man auch in Kastilien mit Bezug auf den heiligen Aemilianus (San Millán) Abgaben für das Kloster. Eine Abschrift dieses „Votos"-Privilegs findet sich im bekannten Libro de Becerro.

beginnenden 12. Jahrhundert verweist durch Visionen und Zeichen auf den tieferen Sinn. So soll sich der muslimische Herrscher in Sevilla vor dem Abtransport auf den Sarkophag geworfen, geseufzt und gesagt haben, wie sehr die Sache Isidors auch immer die seine gewesen sei. Die Translation des großen Theologen Isidor nach León symbolisierte nicht nur eine Anknüpfung an die westgotisch-christliche Zeit, sondern integrierte zugleich inzwischen muslimisch geprägte Traditionen.

Der neue Isidor in León war jedoch wandlungsfähig, mit neuen Worten und Zeichen wurde der Westgotenbezug zunehmend verdrängt bzw. überlagert. Eine zweite hagiographische Lebensbeschreibung in der erst jüngst erschlossenen *Vita sancti Isidori* aus dem ausgehenden 12. Jahrhundert verbindet seine Person stärker mit Rom. So berichtet ein Wunder davon, dass Isidor, um Gregor den Großen in Rom zu treffen, von Sevilla nach Rom und zurück in nur einer Nacht, der Weihnachtsnacht, reisen konnte. Isidor wurde so zum rombezogenen Kirchenlehrer, und weitere Wundergeschichten machten ihn außerdem zum Spezialisten des Kampfes gegen Häresie und Unglauben. Hatte der Gelehrte Isidor früher gegen den Arianismus gekämpft, so half der neue leonesische Patron nun sogar gegen Muslime. So verwundert es nicht, dass Isidor in der Schlacht von Baeza (1147) auch als Schlachtenhelfer gegen den Islam erscheint. Eine weitere, etwa gleichzeitige Quelle macht aber deutlich, wie der Bezug von Isidor und Jakobus wieder ins rechte Lot gerückt werden konnte. Die *Adbreviatio Braulii* zieht eine eindrückliche Parallele: So wie sich Papst Gregor der Große an Petrus orientiert haben soll, so Isidor an Jakobus dem Älteren.

Neben den beiden Heiligen Aemilianus und Isidor erwuchs dem Apostel mit Maria die vielleicht wichtigste Konkurrenz. Im gesamten 12. Jahrhundert war vor allem Toledo der kirchenpolitische Widersacher Compostelas. Die Anrufungen vor der Schlacht, über die zum Beispiel die Chronik Alfons' VII. *(Chronicon Adefonsi imperatoris)* berichtet, nennen neben Gott und dem hl. Jakobus immer Maria. Dies bezog sich wohl auf die Marienkirche in Toledo. Die Streitigkeiten zwischen Toledo und Santiago im sogenannten Primatsstreit auf dem Vierten Laterankonzil (1215) lassen gut erkennen, wie Heiligenkulte zu Waffen der Auseinandersetzung werden konnten. Erzbischof Peter von Compostela hatte gegenüber den Ansprüchen Toledos das Alter der Grabeskirche in Compostela geltend gemacht. Zudem sei Jakobus Verwandter des Herrn gewesen, habe in Spanien gepredigt und sei dort begraben worden. Die Antwort des Toledaners setzte dem das Marienpatrozinium und apostolische Traditionen um Eugenius, einem weiteren Toledaner Patron, entgegen. Maria sei eindeutig höher als Jakobus einzuschätzen, sie sei enger mit dem Herrn verwandt. Auch habe Jakobus vom Herrn nur die Predigterlaubnis *(potestas praedicandi)* erhalten, sei aber nie nach Spanien gekommen. Manche würden sogar behaupten, heißt es dann weiter zu Grab und Translation, Jakobus sei in Jerusalem beigesetzt und erst später von einigen seiner Schüler geraubt und nach Compostela überführt worden. Maria sei sicherlich die vornehmere Heilige, und er wünsche es nicht einmal, dass Maria – statt im Himmel verehrt zu werden – in seiner Kirche begraben liege, denn sonst würde sie dort von Menschenfüßen täglich betreten. Außerdem sei Compostela die Erzbischofswürde erst 1124 von Papst Calixt II. verliehen worden, bis dahin habe dort nur ein kleines Oratorium gestanden. Die durch den Schüler des Apostels Paulus gegründete Kirche von Toledo könne mithin ein höheres Alter beanspruchen. Das Jakobusgrab wurde Compostela mit diesem Toledaner Angriff zwar nicht direkt abgesprochen, aber dem Gründer Eugenius und der Patronin Maria von Toledo eindeutig untergeordnet. Die Toledaner Argumentation akzentuierte nicht nur die Apostolizität des Eugenius, sondern bemühte ebenso stark das Marienpatrozinium. Damit wurden zugleich Tendenzen der Zeit aufge-

griffen, entsprach doch der verstärkte Marienkult einem neuen Frömmigkeitsideal, das sich seit dem Ende des 12. Jahrhunderts zunehmend verbreitete. Die Streitschrift zeigt außerdem, wie die Traditionen um den hl. Jakobus noch im 13. Jahrhundert außerhalb Compostelas zuweilen bezweifelt wurden, wenn dies den eigenen Interessen diente.

Die Apostelstadt konkurrierte später noch mit Toledo; bei kriegerischen Eroberungen wird die Toledaner Patronin Maria in den erzählenden Quellen oftmals zusammen mit Jakobus als Helferin genannt. Der Geschichtsentwurf des Toledaner Erzbischofs Roderich († 1247) ging sogar noch weiter: Die in den Schlachten getragene Fahne habe das Bild Mariens, der Schützerin und *patrona* Spaniens gezeigt. Hingegen ließ Lucas von Túy († 1249), der seine Chronik in León verfasste, Ferdinand III. um die Hilfe des hl. Isidor in León bitten.

Der gelehrte König Alfons X., der Weise († 1284), ist als besonders großer Verehrer der hl. Maria bekannt geworden; in den ihm zugeschriebenen *Cantigas de Santa Maria* trat Maria zuweilen in Konkurrenz zu Jakobus, denn einzelne im 12. Jahrhundert noch dem Apostel zugeschriebene Wunder ereigneten sich in diesen Texten durch das Eingreifen der hl. Maria. Maria avancierte hier fast zur *señora* des Landes, und bei der Eroberung und Besiedelung des Südens sind für neu geweihte Kirchen Marienpatrozinien relativ häufig belegt.

Jedoch ließen sich Apostel- und Marienkult auch miteinander verbinden. Ein Beispiel hierfür sind die seit dem 13. Jahrhundert belegten, schon kurz erwähnten Traditionen um die *Virgen del Pilar* in Zaragoza, die Jakobus- und Marienverehrung zusammenbrachten: Der Missionar Jakobus wurde hier zum Stifter der „Maria von der Säule“. Wie die Legende weiß, missionierte Jakobus auch in Zaragoza. Als er eines Nachts an den Ufern des Ebro gebetet habe, sei ihm die damals noch lebende Maria auf einer Säule, von Engeln umgeben, erschienen. Daraufhin habe der Apostel an dieser Stelle eine Kirche bauen lassen.

Trotz der vielfältigen Konkurrenz besonders im 12. und 13. Jahrhundert festigte sich dennoch langfristig die Rolle des Apostels Jakobus als Patron für ganz Spanien oder auch als Schlachtenhelfer.

Gegenüber: Die Stiftskirche San Isidoro in León wurde nach der Übertragung der Gebeine des berühmten westgotischen Bischofs und Gelehrten Isidor von Sevilla 1064 weiter aufgewertet. Ähnlich wie Jakobus gilt Isidor auch als Helfer in Schlachten wie die Reiterfigur über dem königlichen Wappen erkennen lässt.

Rechts: Mit diesem Banner, das ein Bild des kämpfenden Isidor zeigt, zogen die Christen in die Schlacht gegen die Muslime bei Baeza.

XXVI
Como santa maria mamentou Jhu xº. seu fillo do seu peito.
Como o demo pareceu ao Romeu en forma de sciago no camio.
C. o romeu cortou ssa natura e se degolou per conselho do demo.
Como sciago quis fillar a o demo a alma do seu romeu.
C. sciago e o demo ueerõ a ioizo ante scã M. pola alm̃ do romeu
Como o romeu resurgiu per mandado de santa Maria.

Weitere Pilgerpatrone: Rochus, Wendelin, Sebald

Weniger scharfe Konkurrenz scheint Jakobus als Pilgerheiliger gehabt zu haben. Diese Funktion findet sich im späten Mittelalter fast ausschließlich in seiner Person, obwohl auch andere Heilige vor und bei Reisen angerufen werden konnten, so der hl. Nikolaus oder der hl. Christophorus. Allerdings wurden seit dem späten Mittelalter weitere Heilige mit den Attributen des Pilgers ausgewiesen, sei nun ihr Leben durch das Unterwegssein gekennzeichnet oder sei ihr Grabesort selbst zu einem Pilgerzentrum geworden. Vielfältige Beispiele ließen sich anführen: Coleman, Engelmund, Johannes de Matha, Julianus Hospitator, Lucanus, Richard, Sebaldus, Servatius, Veronus, Irmgard von Köln, Raphael, Brigitta von Schweden, Alexius, Bona aus Pisa, Gallus, Lucius, Maternus, Melania und Rochus nennt Pfleiderer in seinem nützlichen Nachschlagewerk zu den Attributen der Heiligen. Dabei ist vielleicht weniger die allgemeine Pilgertracht interessant als vielmehr die Tatsache, dass sich seit dem 13. Jahrhundert die Muschel durchsetzte, um Pilger und Reisende – unabhängig von ihrem genauen Zielort – zu kennzeichnen. Konnte der Erfolg des Pilgerzentrums Compostela besser sichtbar gemacht werden? Dies bedeutet aber für heutige Jakobusfreunde, dass die weiteren Pilgerheiligen nicht mit Jakobus verwechselt werden sollten, obwohl sie dokumentieren, wie sehr der Kult des spanischen Heiligen auf ganz Europa ausstrahlte.

Rechts: St. Wendelin als Pilger, 1520.
Germanisches Nationalmuseum, Nürnberg

Gegenüber: Darstellung aus den Cantigas de Santa María des Königs Alfons des Weisen. In den Liedtexten werden teilweise Wundergeschichten, die der heilige Jakobus vollbracht haben soll, der Jungfrau Maria zugeschrieben. 13. Jahrhundert.
Klosterbibliothek San Lorenzo del Escorial (175 fol. 26)

Kritik und Krise

Zerstörte die Reformation die Pilgerfahrten nach Compostela?

Die Pilgerfahrten nach Santiago de Compostela werden meist mit dem Mittelalter verbunden und sind erst in jüngster Zeit wieder „neu entdeckt“ worden. Hat aber die Reformation die großen Pilgerfahrten wirklich zerstört? Brüche und Krisen waren vielfältiger und können nicht nur auf die Ereignisse und Festlegungen im Zeitalter der Glaubensspaltung bezogen werden. Neben der über lange Zeit zu verfolgenden Kritik müssen ebenso die Veränderungen der Verhältnisse bedacht werden, denn vielleicht trugen auch die neuen Rahmenbedingungen des 15. und 16. Jahrhunderts zu einem Rückgang der Compostelafahrten bei.

Pilgerkritik von der Antike bis heute: Reliquien- und Wunderglaube – Praxis und Organisation

Die Pilgerkritik ist fast so alt wie die Pilgerfahrten selbst. Sie konnte auch sehr vielfältig ausfallen: Theoretische Zweifel am Reliquien- oder Wunderglauben standen neben Unzufriedenheit mit praktischen Ausführungen. Wie die Geschichte der Reliquienverehrung zeigt, war diese schon seit den Anfängen umstritten, was mit unterschiedlichen Vorstellungen von der Realpräsenz der Heiligen in ihren Leichnamen zusammenhing. Vorchristliche Ahnen- und Totenkulte gingen oft von der Grundannahme aus, dass die Toten weiterlebten. Solche Traditionen wurden im Christentum teilweise kritisiert, wenn man die Bemerkungen des hl. Paulus dahingehend interpretiert, dass bei der Auferstehung der Toten ein himmlischer, ein Auferstehungsleib verliehen werde (1 Kor 15, 40-44: „Auch gibt es himmlische Körper und irdische Körper [...] Gesät wird ein sinnenhafter Leib, auferweckt ein geistiger Leib *[corpus spiritale]*". Gegenüber dieser Scheidung von irdischem und himmlischem Leib konnten allerdings die Berichte über das leere Grab Christi nach der Auferstehung eher zu der Vorstellung führen, dass auch der irdische Leib an der Auferstehung teilhabe, zumal man den Auferstandenen mit dem Psalmwort charakterisierte, dass Gott seine Heiligen die Verwesung nicht schauen lasse (Ps 16 [15], 10). Auch deshalb kam es in der Folge zu verschiedenen Interpretationen und wechselseitiger Kritik. Für die Durchsetzung der Reliquienverehrung, wie sie an verschiedenen Gräbern praktiziert wurde, war außerdem die Vorstellung wichtig, dass die Seele weiterhin Verbindung zum Leib halte, ja sogar in den Leibern eine besondere Kraft *(virtus)* zurückbliebe.

Entsprechend der verschiedenen Schriftworte und Interpretationen gab es unter Theologen im Laufe der Jahrhunderte wechselnde Auffassungen über Bedeutung und Interpretation der Reliquien. In den spätantiken *Canones Basilii* wurde zum Beispiel gefragt, ob es überhaupt der Reliquien bedürfe, denn *der Name Christi genüge, um die Kirche zu ehren.* Auch Vigilantius († ca. 420), ein aquitanischer Presbyter, glaubte, der Kult von Staub und Knochen besudele das Heiligtum Gottes, ja er rückte die Verehrung der Reliquien sogar in die Nähe des Götzendienstes. Auf dieser Basis gab es auch später weitere kritische Töne, so bei einigen Gelehrten der Karolingerzeit wie Claudius von Turin († 827) und Agobard von Lyon († 840). Sie sahen die Gefahren des Götzendienstes und befürchteten, dass durch die Verehrung von Heiligen und Reliquien die Anbetung Gottes zu sehr in den Hintergrund treten könne.

Diese grundsätzliche Kritik ist zwar zu einigen Zeiten besonders gut greifbar, war aber wohl durchgängig. Im Zusammenhang mit dem intellektuellen Aufbruch des 12. Jahrhunderts finden sich erneut besonders profilierte Vertreter in dieser Auseinandersetzung. Wenn man in Natur und Geschichte seit dem 12. Jahrhundert alles auf den Prüfstand stellte, dann auch die Reliquienverehrung. Besonders bekannt ist die Schrift des Abtes Guibert von Nogent († 1121) über die Heiligen und ihre Reliquien *(De sanctis et eorum pignoribus)*, die neben grundsätzlichen Fragen auch die vielfältigen einzelnen Betrügereien in der Praxis benennt und systematisiert. Wenn dieselben Reliquien an mehreren Orten gleichzeitig verehrt werden, so Guibert, werde an manchen Stellen mit Lüge und Betrug gearbeitet. Aber der Mönch stellt auch historisch-kritische Fragen: Warum wurde im Zeitalter Jesu, als das jüdische Sakralrecht verbot, Überreste der Verstorbenen zurückzuhalten, nichts über die Sammlung von Reliquien berichtet? Wie könne man denn heute die Milch Mariens oder die Vorhaut Jesu in Laon den frommen Pilgern zeigen?

Neben solchen kritischen Bemerkungen, an die im späten Mittelalter und in der Zeit der Reformation sich weitere Fragen anschlossen, gab es eine Vielzahl von Anklagen gegen einzelne Missbräuche.

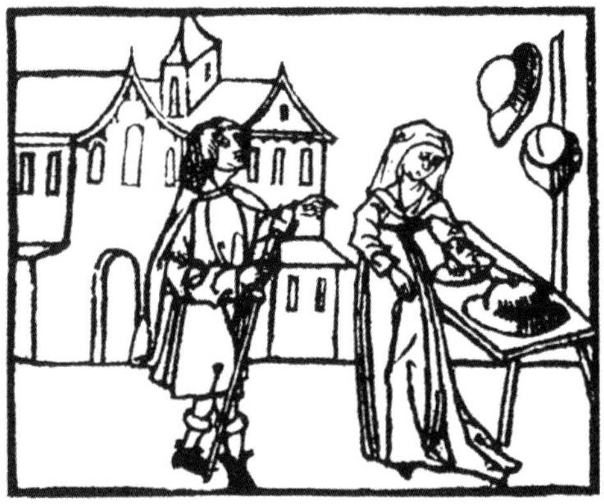

Der Predigtzyklus des Geiler von Kaysersberg deutet die Pilgerfahrt neu. In den Abbildungen sind jedoch wichtige Stationen einer traditionellen Pilgerfahrt erkennbar. So sehen wir Pilger beim Geldwechsel, beim Abschied, beim Anfertigen von Schuhen, bei der Auswahl eines Hutes, beim Aufschreiben des Testamentes, beim Aufbruch oder auch bei den verschiedenen Fährnissen unterwegs. Geiler von Kaysersberg, „Der bilger mit seinen eygenschaften“. Holzschnitte, 1499.

Die Sammlungen der hagiographischen Traditionen von verschiedenen Heiligen, wie sie die Dominikaner Jean de Mailly oder Jakob von Voragine (Varazze) im 13. Jahrhundert zusammenstellten, hatten sich unter anderem dem Ziel verschrieben, historische Daten und widersprüchliche Traditionen zu klären oder zu berichtigen.

Neben den Reliquien standen vor allem die Wundererzählungen im Kreuzfeuer der Kritik, denn letztlich belegten – auch im Falle des hl. Jakobus in Compostela – die Wunder die Echtheit und Wirkkraft der jeweiligen Reliquien. Seit der Spätantike, insbesondere seit Augustinus, versuchten verschiedene Denker, die Eingriffe übernatürlicher Kräfte theologisch genauer zu bestimmen. Nach Augustinus geschahen Mirakel nicht gegen die Natur. Damit setzte sich das christliche Mirakel im Sinne Augustins von magischen Vorstellungen der Antike ab. Dennoch erschienen Wunder als der Eingriff übernatürlicher Kräfte in die menschliche Welt.

Trotz dieser Position findet sich in den Schriften aus dem frühen Mittelalter eine Vielzahl von Begriffen für Wundergeschichten, die erläutern können, wie die theoretische Diskussion sich in den Sammlungen niederschlug. Thomas von Aquin († 1274) definierte dann klassisch ein Wunder dahingehend, dass dieses zwar über der Natur *(supra naturam)* stehen könne, aber nicht gegen diese *(contra naturam)* erfolge. Damit war das christliche Mirakel theologisch eng gefasst. Andere Vorstellungen kursierten bei theologisch weniger Gebildeten, und so ist eine weitere, eher konkrete Ebene der Kritik zu berücksichtigen. Einzelne Wundergeschichten konnten in Zweifel gezogen, Widersprüche thematisiert, Historizität angezweifelt werden. So kritisierte der schon genannte Guibert von Nogent auch Wundergeschichten und mahnte kritischen Geist an. Selbst wenn Gott allmächtig sei, vollbringe er nicht alles, was er könne. Aus einem Holzklotz habe er noch nie ein Kalb gemacht. Deshalb sei es geboten, zunächst alle Möglichkeiten einer natürlichen Erklärung auszuschöpfen, bevor man jeder Erzählung Glauben schenke. Seitdem Aspekte der Selbstheiligung in Form des Ablasses beim Besuch von Pilgerorten in den Vordergrund traten, konnten auch hier theoretische und praktische Kritikpunkte aufgezählt werden. Weiterhin wurden oft die konkreten Unstimmigkeiten zwischen Anspruch und Wirklichkeit bemängelt. Die habgierigen Wirte, die Händler der Pilgerorte, denen es ums Geschäft und nicht um Frömmigkeit ging, waren permanente Zielscheiben kritischer Bemerkungen.

Unzufriedenheit mit verschiedensten Punkten förderten im späten Mittelalter die Suche nach immer wieder neuen Formen des Pilgerns, die weniger die äußere Verehrung, das Wunder oder den Ablass, als vielmehr die innere Selbstheiligung in den Vordergrund stellten. Im ausgehenden Mittelalter entwickelten sich verstärkt Ansätze, um die eigentlichen Ziele einer Pilgerfahrt neu zu definieren und diese anders als bisher umzusetzen.

Pilgerfahrten im Geiste

Aus den verschiedensten Ländern gibt es Beispiele, mit geistig-geistlichen Pilgerfahrten zu spirituellem Reisen anzuregen. Der italienische Autor Niccolò da Poggibonsi fasst zusammen, dass Armut, Mühsal oder die fehlende Erlaubnis verschiedene Personenkreise daran hindern könnten, auf Pilgerfahrt zu gehen. Entsprechend schrieben beispielsweise Gabriele Capodilesta im Auftrag der Äbtissin und der Nonnen des St.-Bernhard-Klosters in Padua oder der Dominikaner Felix Fabri für die dominikanischen Klosterfrauen in Ulm und Umgebung entsprechende Werke, um in Tagesetappen die Hörer und Hörerinnen an verschiedene spirituelle Orte zu führen.

In Deutschland setzte neben Personen wie Felix Fabri der bekannte Geiler von Kaysersberg wichtige Akzente und erreichte mit seinen Konzeptionen offensichtlich weite Kreise. Dabei kam allen diesen

Gegenüber: Die staunenden, frommen und auch neugierigen Gläubigen sind bei der Nürnberger Heiltumsweisung beim Schopperschen Haus unter dem etwa 7 m hohen Gerüst unten zu erkennen, die Wachen auf der Plattform und oben die Geistlichkeit mit den Ratsherren. Der sogenannte Heiltumsschreier ist die zweite Person oben rechts auf dem Bild. Kolorierter Holzschnitt von 1487 aus einem Heiltumsbüchlein, RST. Nürnberg, Handschriften 399a, Blatt 4. Staatsarchiv, Nürnberg

Überlegungen zugute, dass Pilgern nicht nur an die Reise zu heiligen Gebeinen geknüpft war, sondern schon seit dem frühen Christentum auch als Bild für die Gläubigen auf dem Weg ins himmlische Vaterhaus gedient hatte. Diese lange Tradition hatte Guillaume de Degulleville um 1350 in seinem Buch *Pélerinage de la vie humaine* aufgegriffen und auf diesen Strang christlicher Tradition wieder aufmerksam gemacht. Peter von Merode hatte um 1430 in einer deutschen Übertragung von der „Pilgerfahrt des träumenden Mönches" gehandelt. Der Kanzler der Pariser Universität, Johannes Gerson († 1439), thematisierte ähnlich den Erdenpilger auf dem Weg zum himmlischen Jerusalem. Der schon genannte Johannes Geiler von Kaysersberg, 1445 in Schaffhausen geboren, und vor allem seit 1478 als Münsterprediger in Straßburg bekannt, hielt 1488 in Augsburg einen Predigtzyklus, der unter den Titeln *Peregrinus* oder *Der bilger mit seinen eygenschaften* sogar gedruckt wurde und Breitenwirkung erzielte. Hier knüpfte Geiler zunächst an die bestehende Praxis an und gab zu, dass Pilgern zu heiligen Orten zwar seinen Sinn haben könne, dass alle Christen aber im Sinne des hl. Paulus besonders als Pilger auf dem Weg zur ewigen Heimat zu gelten hätten. Für diese Lebensreise bedürfe es der Qualitäten eines Pilgers. Deshalb führt er in seinen Predigten die verschiedenen Ausrüstungsgegenstände eines Pilgers, Hut, Stab, Beutel … an und gibt diesen Dingen eine übertragene Bedeutung: So bezeichne der Pilgersack die Tasche des Glaubens, die Pilgerschuhe die Schuhe der Tugenden, die man anziehen müsse, um zum ewigen Leben zu gelangen. Weitere Gegenstände deutete Gailer ähnlich: Der Hut gilt ihm als Hut der Geduld, der Mantel als Umhang der Liebe und Freundschaft und so fort. Auch andere Autoren der Zeit haben die Pilgerfahrt in geistiger Weise interpretiert, besonders im ausgehenden 15. Jahrhundert. Dies unterstreicht eindrücklich, wie breit Reformvorstellungen schon vor der Reformation gängig waren.

Strukturwandel der Pilgerfahrten

Solche neuen Interpretationen, Kritik und andere Krisen konnten den Niedergang mancher Pilgerzentren beeinflussen. So haben gewichtige Stimmen darauf hingewiesen, dass eine Krise Compostelas schon in der zweiten Hälfte des 15. Jahrhunderts, nicht erst zur Zeit der Reformation, eingesetzt habe. Für diesen Prozess gibt es Indizien. Allerdings dürften nicht nur die verschiedenen vorgestellten kritischen und abweichenden Interpretationen für solche Krisen großer Zentren verantwortlich gewesen sein. Mindestens ebenso ausschlaggebend war, dass sich das Gefüge der verschiedenen Devotionsorte sowie die dominierenden Formen des Pilgerns veränderten. Nach dem 13. Jahrhundert entstanden Pilgerorte mit andersartigem Charakter, ein neuer Typus von Devotionszentrum bildete sich heraus. Immer wichtiger wurden Stätten, an denen göttliche Eingriffe zu verzeichnen waren: Dies konnte eine wundertätige Erscheinung, zum Beispiel der Gottesmutter, von der keine Primärreliquien vorhanden waren, eine wundertätige Figur oder ein ebensolches Bild, oft auch ein eucharistisches Wunder sein.

Außerdem schob sich in manchen Fällen der Erwerb von Ablässen gegenüber Wundererwartung und Reliquienverehrung in den Vordergrund. Santiago konnte hier zwar durch die schon geschilderten Heiligen Jahre und Ablassversprechungen mit großen Zentren wie Rom konkurrieren, verlor aber durch diese allgemeinen Umstrukturierungen zugleich an Exklusivität. Ähnliches gilt für Tendenzen des späten Mittelalters, nicht nur zu verehren und zu berühren, sondern auch zu zeigen und zu schauen: Die großen Heiltumsweisungen, wie sie in Aachen, Nürnberg und anderswo praktiziert wurden, förderten neue, eher visuelle Formen der Verehrung. Angesichts dieser immer größeren Vielfalt konnte selbst ein Apostelgrab für den einen oder anderen Pilger in den Hintergrund treten. Auch die Praxis der Pilgerfahrten selbst blieb nicht unverändert. Die verstärkt

Ob diese Miniatur des 14. Jahrhunderts falsche Pilger darstellt, denen schwere Strafen drohen? Bibliothèque nationale, Paris, RCA 6070

im Spätmittelalter strafweise für Verbrechen entsandten Pilger begegneten unterwegs ihren Leidensgenossen: Gewaltverbrechern, Mördern und Totschlägern, Räubern, Dieben, Betrügern und der ganzen Schar kleinerer Missetäter. Dies steigerte weder das Ansehen der Pilgerfahrt noch die Sicherheit auf den Straßen. Betrug und Unsicherheiten scheinen in der Folgezeit eher zu- denn abgenommen zu haben.

Soweit die Quellen dies erkennen lassen, gab es im 15. Jahrhundert mehr fragende, vielleicht sogar enttäuschte Jakobspilger, die sich – soweit sie des Lesens kundig waren und Zugang zu bestimmten Büchern besaßen – bald schon an Schriften halten konnten, die nicht nur kritisierend, sondern fast schon kritisch-satirisch das Pilgerwesen kommentierten.

Erasmus von Rotterdam, der Humanist, kritisierte nicht nur die Pilgerfahrten. Gemälde von 1523. Öffentliche Kunstsammlung, Basel

Beißende Kritik – Erasmus von Rotterdam: Dialog zwischen Ogygius und Menedemus

[Menedemus:] Ich bin der Meinung, es wäre deiner Familie keinen Deut schlechtergegangen, wenn du den Jakobus ungegrüßt gelassen hättest. Aber ich bitte dich, was hat er geantwortet, als du dich bei ihm bedankt hast? [Ogygius:] Nichts; aber wie ich ihm meine Gabe darbrachte, schien er zu lächeln und ein wenig mit dem Kopf zu nicken. Zugleich streckte er mir diese hohle Muschel hin.

[Menedemus:] Sag mir, wie geht's wie steht's mit dem vortrefflichen Herrn Jakobus? – Ogygius: Viel schlechter als früher. – Menedemus: Weshalb? Wird er alt? – Ogygius: Du Schwätzer! Du weißt doch, daß die Heiligen nicht altern. Aber dieser neue Glaube, der sich weithin über den Erdkreis verbreitet, hat zur Folge, daß er nicht mehr so oft begrüßt wird, wie er es gewohnt war. Und wenn schon ein paar kommen, grüßen sie ihn nur, geben ihm aber nichts oder was nicht der Rede wert ist, und sagen, es sei besser, das Geld den Armen zu geben.
(Erasmus von Rotterdam, Vertraute Gespräche, S. 89f.)

Der Spott der Humanisten

Kritische Stimmen ließen sich auch zum Pilgerzentrum Santiago de Compostela immer lauter vernehmen. Personen aus dem humanistischen Milieu wie Erasmus von Rotterdam († 1536) geißelten mit beißendem Spott die vielen Auswüchse der Heiligenverehrung allgemein und schreckten auch nicht davor zurück, diese Formen als *superstitio,* als Aberglauben, zu bezeichnen. Drastisch sind die Beispiele, die Erasmus wählt. Quacksalber zögen durch das Land, um das Stroh der Krippe küssen zu lassen, das sie kurz zuvor eher aus einem Misthaufen geholt hätten. Es gehe weniger um äußerliche Formen der Frömmigkeit, sondern vielmehr darum, das Beispiel des reinen Lebens der Heiligen zu erfassen, nicht deren Überbleibsel. Eine Kreuzesreliquie zu besitzen sei weniger wichtig, als das Geheimnis des Kreuzes in sich selbst zu wissen.

In Gesprächsform wollte Erasmus seine zahlreichen Kritikpunkte dem Leser darbieten. In der Ausgabe der *Colloquien* von 1528 gibt ein Gespräch *Peregrinatio religionis ergo,* den Dialog von Menedemus und Ogygius wieder, die sich über die Pilgerfahrten und Gebräuche jener Zeit unterhalten (vgl. Quellenauszug oben). Ogygius, dessen Name Programm ist, denn er bedeutet so viel wie „alt und verstaubt", hat mehrere Pilgerorte besucht, Santiago, Walsingham, Canterbury, und muss sich nun die kritischen Fragen des Menedemus gefallen lassen. Seine erfolgreich absolvierten Pilgerfahrten verdeutlichen die bleiernen Heiligenbildchen und die Muscheln, mit denen er geschmückt ist. Dass Ogygius seine Muschel in Compostela gekauft hat, obwohl es diese im nahe gelegenen Meer im Überfluss gebe, erlaubt Menedemus einen Hieb gegen die Devotionalienhändler. Auch der Anlass der Reise ist Thema. Spitz fragt Menedemus, ob dies eine Andachts- oder

Gegenüber: Das Fingerreliquiar, 12.-13. Jahrhundert, ist im byzantinischen Stil mit Medaillons und Filigranschmuck ausgestaltet. Der geschichtliche Hintergrund der zugehörigen Reliquie ist bislang unbekannt. Diözesanmuseum, Eichstätt

Vergnügungsreise gewesen sei. Die Antwort des Ogygius, er habe ein Gelübde erfüllt, wirkt komisch. Der ins Kreuzfeuer geratene Pilger erzählt nämlich, dass die Mutter seiner Frau ein Gelübde abgelegt habe: Wenn ihre Tochter ein gesundes Knäblein zur Welt bringe, solle er den heiligen Jakobus persönlich besuchen, um ihm zu danken. Da platzt Menedemus der Kragen, und er fragt, was denn das für eine Sorte von Gelübde sei, die anderen, nicht den Betroffenen die Mühe einer Pilgerfahrt aufbürde. Offensichtlich lag hier ein Kernpunkt der Kritik: Gelübde für andere auszuführen, bedeutete für Erasmus einen Irrweg.

Erasmus zog mit intellektueller Freude und Lust gegen das Pilgern zu Felde, obwohl er selbst zweimal Gelübde einlöste. Auch ein kosmographisch ausgerichteter Humanist wie Hieronymus Münzer stellte nicht grundsätzlich die Verehrung der Heiligen in Zweifel. Aber als man ihm 1494 in Compostela den Leichnam des Apostels nicht zeigen wollte, machte er sich doch seine Gedanken und bemerkte ein wenig ironisch in seinen Reisenotizen, dass man die Anwesenheit der Gebeine nur durch den festen Glauben annehmen könne.

Reformation und Gegenmodelle

Erasmus spielte jedoch im Dialog von Menedemus und Ogygius auch auf den „neuen Glauben“ an, und in der Tat sollte die Kritik Martin Luthers († 1546) und anderer Reformatoren in manchen Punkten noch etwas weiter gehen. Luther lehnte das Pilgern weitgehend ab; auch einzelne Devotionsorte wurden hier nicht ausgespart, obwohl lange Zeit gerade Rom als Mittelpunkt der Papstkirche besonders im Kreuzfeuer der Anklage stand. Luthers Kritik betraf aber auch die Santiagofahrten. Das spanische Pilgerzentrum wird an 25 Stellen seines Werkes erwähnt, die sich auf die Jahre von 1518 bis 1545 verteilen. Das Thema blieb also in Luthers Denken aktuell. Die meisten Bemerkungen finden sich in den *Tischgesprächen,* außerdem besonders in den Kommentaren zum Galaterbrief. Die Kritik an der Heiligenverehrung gründet bei Luther in der Grundüberzeugung, dass die Heilige Schrift die Wege zu Gott weise. Jeder Pilger irre, wenn er glaube, beim Pilgern Gott zu treffen.

Luther bezweifelte die Echtheit der Jakobusreliquien in Compostela, denn bei der Frage nach biblischen Traditionen hält er sich an das Zeugnis der Apostelgeschichte, dass Jakobus unter Herodes um 44 nach Christus enthauptet wurde (Apg 12,2). Bei seiner Kritik bezog der Reformator auch die im 15. Jahrhundert von einigen Pilgern bemerkte Konkurrenz zwischen Toulouse und Santiago de Compostela in seine Überlegungen ein:

„Wie er in Hispaniam kommen ist gen Compostel, da die groß walfahrt hin ist, da haben wir nu nichts gewiß von dem: etlich sagen, er lig in Frankreich zuo Thalosa, aber sy seind jrer sach auch nit gewiß. Darumb laß man sy ligen und lauff nit dahin, dann man waißt nit ob sant Jacob oder ain todter hund oder ein todts roß da liegt,... laß raisen wer da wil, bleib du dahaim.“ (Martin Luther, Kritische Gesamtausgabe 10, Weimar 1905, S. 235)

Weniger diese und weitere grundlegende Bemerkungen Luthers als vielmehr der in der Folge einsetzende Prozess der zunehmenden Konfessionalisierung führte zu einschneidenden institutionellen Folgen, die sich auf Pilgerfahrten ungünstig auswirkten. Diese Konsequenzen betrafen jedoch einzelne Gegenden in verschiedener Intensität.

Neben einer Generalkritik geißelte Martin Luther in seinen Werken auch konkrete Missstände und Auswüchse. Zu diesen zählten unter anderem die Jakobs- und Muschelbrüder, die das Pilgergewand benutzten, um die sozialen Vorzüge des Pilgerstandes zu genießen. Solche Personen nahm auch der Nürnberger Hans Sachs ins Visier. Seine „Beschreibung aller Stände“ zeigt, welche Personen man 1568 hauptsächlich mit dem Pilgergewand verband:

Der Text von Hans Sachs unterstreicht zusammen mit dem Stich von Jost Amman (1568) wie sehr Pilger auch zu einer Landplage werden konnten. Besonders der letzte Vers macht deutlich, wie sehr das Ansehen der Pilger in der frühen Neuzeit – jedenfalls in gewissen Kreisen – gesunken war.

Die Jacobs Brüder.

Wir Jacobs brůder mit grossem hauffen
Im Land sind hin vnd her gelauffen/
Von Sanct Jacob/Ach vnd gen Rom
Singen vnd bettlen one schom/
Gleich anderen presthafften armen/
Offt thut vns der Bettel Stab erwarmen
In Händen/alsdenn wir es treibn
Vnser lebtag faul Bettler bleibn.

„Wir Jacobsbrueder mit grossem hauffen
Im Land sind hin und her gelauffen /
Von Sanct Jakob / Ach und gen Rom
Singen und bettlen one schom /
Gleich anderen presthafften armen /
Offt thut uns der Bettel Stab erwarmen
In Händen / als denn wir es treibn
Unser lebtag faul Bettler bleibn.“

Gegen solche Muschelbrüder, die Jost Amman in einem Stich verewigt hat, ging man während der frü-

Der Bruderschaftszettel der St. Jakobus-Bruderschaft in Wolfach von 1788 erzählt nicht nur die Hintergründe dieses Zusammenschlusses im Schwarzwald, sondern lässt durch die Bestimmungen auch erkennen, dass ein Besuch dieses Ortes eine Pilgerfahrt nach Santiago ersetzen konnte.

Bruderschaft = Zedel für

Kurzer Bericht und Regul von der Löbl.
St. Jacobs = Bruderschaft, welche von dem Hochwürdigsten Fürsten und Hrn. Hrn. Francisco Joanne Bischoffen zu Constanz rc. als dieß Orts Ordinario, bestättiget worden, Anno 1664. das die Einverleibte Wochentlich 7. Vater unser, und so viel Ave Maria, ein Glauben, für die aus dieser Bruderschaft in Tods = Nöthen liegende bethen, und aufopferen sollen, wie solches uns der heilige Apostel Jacobus in seiner Epistel am 5. Capitel befiehlt: Bethet für einander, auf daß ihr selig werdet, rc. Und ist nachmalen Anno 1668. diese Bruderschaft von Ihro Päbstl. Heiligkeit Clemente IX. mit nachfolgenden großen und herrlichen Indulgenzen und Ablaß bereichet worden.

Erstlich im Eingang dieser Bruderschaft, welcher beichtet und Comunicieret, gewinnet vollkommenen Ablaß: Deßgleichen in der Sterb = Stund mit vorhergehender Beicht, und Communion, so fern er aber nicht kann beichten, mit Anrufung des H. Namen JEsu, vollkommenen Ablaß.

2. Alle welche bey St. Jacob an St Jacobs-Tag, beichten und comunicieren, haben vollkommenen Ablaß, wann sie schon nicht in der Bruderschaft seynd.

3. Am Fest St. Jacobi, in Besuchung dieses Kirchleins, mit vorgehender Beicht und Communion, und bet daselbsten um Frid und Einigkeit rc. der christlichen Kirchen, erlanget vollkommenen Ablaß.

4. Welcher besucht dieses Kirchlein am erstē Sonntag in der Fasten, und am Sonntag nach Ostern Quasimodo: am Tag SS. Petri & Pauli, und S. Michaelis Tag mit vorhergehender Beicht und Communion. Jedes mal 7. Jahr und 40. Tág Ablaß.

Zum fünften. Wann man in dieser Kirchen Meß hört, oder anderen Gottes-Dienst beywohnet, oder Fremde beherberget, oder Fried zwischen den Uneinigen macht, oder einen Todten zu der Begräbniß begleitet, oder bey einer Procession seye, oder das Hl. Sakrament zu einem Kranken werden helfen begleiten, da man nicht kan, wann man ein Zeichen mit der Glocken gibt, ein andächtiges Vater unser, und ein Ave Maria bethet, oder wann einer für die Abgestorbene Brüder und Schwesteren 5. Vater unser, so viel Ave Maria bethet, oder einen Sünder zur Buße ermahnet, oder die Unwissenden lehren die Gebothe GOttes, oder ein Werck der Barmherzigkeit dem Nächsten erwiesen haben, jedesmal 60. Tág Ablaß.

Weiters verleihet Ihro Päbstl. Heiligkeit: Daß wañ ein Priester, in der Aller = Seelen = Octav und alle Montag, das ganze Jahr auf St. Jacobs = Altar für einen verstorbenen Bruder oder Schwester dieser Bruderschaft ein Seel = Meß lesen wird, die Seele durch die Verdienste JEsu und aller Heiligen, aus dem Fegfeuer erlediget werde.

Gedruckt zu Rottweil bey Jos. Thad. Feyrer, 1788.

hen Neuzeit mit Landesordnungen und anderen Mitteln vor. Der Pilger wurde durch die Kritik zunehmend zu einem Thema der polemischen Literatur.

Die katholische Seite reagierte nicht unmittelbar auf diese Veränderungen. Nur indirekt thematisierte das Konzil von Trient (1545-1563) das Pilgern, denn das Dekret über die Heiligen-, Reliquien- und Bilderverehrung zielte zunächst vor allem auf die Auseinandersetzungen im Bilderstreit in Frankreich. Dies betraf eher Wallfahrtsorte mit Gnadenbildern.

Georg Wickram thematisierte in seinem Werk „Der Irr Reitend Bilger“ den Geist der Reformationszeit. Der aus Colmar stammende Wickram stellt die katholischen Priester als gierig und geizig dar, die evangelischen hingegen als fleißig und rechtschaffen. Der Protagonist muss auf einer Pilgerfahrt erfahren, dass Pilgerfahrten eigentlich Zeitverschwendung seien.

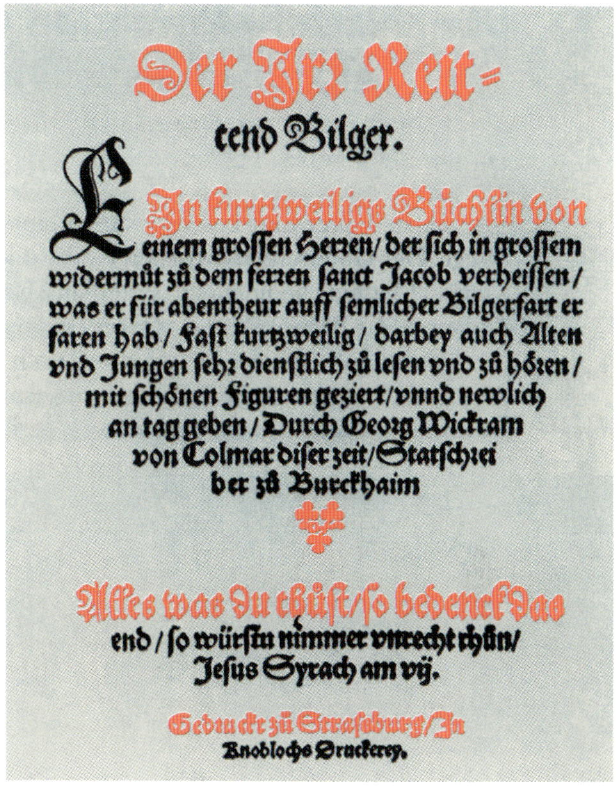
Der Irr Reit-
tend Bilger.
Ein kurtzweiligs Büchlin von
einem grossen Herren/ der sich in grossem
widermůt zů dem ferren sanct Jacob verheissen/
was er für abentheur auff semlicher Bilgerfart er
faren hab / Fast kurtzweilig / darbey auch Alten
vnd Jungen sehr dienstlich zů lesen vnd zů hören /
mit schönen Figuren geziert/vnnd newlich
an tag geben / Durch Georg Wickram
von Colmar diser zeit/Statschrei
ber zů Burckhaim

Alles was du thůst/so bedenck das
end / so würstu nimmer vnrecht thůn/
Jesus Syrach am vij.

Gedruckt zů Straßburg/In
Knoblochs Truckerey.

Die Pilgerfahrten selbst wurden nicht verboten, aber zu einem Ort wie Compostela brachen auch Pilger aus den katholisch gebliebenen Ländern seit dem 16. Jahrhundert immer seltener auf. Hierzu trugen die zahlreichen kriegerischen Auseinandersetzungen, insbesondere in Frankreich, sowie die daraus folgenden Bestimmungen zu Passzwang oder die Zerschlagung von Institutionen zur Pilgerbeherbergung bei. In Spanien erschwerte die Praxis einiger Inquisitoren außerdem die Fahrten „nördlicher“ Pilger. Weite Reisen scheinen in der frühen Neuzeit gegenüber dem Mittelalter nicht unbedingt leichter geworden zu sein!

Wie in vielen Bereichen steckte der Jesuitenorden neue katholische Positionen ab. Einer der wichtigsten Verteidiger des Pilger- und Wallfahrtswesens wurde der Jesuit Jacob Gretser († 1625) mit seinem Werk über die Pilgerfahrten *De sacris et religiosis peregrinationibus* (1606).

Wenn somit im katholischen Bereich nur bedingt theoretische Neubestimmungen festzustellen sind, so wird doch der Rückzug der Frömmigkeit in die Region deutlich. Als den „Weg ins Territoriale“ hat Georg Schreiber diesen Prozess charakterisiert. Lokale Zentren, die nun in Form von prozessionsartigen Zügen besucht wurden, gewannen für katholische Pilger an Bedeutung und lösten damit auch die eher individuell oder in kleinen Gruppen unternommenen Pilgerfahrten zu fernen Zielen ab. Die Jakobskapelle in Wolfach im Schwarzwald ist ein schönes Beispiel. 1655 wurde dort für eine neue Kapelle gesammelt und bald eine Bruderschaft gegründet (1664). Der Besuch der Wolfacher Jakobuskapelle konnte bald zu ähnlichen Gnaden und Ablässen führen wie eine Fahrt in das weit entfernte Santiago.

Trotzdem sind bis ins 18. Jahrhundert auch weiterhin Jakobspilger belegt, völlig ungebräuchlich war die große Pilgerfahrt noch nicht! Aber die Säkularisation und die in Spanien vergleichbare *desamortización* führten dazu, dass der Jakobuskult im 19. Jahrhundert in eine noch ernstere Krise geriet, obwohl Papst Leo XIII. am 1. November 1884 die Echtheit der neu ausgegrabenen Jakobusgebeine (1879) bestätigte. Weil der Leichnam 1589 aus Angst vor Sir Francis Drake versteckt worden war, kannte man den Bestattungsort der Jakobusreliquien nicht mehr und suchte mit einer neuen Grabung Aufschluss zu gewinnen.

Nach diesen Neubestimmungen zeigten sich langsam erste Anzeichen eines langsamen Aufschwungs, der aber erst seit den 80er Jahren des 20. Jahrhunderts zu einer neuen Massenbewegung wurde. Die Reformation trug also keinesfalls allein zur Krise der Pilgerfahrten und besonders der Santiagofahrten bei. Vielmehr lassen die schon vorher deutlichen Umstrukturierungen und Neuorientierungen ein Bündel von Gründen erkennen, die dazu berechtigen, den Höhepunkt des Jakobuskultes eher dem Mittelalter zuzurechnen.

Neue Aufbrüche in unserer Zeit

Der Jakobsweg heute – eine Einbahnstraße?

Wer heute nach Santiago reist, zu Fuß oder zu Pferd, mit Fahrrad, Auto, Bus oder Flugzeug, fragt sich wahrscheinlich, was ihn und die vielen anderen Mitpilger von denen des Mittelalters unterscheidet, die vielleicht schon die gleichen Kirchen besucht und ähnliche Erfahrungen von Glück und Erfüllung, aber auch Gefahren und Enttäuschungen erlebt haben. Persönliche Empfindungen sind aber wahrscheinlich kaum vergleichbar, nicht zuletzt deshalb, weil die Rahmenbedingungen sich grundlegend verändert haben. Wer heute den Weg geht, macht dies zuweilen auch, weil er sonst immer mit dem Auto fährt, weniger aus Not oder als Buße.

Wer von den vielen Pilgern kehrt heute voll Freude zu Fuß zurück? Die einschlägigen Fluglinien und Billigflieger bieten auch mit Blick auf heutige Pilger einen Einwegtarif von Compostela in die verschiedensten Orte Europas an. Die Erlebnisse und Erfahrungen werden in Compostela und in der jeweiligen Umgebung ausgetauscht, sie werden nicht auf dem Weg zurück denen mitgeteilt, die alles noch unmittelbar „vor sich haben". Wird der Pilgerweg zu einer Einbahnstraße, immer nur nach Compostela, aber nicht von Compostela? Trotz dieser grundlegenden Veränderungen zieht die Pilgerfahrt nach Compostela vielleicht auch deshalb immer mehr Menschen an, weil das Wissen um eine lange Tradition bewusst oder unbewusst mitspielt. Wenn Wege nach Compostela nicht nur Pilgerwege waren – wie oben erläutert – sondern zugleich zu militärischen Aktionen und dem Handel dienten, weiterhin aber besonders den kulturellen Austausch förderten, dann verwundert die ungebrochene Anziehungskraft der Jakobswege mit ihren zahlreichen Facetten nicht.

Gegenüber: Eine Pilgergruppe, unterwegs durch die Weinfelder von Mañeru, Navarra.

Von den Bayerischen Pilgerkarawanen zu Studien- und Kulturreisen

Dennoch sind neue Akzentsetzungen nicht zu übersehen, weil Pilgern als Sinnsuche keinesfalls neue Bedürfnisse ausschließt. Das Gefühl und das Bewusstsein, in einer alten Tradition zu stehen, und sich gleichzeitig fremde Welten zu erschließen, ist bereits bei den „Bayerischen Pilgerkarawanen" erkennbar, die zwischen 1875 und 1902 vor allem Pilgerreisen ins Heilige Land organisierten, dann aber auch mit dem Zug nach Compostela fuhren. Dass es bei diesen Fahrten um mehr als nur den Besuch Santiagos ging, machen die jeweiligen Reiserouten deutlich. Als Monsignore Geiger 1891 einen zweiten Pilgerzug nach Santiago in diversen Zeitungen ausschrieb, wurden auch Lissabon und die Straße von Gibraltar in das Programm einbezogen. Auch die letzte Karawane, die Geiger 1902 leitete, schloss Orte wie Barcelona, Zaragoza, Palencia, Valencia, Córdoba, Sevilla, Cádiz, Gibraltar, Málaga, Granada, Aranjuez, Toledo, Madrid, den Escorial, Salamanca, Alba de Tormes, Lissabon und Porto auf der Fahrt nach Santiago ein. Zurück reiste die Gruppe dann über León, Burgos, Loyola, San Sebastian, Lourdes, Lyon und Zürich bis nach München.

Bei diesen Reisen besuchte die Gruppe viele Devotionsstätten, zahlreiche Messen wurden gelesen und Gebete gesprochen. Mit den mittelalterlichen Traditionen hatte diese Form des Pilgerns allerdings nur noch wenig gemein. Offensichtlich hatten sich neue Gebräuche des Wallfahrens seit dem 16. Jahrhundert so sehr verfestigt, dass diese auf die erste Renaissance der Jakobspilgerfahrten ausstrahlten, zugleich aber neuzeitliche Traditionen der Bildungsreise ebenso in das Programm integriert wurde.

Sieht man die heutigen Programme von Studien- und Pilgerreisen nach Compostela an, so bietet sich ein ähnlich breites Bild. Vielfach werden interessante Orte der Iberischen Halbinsel, die weitere Aspekte der spanischen Geschichte und Kultur betreffen,

Unter dem Generalissimus Francisco Franco erlebte der Jakobskult einen Aufschwung besonderer Art. Das hier gezeigte Bild zeigt in eindrücklicher Form den reitenden

in eine Fahrt nach Compostela einbezogen. Dazu trägt bei, dass eine große Anzahl dieser Reisen per Bus oder kombiniert per Flugzeug und Bus – seltener mit der Eisenbahn – oftmals dazu dienen, überhaupt mit der Iberischen Halbinsel und mit ihren Traditionen erstmals in Kontakt zu treten. Soweit Pfarreien und kirchlich gebundene Gruppen solche Reise veranstalten, sind sie oft – wenn auch nicht immer – eher dem Gedanken der Wallfahrt als der Pilgerfahrt oder der Kultur- und Bildungsreise verpflichtet, obwohl sich der Akzent durch qualifizierte Reiseleitung verschieben kann.

Die Busse dieser Veranstalter halten an den wichtigsten Orten, lassen die Pilger auch zuweilen ein Stück zu Fuß zurücklegen, aber rauschen meist an den inzwischen zahlreichen Fuß- und Radpilgern vorbei, für die auch die Tradition des eigenen Gehens zum Pilgern gehört. Die oft eher als „Studienreisen“ zu bezeichnenden Busfahrten können aber inzwischen auf einen reichen Bestand an Literatur zur Erläuterung der Sehenswürdigkeiten zurückgreifen, die auch zur Renaissance der Jakobsfahrten beigetragen hat.

Wissenschaft und Politik

Forschungen zum Pilgerwesen, zu Frömmigkeit und religiösen Vorstellungen blieben lange Zeit – wenn sie nicht eher die kirchenrechtlichen Aspekte in den Vordergrund rückten – eine Domäne der Volkskunde. In der Geschichtswissenschaft traten solche Fragestellungen verstärkt erst seit den 70er und 80er Jahren des 20. Jahrhunderts in den Vordergrund, als man zunehmend Themen suchte und entdeckte, die abseits der großen Staatsaktionen für die Vorstellungswelten und Mentalitäten früherer Zeiten eine wichtige Rolle spielten. In Spanien war der Jakobskult unter der Herrschaft des Galiciers Francisco Franco schon während des Bürgerkrieges und endgültig seit 1939 nochmals politisch aufgewertet wor-

Jakobus im Hintergrund und einen Staatschef, der als mittelalterlicher Ritter mit Umhang stilisiert ist. Wandbild, 1948. Militärarchiv, Madrid

den: Der Jakobstag wurde zum Nationalfeiertag, an denen die Widmungen der Nation *(ofrendas)* an den Apostel vorgetragen wurden. Auch die schon vorgestellten Heiligen Jahre trugen zu neuem Renommée bei. Im Heiligen Jahr 1971 kam zwar die Mehrzahl der Pilger noch aus Spanien, aber maßgebliche politische Kreise bemühten sich schon damals um eine weitere Öffnung nach Europa hin. In diesem Jahr wurde auch das monumentale Werk *Santiago en España, Europa y America* publiziert, das auf zwei dreibändigen Standardwerken der 50er Jahre aufbauen konnte. Mit diesen Forschungsinteressen trafen sich teilweise grundlegende Aktivitäten von Wissenschaftlern in Europa, besonders in Frankreich, Deutschland und Italien, den klassischen nichtspanischen Ländern der mittelalterlichen Jakobusverehrung.

Seit dem Beitritt Spaniens zur Europäischen Gemeinschaft 1986 intensivierten sich die politischen Bemühungen. Spanische Politiker entdeckten im Jakobsweg zunehmend eine Straße, die schon im Mittelalter die verschiedensten Völker Europas vereinigt und miteinander in Kontakt gebracht habe. Dies wurde als ein entscheidender historisch-kultureller Beitrag Spaniens zu Europa angesehen. Ein Expertenkomitee des Europarates organisierte bereits 1985 eine Ausstellung in Gent und nutzte die inzwischen erarbeiteten wissenschaftlichen Ergebnisse der Jakobusforschung. Diesen Richtungen folgen noch heute viele Europaparlamentarier, eine internationale Gruppe beschäftigt sich bis heute regelmäßig mit dem Jakobsweg. Diese Rückbesinnung ging einher mit Initiativen, die Pilgerstraße mit neuem Leben zu erfüllen, wobei sich auch der eine oder andere Ort am Weg durch die europäischen Zuschüsse Modernisierungen leisten konnte.

Schon zuvor hatte aber von kirchlichen Seiten und durch Zusammenschlüsse von Pilgern, Wissenschaftlern und anderen Personen die gemeinsame Arbeit für den Weg begonnen, zumal weil sich seit den 80er Jahren zunehmend Pilger aus ganz Europa wieder wie früher zu Fuß nach Compostela aufmachten. In Deutschland wurde 1987 die überregionale Deutsche St. Jakobusgesellschaft (Sitz Aachen) gegründet, in anderen Ländern gibt es vergleichbare Zusammenschlüsse, die sich um die Anliegen der Pilger und um kulturelle Zusammenarbeit kümmern. Zuweilen wird dies von weiteren wissenschaftlichen Forschungen begleitet.

Wege und Wegführungen gewannen vor allem in Spanien, später auch in Frankreich und den weiteren Ländern an Aufmerksamkeit. Inzwischen gibt es eine Vielzahl von bezeichneten „Pilgerwegen“ in Deutschland und in anderen Ländern, bei deren Historizität teilweise der Wunsch der Vater des Gedankens war. Weiteres internationales Interesse gipfelte darin, dass die UNESCO den *Camino francés* 1993 sogar zum Weltkulturerbe erklärte. Nicht nur ein Ort, sondern ein ganzer Weg wurde so in den Reigen dieser hohen kulturellen Auszeichnungen einbezogen. Wenn aber 2004 der Preis des *Principe de Asturias* sogar an den Weg verliehen werden sollte, dann waren Konflikte vorprogrammiert, denn welche Institutionen, welche Personen repräsentieren den Weg? Nicht allein der Erzbischof von Santiago, auch nicht die Gesellschaften oder eine Landesregierung, so dass bei der Verleihung nur eine Beteiligung verschiedener Gruppen als Ausweg blieb.

Beide Auszeichnungen fielen jedoch in besondere Jahre. Die Heiligen Jahre 1993, 1999 und 2004 brachten für die Pilgerbewegung sicherlich einen großen quantitativen Aufschwung. Sie wurden nicht nur von kirchlicher Seite propagiert, sondern erstmals wurde das Jahr 1993 von der galicischen Landesregierung *(Xunta de Galicia)* als *Xacobeo* bezeichnet und entsprechend beworben. Ein Internationales Expertenkomitee existiert seither, um Ausstellungen und internationale Kongresse zu organisieren oder um über Wünsche und Bedürfnisse in Bezug auf den Weg zu beraten. Besuche des Papstes, internationale Treffen, Konzerte und zahlreiche weitere Aktivitäten unterstützten diese verschiedenen Verbreitungsformen. Es ist ein Prozess, dessen Ende noch nicht abzusehen ist, der jedoch eindeutig ausgesprochen vielfältige Züge trägt. Steht man in den Heiligen Jahren – aber nicht nur in diesen – auf den großen Plätzen Compostelas, dann fragt man sich bei all der Betriebsamkeit, ob und wie eigentlich die vielen neuen Pilger und deren Bedürfnisse angemessen Berücksichtigung finden.

Neue Spiritualität – eine Bewegung in mittelalterlichen Traditionen mit neuen Perspektiven

Wissenschaftliche Erforschung und politische Förderung unterstützten somit einen Aufschwung der Jakobsverehrung. Pilgern kann aber nur bedingt durch Wissenschaft gefördert werden, und die Politik kann allenfalls die Rahmenbedingungen durch Einrichtung von Herbergen und durch andere Maßnahmen verbessern. Trotzdem bleibt es ein Phänomen, dass die Pilgerfahrten nach Santiago in jüngster Zeit sprunghaft zugenommen haben. Bus- und Autofahrten, aber auch zunehmend Fußpilger streben in immer größeren Zahlen wieder in das nordwestliche Spanien. Für diejenigen, die mindestens 100 km zu Fuß, etwas mehr per Fahrrad oder per Pferd zurückgelegt und durch Stempel belegt haben, stellt das Domkapitel eine Urkunde *(Compostela)* aus.

Die statistischen Erhebungen in dem zugehörigen Pilgerbüro zeigen, dass die meisten dieser Fußpilger unter 30 Jahre alt sind. Sie werden in der Regel nach ihren Motiven befragt. Viele, aber nicht alle, verweisen auch auf ihre religiöse Motivation. Aber was sie darunter verstehen, dürfte stark variieren. Beobachtet man die Pilger auf den Wegen und in den Herbergen, so scheinen für viele neben wichtigen Gesprächen auch das allgemeine Gruppenerlebnis und die Möglichkeiten, Gleichgesinnte zu treffen, von Bedeutung zu sein. Die menschlichen Erfahrungen mit diesem Weg, der Kultur und Spiritualität, Gespräch und Schweigen, Hören und Schauen, Mühsal und Freude, Distanz und Nähe sowie viele weitere Aspekte im Übermaß bietet, trugen und tragen gewiss zur zunehmenden und anhaltenden Beliebtheit bei. Dabei bleibt die Gefahr, dass diese Beliebtheit bei der Vielfalt der Möglichkeiten auch leicht in Beliebigkeit abgleitet.

Dennoch lässt sich der Aufbruch der Massen nach Compostela nicht bis ins Letzte erklären. Vielleicht regen gerade die heute bis in alle Einzelheiten durchgeplanten Lebensläufe, der weitgehend vorgestanzte Alltag dazu an, diesen weiten Weg – von Deutschland sind es oft mehr als 2.500 Kilometer – einzuschlagen. Das Ausbrechen aus dem Alltag – wenn auch anders als im Mittelalter – motiviert viele heutige Pilger. Auch die Überfülle und die vielen Hilfsmittel, derer sich die meisten im Alltag bedienen, werden auf dem Weg wenigstens für eine Zeit überflüssig. Wer seinen Rucksack trägt, muss sich auf das Wesentliche beschränken, muss mit einem Minimum an Gepäck auskommen. Hape Kerkeling traf deshalb mit seinem Bericht über die Pilgerfahrt („Ich bin dann mal weg") gewiss ein verbreitetes Lebensgefühl, bei dem Wandern, Suche nach sich selbst, Kraftanstrengung und zur Ruhekommen in der Natur thematisiert werden. Trotzdem holt die Natur viele Pilger ein, wenn Blasen und andere Beschwerden auftreten. Manchmal gleichen die *refugios* kurz nach der Ankunft der Pilger einem Lazarett: Blasen werden aufgestochen, Fäden durchgezogen, Salben, Jod und Hirschtalg werden ausgepackt. Aber dies ertragen viele, weil sie sich damit zugleich in eine Gemeinschaft einfügen und weil sie ein Ziel vor Augen haben. Entbehrungen und Mühsal werden so fast schon wieder zum Erlebnis für unsere Gegenwart, in der es sonst wenig Außergewöhnliches gibt, weil fast alles abgesichert ist. Außerdem zeigen Tagesetappen sichtbare Erfolge in einer Zeit, in der Arbeits- und Wirtschaftsverhältnisse undurchschaubar geworden sind. Die vielfältigen Begegnungen machen die Mühen erträglich, bereichern auf andere

Das Gedränge der Pilger in der Kathedrale von Santiago de Compostela ist in den Pilgergottesdiensten während der Heiligen Jahre besonders groß.

Weise, zum Beispiel durch die verschiedenen Menschen, die inzwischen aus allen Ländern Europas und anderer Kontinente kommen und beim Durchstreifen der Regionen und Geschichtsräume auch europäische Einheiten und Identitäten erkennen.

Viele Pilger sind an Wendepunkten des eigenen Lebens unterwegs: Nach dem Abitur, nach dem Studium und vor dem Berufsleben, in der *Midlife Crisis,* nach einer Trennung, einer überstandenen Krankheit oder zu Beginn des Ruhestandes. Die Suche nach Sinn, nach neuer Energie für den eigenen Lebensweg, nach Religion in einer modernen Gesellschaft, die im Alltag diese Fragen an den Rand drängt, gehören bei vielen dieser neuen Pilger zu den Leitmotiven. Insofern treffen Buchtitel, die vom „Weg der großen Sehnsucht" oder dem Ausbrechen aus dem Alltag sprechen, sicher verbreitete Befindlichkeiten. Dazu tritt jedoch – vielleicht mehr bei den Busreisenden als den Fußpilgern – das Bewusstsein, hier auch einen historisch und kulturell vielfältigen Weg kennenzulernen. Und im Übrigen: Schon im Mittelalter dankten gesundete Gläubige ihren Helfern mit einer Pilgerfahrt.

Wo kann die Suche nach Sinn und nach Antworten auf Lebensfragen in einem Umfeld erfolgen, das nicht nur den Kontakt mit weiteren Suchenden ermöglicht, sondern zugleich die kulturellen Traditionen auf Schritt und Tritt vor Augen führt? Mehr als eines der *refugios* ist in alten Gebäuden entstanden, bietet Stein gewordene Geschichte. Vielleicht denkt der eine oder andere auch in der Kathedrale von Compostela daran, dass das riesige Weihrauchfass *(botafumeiro),* das von einem halben Dutzend Männern über ein Seilsystem gezogen durch das gesamte Querhaus schwingt, schon im 14. Jahrhundert erwähnt wurde und bereits damals in der überfüllten Kirche für Wohlgeruch sorgte.

Die Stimmen am Ziel des Weges klingen heute vielfältig; insofern treffen die Worte des Papstes 2004, Santiago als „spirituelle Hauptstadt Europas" zu bezeichnen, ins Schwarze, obwohl diese Spiritua-

lität wohl von den Pilgern sehr vielfältig ausgedeutet wird. Neben frommen und gläubigen sind es auch skeptische, zweifelnde und ablehnende Stimmen. Aber die meisten berichten von positiven Erfahrungen. Sie gehören zu den heutigen Jakobspilgern. Fast alle sind Suchende und Fremde; im lateinischen Wort *peregrinus* ist dies schon ausgedrückt. Es bezeichnet zunächst den Fremden, seit dem Mittelalter auch den Pilger. Dies unterscheidet aber den Jakobsweg von anderen Wanderwegen, weil eine innere Haltung welcher Art auch immer die Fortbewegung mitgestaltet. Dabei spielt es für viele nur eine geringe Rolle, dass mit dem Jakobskult im hohen Mittelalter auch Politik gemacht wurde. Und dennoch trifft auch heute noch der Pilger auf diese eher „politischen" Traditionen, soweit er genau hinschaut: der die Mauren bekämpfende Jakobus, der in ähnlicher Form kämpfende Aemilianus in San Millán, die politischen Akte des heutigen spanischen Staates am Jakobsfest gehören ebenso in eine Geschichte, die wie die Pilgerbewegung mit dem Kult eines Heiligen verbunden war, der in äußerst vielfältiger Form wirksam wurde und wird.

Das seit dem 14. Jahrhundert belegte Weihrauchfass (botafumeiro) der Kathedrale von Compostela wird vor dem Segen in besonderen Gottesdiensten geschwenkt. Mehrere Männer bewegen das Weihrauchfass mit Hilfe einer Seilkonstruktion, so dass es durch das gesamte Querhaus schwingt.

Rückblick und Ausblick

Gegenüber: Pilgerskulptur auf dem Berg der Freude (Monte del Gozo), von dem aus Pilger erstmals die Kathedrale erblicken.

Kontinuität, Instrumentalisierung und Wirkungen

Was zeichnet einen Kult aus, der mehr als tausend Jahre Bedeutung behielt und bis heute große Faszination ausübt? Heiligenkulte zeigen ihre Wirkmacht nicht nur durch Kontinuität, sondern sie erreichen diese in der Regel erst durch Anpassungen und Umformungen. Dies bedeutet zugleich, dass Geschichten um und über bestimmte Heilige immer wieder neu geschrieben wurden und werden. Dies lassen die verschiedenen Facetten des Jakobuskultes besonders deutlich erkennen, die in diesem Buch nicht allein auf die Pilgerbewegung nach Compostela beschränkt wurden. Die heutige Bedeutung des Jakobuskultes und der Wege zu seinem Grab schöpft aus vielen Traditionen und knüpft an verschiedene mittelalterliche Aspekte an. Der in Jerusalem enthauptete Apostel wurde im 8. und 9. Jahrhundert zunächst „hispanisiert“, als sich das christliche Königreich Asturien im Norden der Iberischen Halbinsel nach der weitgehenden Unterwerfung durch die Muslime unter anderem mit einem Apostelgrab Identifikationshilfen schuf. Dabei verwiesen die Traditionen von Missionierung, Translation sowie Grabentdeckung auf verschiedene Facetten dieser Hispanisierung, die jedoch weniger gegen die muslimische Herrschaft direkt gerichtet waren. Insofern gab es zu dieser Zeit keinesfalls einen Zusammenstoß der Religionen oder Kulturen. Die einzelnen Elemente der frühen Legende betrafen teilweise die gesamte Iberische Halbinsel (Missionsnotiz), teilweise eher Asturien und Galicien. Mit diesen verschiedenen Richtungen konnte später die Bedeutung des Apostels für Spanien oder für Compostela und Galicien unterschiedlich begründet werden.

Weil der Kult schon seit dem 9. Jahrhundert in das übrige Europa ausstrahlte und Pilgerströme aus den verschiedensten Ländern in Compostela begrüßt wurden, nutzte in einer historisch entscheidenden Situation der Umgestaltungen auf der Iberischen Halbinsel vor allem der ehrgeizige Bischof Diego im 12. Jahrhundert die weiterentwickelten Jakobustraditionen um das Apostelgrab und die Pilgerbewegung für seine kirchenpolitischen Ambitionen. Gleichzeitig entstanden dadurch neue Funktionen der Wege, die in Frankreich und Nordspanien zwar schon als Wirtschafts- und Heeresstraßen bestanden, nun aber zunehmend auch von Pilgern genutzt wurden. Das Konzept von Pilger- oder Jakobswegen überhöhte bereits der Autor eines einzigartigen Pilgerführers aus dem 12. Jahrhundert, spätere wissenschaftliche Thesen des beginnenden 20. Jahrhunderts verstärkten diese Interpretation durch große theoretische Konzepte, vor allem in Literaturwissenschaft und Kunstgeschichte. Der Jakobsweg wurde so zu einem Begriff, mit dem sich nicht nur gläubiges Pilgern, sondern zugleich wirtschaftlicher, kultureller und literarischer Austausch verband.

Jakobus, der seit dem 12. Jahrhundert zunehmend als Pilgerpatron galt, begleitete diesen Prozess. Nicht nur die Orte an diesen Wegen, sondern auch Aufbruchsorte und andere Plätze verzeichneten bald zahlreiche Spuren des Kultes, obwohl im je einzelnen Fall unsicher bleibt, ob sich diese Spuren auf den spanischen Kultort unmittelbar zurückführen lassen. Jedoch verdrängte die große europäische Pilgerbewegung die hispanische Facette des Kultes nie vollständig. Wichtiges Bindeglied für die europäischen und spanischen Aspekte wurden Geschichten um Karl den Großen, die vor allem in der *Historia Turpini* im 12. Jahrhundert Gestalt annahmen. In diesen Erzählungen, die Themen der Kreuzzugszeit aufgriffen, erschien Karl der Große nicht nur als einer der ersten Jakobspilger, sondern auch als Kämpfer gegen die Muslime, der außerdem den Grabesort Compostela privilegiert und mit materiellen Gütern ausgestattet habe. Hiermit wurde eine Führungsstellung der Apostelkirche in Spanien literarisch zu einer Zeit legitimiert, wie sie zugleich in geschickter Auseinandersetzung und Zusammenarbeit mit Rom vor allem (Erz-)Bischof Diego Gelmírez entwickelt

und gesichert hatte. Die Imitation römischer Gebräuche in liturgisch-zeremonieller Hinsicht, die Privilegien Roms für die eigene Stellung, aber auch die spätere Praxis der Heiligen Jahre zeigen deutlich, wie der Apostelsitz im Westen Europas den Rang eines der größeren Pilgerziele neben Rom und Jerusalem eroberte. In einer Zeit der Auseinandersetzung mit den Muslimen entwickelte sich ebenso – vor allem im 12. Jahrhundert – vielleicht nach dem Vorbild der in der *Historia Turpini* gezeichneten Karlsfigur – ein neues Bild vom Wirken des Apostels unmittelbar nach der Entdeckung seines Grabes. Die Erzählung über die Schlachtenhilfe schon in den angeblichen Auseinandersetzungen bei Clavijo (844) ließ zugleich die Rolle eines Patrons für das christliche Spanien deutlicher werden. Das hierfür wichtige Schlüsseldokument, eine gefälschte Urkunde des 12. Jahrhunderts, legitimierte mit der Schlachtenhilfe gleichzeitig Abgaben in Spanien an die Apostelkirche, die Compostela bis weit in die Neuzeit hinein sicher blieben.

Diese entscheidenden Neuinterpretationen und neuen Traditionen des hohen Mittelalters machen es einsichtiger, dass nach dem Abschluss der Reconquista mit der Eroberung von Granada 1492, nach gewissen Krisen der Pilgerfahrten in der Frühen Neuzeit durch die Reformation und andere Umgestaltungen Europas auch die in Spanien wichtige Position des Schlachtenhelfers und Landespatrons von neuen Tendenzen der Frömmigkeit – so dem Kult der heiligen Teresa von Ávila – immer wieder gefährdet wurde. Aber die Renaissance des Kultes im 19. und 20. Jahrhundert zeigt eindringlich, dass es möglich war, sowohl an die Bedeutung des Apostels für Spanien und Galicien als auch an die europäischen Pilgertraditionen anzuschließen. Der nationale Aspekt tritt inzwischen gegenüber den europäischen Bezügen kontinuierlich in den Hintergrund, ist aber an gewissen Festtagen immer noch präsent. Dennoch wurde 2004 sogar im Domkapitel von Compostela darüber diskutiert, ob in Zeiten des Dialogs mit Muslimen eine Statue des Maurentöters Jakobus „politisch korrekt“ aus der Kathedrale entfernt werden sollte. Die Stimmen in der Presse waren kontrovers. Aber es ist sicher ein Zeichen für Augenmaß, dass diese Statue immer noch in Compostela steht, denn die verschiedenen wirkmächtigen Traditionen des Kultes lassen sich kaum fein säuberlich wie auf einem Seziertisch trennen. Trotzdem bleiben hier die Bezüge eher historisch, denn der Siegeszug des Pilgerpatrons in der heutigen Zeit scheint offensichtlich. Aber es dürfte sich lohnen, die verschiedenen Aspekte im Blick zu behalten, denn die Kraft und Ausstrahlung des Kultes – auch in Europa und darüber hinaus – ist zu einem nicht geringen Teil der Tatsache geschuldet, dass sich die unterschiedlichsten Facetten ergänzten und überlagerten. Den „Wahren Jakob“ findet man eben nicht nur in einem Aspekt des Kultes, sondern in zahlreichen, miteinander verschränkten Ausprägungen, wie noch manche Zeremonie in den Heiligen Jahren bis heute verdeutlichen kann.

Gegenüber: Pilger beim Auffüllen seiner Flasche.

Die Briefmarken zum Heiligen Jahr 1993 zeigen aus alten Handschriften die Translation und Grabentdeckung.

Rechts: Als Wahrzeichen des Heiligen Jahres 1993 lancierte die Xunta de Galicia den „pelegrín“, der in dieser Serie Pilger in den verschiedensten Lebenssituationen repräsentiert.

Links: Pilger, von Federico García Lorca gemalt.

Gegenüber: Anlässlich des Besuches von Papst Johannes Paul II. 1982 wurde auf dem Monte del Gozo ein großes Denkmal errichtet, das auf dem sichtbaren Relief zeigt, wie das Oberhaupt der katholischen Kirche die Altarstatue des Apostels umarmt.

Bibliographie

Die Buchreihe Jakobus-Studien (bisher 17 Bände) Tübingen 1988-2007 bietet insgesamt mit Monographien, Quellenausgaben und Sammelbänden zu fast allen Aspekten grundlegende Informationen, die einzelnen Bände und Beiträge werden nicht gesondert angeführt. Die Auswahl an Pilgerführern, die je nach den gebotenen Informationen teilweise sehr schnell veralten, ist inzwischen riesig, über aktuelle Neuerscheinungen sowie weitere Neuigkeiten informiert regelmäßig die Mitgliederzeitschrift der Deutschen-Sankt-Jakobusgesellschaft „Der Sternenweg"; deren Hefte auch einzeln zu kaufen sind; vgl. auch www. deutsche-jakobus-gesellschaft.de.
Die Werke mit übersetzten Quellen, aus denen auch hier teilweise Passagen geboten wurden, sind mit **(Qu.)** gekennzeichnet.

Caucci von Saucken, Paolo G. (Hg.): Pilgerziele der Christenheit, Jerusalem, Rom, Santiago de Compostela. Darmstadt 1999 (mehrere Sprachen).

Caucci von Saucken, Paolo G. (Hg.): Santiago de Compostela. Pilgerwege. Augsburg 1993 (mehrere Sprachen).

Babel, Rainer und Paravicini, Werner (Hgg.): Grand Tour. Adeliges Reisen und europäische Kultur vom 14. bis zum 18. Jahrhundert. (Beihefte der Francia 60): Ostfildern 2005.

Die Chronik von Karl dem Großen und Roland, s. Klein.

Dannhäuser, Wolfgang: Auf dem spanischen Jakobsweg. Illustrierter Reisebericht eines Pilgers. Petersberg 2003.

Dunn, Maryjane und Kay Davidson, Linda: The Pilgrimage to Santiago de Compostela. A Comprehensive Annotated Bibliography. New York, London 1994.

Fabri, Felix: Die Sionpilger. Hg. v. Wieland Carls. (Texte des späten Mittelalters und der frühen Neuzeit 39) Berlin 1999. **(Qu.)**

Fleischer, Gerhilde: Jakobusweg. 3 Bde. Ostfildern 1996-1999.

Gastfreundschaft, Taverne, s. Peyer

Häbler, Konrad: Das Wallfahrtsbuch des Hermannus Künig von Vach und die Pilgerreisen der Deutschen nach Santiago de Compostela. Straßburg 1899.

Hassauer, Friederike: Santiago. Schrift, Körper, Raum, Reise. Eine medienhistorische Rekonstruktion. München 1993.

Herbers, Klaus: Der Jakobsweg. Mit einem mittelalterlichen Pilgerführer unterwegs nach Santiago de Compostela. Tübingen 1986, 7. Aufl. 2001. **(Qu.)**

Herbers, Klaus: Jakobsweg. Geschichte und Kultur einer Pilgerfahrt (Beck Wissen 2394). München 2006, 2. Aufl. 2007.

Herbers, Klaus: Politik und Heiligenverehrung auf der Iberischen Halbinsel. Die Entwicklung des „politischen Jakobus". In: Politik und Heiligenverehrung im Hochmittelalter. Hg. von Jürgen Petersohn. (Vorträge und Forschungen 42) Sigmaringen 1994, S. 177-276.

Herbers, Klaus: Wol auf sant Jacobs straßen! Pilgerfahrten und Zeugnisse des Jakobuskultes in Süddeutschland. Ostfildern 2002.

Herbers, Klaus und Klein, Hans-Wilhelm (Hgg.): Libellus Sancti Jacobi. Auszüge aus dem Jakobusbuch des 12. Jahrhunderts. (Jakobus-Studien 8) Tübingen 1997 **(Qu.)**

Herbers, Klaus und Plötz, Robert (Hgg.): Die Strass zu Sankt Jakob. Der älteste deutsche Pilgerführer nach Santiago de Compostela. Ostfildern 2004 **(Qu.)**

Herbers, Klaus und Plötz, Robert: Nach Santiago zogen sie. Berichte von Pilgerfahrern ans „Ende der Welt". München 1996. **(Qu.)**

Herbers, Klaus und Santos Noia, Manuel (Hgg.): Liber Sancti Jacobi. Codex Calixtinus. Santiago de Compostela 1998. **(Qu.)**

Jacobus von Voragine: Legenda aurea. Hg. v. Theodor Graesse. 1890; dt. Übertr. v. Richard Benz. Gütersloh 13., neugesetzte Aufl. 1999. **(Qu.)**

Klein, Hans Wilhelm (Hg.): Die Chronik von Karl dem Großen und Roland: der lateinische Pseudo-Turpin in den Handschriften aus Aachen und Andernach. (Beiträge zur romanischen Philologie des Mittelalters 13) München 1986. **(Qu.)**

Köster, Kurt: Pilgerzeichen und Pilgermuscheln von mittelalterlichen Santiagostraßen. Neumünster 1983.

Kriss-Rettenbeck, Lenz und Möhler, Gerda (Hgg.): Wallfahrt kennt keine Grenzen. (Aufsatzband, Ausstellung Bayerisches Nationalmuseum München 1984). München/Zürich 2. Aufl. 1985; außerdem dazu der gleichnamige Katalogband München 1. Aufl. 1984.

Liber Sancti Jacobi: s. Herbers/Santos Noia. **(Qu.)**

Libellus Sancti Jacobi: s.Herbers/Klein. **(Qu.)**

Meyer, Andreas: Von Santiago de Compostela nach Toulouse. Ein Apostel verlegt sein Grab. In: Francia 26/1 (1999), S. 209-238.

Mieck, Ilja: Kontinuität im Wandel. Politische und soziale Aspekte der Santiago-Wallfahrt vom 18. Jahrhundert bis zur Gegenwart. In: Geschichte und Gesellschaft 3 (1977), S. 299-328.

Mieck, Ilja: Zur Wallfahrt nach Santiago de Compostela zwischen 1400 und 1650. Resonanz, Strukturwandel und Krise. In: Spanische Forschungen der Görresgesellschaft, Reihe 1: Gesammelte Aufsätze zur Kulturgeschichte Spaniens 29. Münster 1978, S. 483-533.

Péricard-Méa, Denise: Compostelle et cultes de saint Jacques au Moyen Âge. Paris 2000.

Peyer, Hans Conrad (Hg.): Gastfreundschaft, Taverne und Gasthaus im Mittelalter. (Schriften des historischen Kollegs 3) München/Wien 1983.

Peyer, Hans Conrad: Von der Gastfreundschaft zum Gasthaus. Studien zur Gastlichkeit im Mittelalter. (MGH Schriften 31) Hannover 1987.

Pilgerwege im Mittelalter. Darmstadt 2005.

Pilgerziele der Christenheit, s. Caucci von Saucken.

Plötz, Robert: „Res est nova et adhuc inaudita". Motivindex und literarisch-orale Evolution der Mirakelerzählung vom Pilger, der vom Galgen gerettet wurde. In: Rheinisch-westfälische Zeitschrift für Volkskunde 44 (1999) S. 9-37.

Plötz, Robert: „Benedictio perarum et baculorum" und „coronatio peregrinorum". Beiträge zu der Ikonographie des hl. Jacobus im deutschsprachigen Raum. In: Volkskultur und Heimat. FS Josef Dünninger. Hg. von Dieter Harmening und Erich Wimmer. Würzburg 1986, S. 339-376.

Plötz, Robert: Santiago-Pilgerstraßen in Europa – Wege der Jacobus-Pilger in Europa, in: Wege als Ziel. (Veröffentlichungen der Altertumskommission für Westfalen) Münster 2002), S. 87-107.

Plötz, Robert: Litterae Sancti Jacobi, in: Compostellanum 36 (1991), S. 563-575. Robert Plötz, Strukturwandel der peregrinatio im Hochmittelalter. Begriff und Komponenten, in: Rheinisch-westfälische Zeitschrift für Volkskunde 26/27 (1981/82), S. 129-151.

Plötz, Robert: Der Apostel Jacobus in Spanien bis zum 9. Jahrhundert. In: Spanische Forschungen der Görresgesellschaft, Reihe 1: Gesammelte Aufsätze zur Kulturgeschichte Spaniens 30. Münster 1982, S. 19-145.

Plötz, Robert: Santiago-peregrinatio und Jacobuskult mit besonderer Berücksichtigung des deutschen Frankenlandes. In: Spanische Forschungen der Görresgesellschaft, 1. Reihe: Gesammelte Aufsätze zur Kulturgeschichte Spaniens 31. Münster 1984, S. 25-135.

Santiago de Compostela. Pilgerwege, vgl. Caucci von Saucken.

Santiago, Camino de Europa. Culto y Cultura en la Peregrinación a Compostela. Ausstellungskatalog Santiago de Compostela 1993.
Schimmelpfennig, Bernhard: Die Anfänge des Heiligen Jahres von Santiago de Compostela im Mittelalter. In: Journal of Medieval History 4 (1978), S. 285-303.
Schmugge, Ludwig: Die Anfänge des organisierten Pilgerverkehrs im Mittelalter. In: Quellen und Forschungen aus italienischen Archiven und Bibliotheken 64 (1984), S. 1-83.
Schmugge, Ludwig: Kollektive und individuelle Motivstrukturen im mittelalterlichen Pilgerwesen. In: Migration in der Feudalgesellschaft. Hg. von Gerhard Jaritz und Albert Müller. Frankfurt a. M. 1988, S. 263-290.
Schmugge, Ludwig: Über „nationale" Vorurteile im Mittelalter. In: Deutsches Archiv für Erforschung des Mittelalters 38 (1982), S. 439-459.
Szabó, Thomas: Der Übergang von der Antike zum Mittelalter am Beispiel des Straßennetzes. In: Europäische Technik im Mittelalter: 800 bis 1400. Tradition und Innovation. Ein Handbuch. Hg. von Uta Lindgren. Berlin 1997, S.25-66.
Vázquez de Parga, Luis, Lacarra, José María und Uría Ríu, Juan: Las peregrinaciones a Santiago de Compostela. 3 Bde, Madrid 1948–49.
Wallfahrt kennt keine Grenzen s. Kriss-Rettenbeck, Lenz und Möhler, Gerda
Wegener, Ulrich. Der Jakobsweg. Auf der Route der Sehnsucht nach Santiago de Compostela. Freiburg/ Basel/ Wien 2000.

Bildnachweis

Ansichtskartenverlag Bouillon, Bayreuth: 157
Ars Liturgica, Buch- und Kunstverlag, Maria Laach: 91
Badische Landesbibliothek, Karlsruhe: 115 r
Baierl Erich, Heuchlingen/Lein: 129 r, 131 r
Baumli Othmar, Meggen: 28, 29, 34, 158
Bayerische Staatsbibliothek, München: 92, 112 l
Bischöfliches Dom- und Diözesanmuseum, Mainz: 131 l
British Library, London: 112/113
Centro Italiano di Studi Compostellani, Perugia: 111
Corpus Vitrearum, Freiburg i. Br., F.: R. Toussaint: 133
Domkapitel Aachen, F.: Ann Münchow: 32/33, 70, 72/73, 98/99
Domschatz und Diözesan-Museum, Eichstätt: 166
EMB-Archiv, Adligenswil: 16, 24/25, 30, 48/49, 50, 52, 53, 57, 62/63, 64, 66, 68, 75, 88, 93, 94, 104, 108/109, 114 l, 115 ol, 126 l, 130, 134, 135, 139, 143, 144, 146 u, 160, 164, 168, 169
Herbers Klaus, Uttenreuth: 142
Herzog-Singer Tomas, Villingen: 132
Jeiter Michael, Merzenich: 124
Jung Georg, Hamburg: 58/59
Kunstmuseum Basel: 165
Kunstsammlungen der Fürsten zu Waldburg-Wolfegg: 117 r
Landesmuseum Württemberg, F.: P. Frankenstein, H. Zwietasch: 6
Manz Rolf, Weinstadt: 121, 138
Medienzentrum, Braunschweig: 114 r
Meier Stefan, Rom: 13
Meyer Beat, Willisau: 141
Musée d'Art et d'Archéologie, Senlis: 147
Musée Paul-Dupuy, Toulouse: 102 l
Museum für Kunst und Geschichte, Freiburg: 126 r
Oronoz, Madrid: 14, 31, 36/37, 56, 78, 80, 82, 89 m, 96, 97, 125, 156, 172/173
Prado, Madrid: 21, 117 ol, u
Sir John Soane's Museum, London: 19
Spanisches Fremdenverkehrsamt, Zürich: 120, 123 l, 151, 180, 182, 184
Staatsarchiv Nürnberg: 163
Stadtarchiv Nürnberg: 119
Starosta Hans, Göttingen: 136
Steffen Dietze, Biberach: 128/129 o
Thiele Klaus, Warburg: 4/5, 22, 51, 102/103, 170, 176/177, 178/179
Universidad Salamanca, Biblioteca General Histórico: 45
Universitätsbibliothek Basel: 146 o
Wegner Ulrich, Pfullingen: 2/3, 26, 67, 84/85, 90, 148, 150
Württembergische Landesbibliothek, Stuttgart: 95
Zodiaque, Saint Leger Vauban: 123 r

Illustrationen aus Büchern

Almanzor, Laura Bariani, Nerea: 39
Camino de Santiago, patrimonio mundial, Xunta de Galicia: 54, 77, 89 l, r, 185 ul
Early Spanish Manuscript Illumination, John Williams, George Braziller, New York: 40
Die Königliche Stiftskirche San Isidoro: Der Schatz Leons (42), Antonio Viñayo González, Edilesa Leon: 154, 155
Monasterio de Suso: Arte, historia y poesía (38), Miguel Ibáñez Rodríguez, Edilesa Leon: 152
Santa Brígida de Suecia, Vicente Almazán, Xunta de Galicia: 115 ul
Santiago de Compostela: Pilgerwege, Paolo Caucci von Saucken, Bechtermünz Verlag, Augsburg: 43, 87
Santiago: Tata Santiago – El Apostol Rayo, Xunta de Galicia: 128 u, 129 u
Xacobeo 2004, Xunta de Galicia: 8, 9, 10, 185 o r

Register

Das Register verzeichnet Namen von Einzelpersonen sowie geographische Bezeichnungen. Erscheinen diese ausschließlich in den Bildlegenden, so ist die Seitenzahl *kursiv* gesetzt. Bei Herrschern und anderen Würdenträgern sind die Amtszeiten angegeben, bei Pilgern, soweit bekannt, das Jahr der Pilgerreise. Nicht aufgenommen wurden Jakobus, Santiago de Compostela, Christen, Iberische Halbinsel, *Hispania* und Spanien samt Ableitungen. Insgesamt sind adjektivische oder andere Ableitungen dem jeweiligen Hauptwort zugeordnet. Kirchen sind ggf. unter dem jeweiligen Ort zu finden. Personen, die vor 1500 geboren sind, sind unter dem Vornamen eingeordnet.

B. = Berg
Bf. = Bischof
Eb. = Erzbischof
Gf. = Graf
Hl. = Heilige(r)
Fl. = Fluss
Jh. = Jahrhundert
Kg. = König
Ks. = Kaiser
L. = Land, Landschaft
O. = Ort
P. = Papst